PNL PARA LA SALUD

Ian McDermott y Joseph O'Connor

PNL para la salud

EDICIONES URANO

Argentina - Chile - Colombia - España
México - Venezuela

Título original: *NLP and Health*
Editor original: Thorsons, an Imprint of HarperCollins Publishers
Traducción: Hernán Sabaté

© 1996 *by* Ian McDermott y Josep O'Connor
© de la traducción: 1997 *by* Hernán Sabaté
© 1996 *by* EDICIONES URANO, S.A.
   Aribau, 142, pral. - 08036 Barcelona

ISBN: 84-7953-177-0
Depósito legal: B. 51.888 - 2005

Fotocomposición: Autoedició FD, S.L. - Muntaner, 217 - 08036 Barcelona
Impreso por Romanyà Valls, S.A. - Verdaguer, 1 - 08786 Capellades (Barcelona)

Impreso en España

Índice

Prólogo

La «magia» de la neurolingüística ha despertado mucho interés en esta última generación. Ello ha tenido como efecto un incremento de la demanda de libros de divulgación y aplicación de los principios de la PNL en contextos aún más amplios.

En diecisiete años de utilizar las técnicas de integración mente-cuerpo en la medicina clínica, he presenciado muchos ejemplos de aplicaciones «adecuadas y con éxito» de tales métodos y técnicas, así como otras «inadecuadas y sin éxito». Con todo, también he sido testigo de muchas aplicaciones «inadecuadas y con éxito», y de otras «adecuadas y sin éxito», de las técnicas de integración mente-cuerpo, incluyendo las que podrían calificarse como métodos «formales» de la PNL. Por lo tanto, este canal para el éxito no consiste en la aplicación rígida y formalista del lema «una técnica específica X para un problema específico X», se trate o no de una técnica de PNL.

Las hipótesis principales, o presupuestos, de la PNL son también sus principios guía. El «primer principio» es, de hecho, *respetar el modelo del mundo de la otra persona*. Tales presupuestos resultan tan fundamentales para el proceso de aprendizaje de la PNL como lo son para la puesta en práctica de esta disciplina. Sencillamente, el proceso no puede funcionar si se violan estos principios.

Así, reconocemos una serie de principios. Que todo comportamiento tiene una intención subyacente positiva. Que todas las técnicas deben servir para incrementar la percepción de opciones. Que no hay fracaso, sino sólo respuesta. Que todas las personas tienen la capacidad que necesitan para conseguir el éxito. Que la persona que sabrá desenvolverse mejor en situaciones problemáticas para conseguir el cambio deseado será la dotada de mayor flexibilidad. También reconocemos que ceñirse inflexiblemente a una idea preconcebida de la técnica requerida despertará resistencias en el cliente/paciente y demostrará falta de sintonía. El problema, por tanto, no es la resistencia del cliente al cambio, sino la inflexibilidad del comunicador/profesional. Y como el sentido de la comunicación es la respuesta que produce, el profesional debe ser siempre flexible en la relación para conseguir del paciente un estado de mayor flexibilidad, mejor percepción de las opciones, más oportunidades de aprendizaje y mejor expresión de la capacidad propia para conseguir el cambio deseado.

Muy bien, pero, ¿dónde nos lleva eso?

Bien, dado que ya tenemos todo lo necesario para alcanzar el éxito, la aplicación de los métodos de integración mente-cuerpo, como la PNL, nos permite, simplemente, acceder a y dirigir mejor nuestra capacidad para cambiar. Si algunos principios y habilidades de la PNL pueden compartirse y enseñarse de una manera clara y sencilla, «desmitificada», la contribución a la humanidad será aún más destacada, ya que permite a más y más personas expresar tales habilidades y, con ello, crecer.

Y esto es lo que consiguen Joseph O'Connor e Ian McDermott en este libro.

Gracias a mi relación con el doctor Deepak Chopra durante los dos últimos años (como ex director médico asociado del Centro para la Medicina Mente Cuerpo, actualmente Centro Chopra para el Bienestar), he tenido el gran privilegio de ser el principal especialista clínico en un entorno de tremenda síntesis de muchas y muy diferentes tradiciones curativas, disciplinas y métodos de integración espíritu/mente/cuerpo.

Hace algún tiempo descubrí que los presupuestos de la PNL son compatibles con principios de comunicación y curación de los ama (toxinas) mentales y emocionales del yo expuestos en las páginas del Caraka Samhita. Se trata del antiguo texto sánscrito del Ayurveda, la Ciencia de la Vida, escrito hace varios miles de años. Aunque la PNL pueda parecer una disciplina nueva, con apenas veinte años de edad, sus principios han sido reconocidos y aplicados a lo largo de toda la historia de la civilización. Para mí, la adaptación e integración de los principios y prácticas de la PNL a la ciencia y práctica general del Ayurveda y de la medicina mente-cuerpo ha sido un paso lógico y natural.

Muchos profesionales de métodos curativos han encontrado un cómodo equilibrio del proceso de cambio de la neurolingüística dentro de un paradigma general de crecimiento, transformación y evolución espirituales. De hecho, es precisamente el «espíritu» de los presupuestos como principios guía lo que crea el ambiente/estado propicio para el cambio dentro del cual pueden tener eficacia las técnicas específicas de la PNL.

Así lo entienden los autores, que lo exponen con claridad. Me ha impresionado su capacidad para desmitificar, para reducir conceptos complejos a estructuras sencillas, sin perder un ápice de la eficacia y claridad necesarias. De hecho, es un ejercicio de dominio del misterio.

Su trabajo es digno de encomio. El resultado es una guía a la curación bien escrito y fácil de asimilar. Es de un gran valor para todos nosotros, como profesionales de la curación y como estudiantes de la vida.

Le invito a que lea estas páginas y las disfrute.

Dr. Enrico Melson
San Diego, California, Estados Unidos
Marzo de 1996

Agradecimientos

Queremos dar las gracias a todos nuestros maestros y deseamos hacer especial mención y rendir tributo de reconocimiento a John Grinder y a Richard Bandler, codesarrolladores de la PNL, y a Robert Dilts por su destacada contribución al tema.

Son muchos los que nos han ayudado en este libro. Desearíamos dar las gracias en especial a Tim Hallbom, Suzi Smith y Janet Konefal por su colaboración en la preparación del material. También a los doctores Suzi Strang y Jonas Miller, médicos lectores de pruebas. Gracias a Hanne Lund por permitirnos el acceso a sus investigaciones sobre la PNL y las alergias y a Arron Williams por su ayuda en las secciones de ejercicio y salud.

Los dos autores trabajamos juntos y por igual, aportando nuestras capacidades a este proyecto y a muchos otros. Por eso, el orden en que aparecen los nombres en la tapa del libro no significa nada.

Ian McDermott y Joseph O'Connor
enero de 1996

Introducción

¿Estar sano es lo mismo que no estar enfermo? Sin duda, la salud es algo más. Para nosotros, la salud física es un estado y también una capacidad: la energía y la posibilidad de hacer lo que nos interesa y lo que disfrutamos haciendo, y la capacidad de curarnos a nosotros mismos.

La salud resulta paradójica: uno no puede mantenerse «sano» tan sólo por la fuerza de la voluntad; lo único que se puede hacer es contemplar cómo actúa, de forma natural, la maravillosa capacidad curativa del cuerpo. Y parece que en ella poco influye que uno sea rico o pobre, virtuoso o cruel.

La salud es positiva. No significa renunciar a los placeres. Surge de forma natural del estilo de vida de la persona: relaciones, dieta, dónde y cómo se vive. Tampoco es una posesión, sino un proceso. Es algo que hacemos y es el resultado de cómo pensamos y sentimos. Es un estado existencial.

Resulta interesante que la investigación médica se adentre cada vez más en terrenos que hasta ahora habían sido dominio de la psicología y se hace cada vez más difícil trazar la línea entre los factores físicos y los mentales en la enfermedad. Intentar separar cuerpo y mente en la salud y en la enfermedad es como intentar separar la sal del agua del mar con un cuchillo. Mente y cuerpo se influyen constantemente entre sí hacia la salud y hacia la enfermedad. No enferma el cuerpo, sino la persona.

Este libro trata de la salud y su mantenimiento, no sobre la enfermedad y su curación. Queremos complementar el modelo médico existente; no pretendemos suplantarlo ni plantear uno alternativo. Queremos explorar el modo de potenciar los increíbles poderes curativos naturales que todos tenemos, para alcanzar los aspectos que la ciencia médica oficial no trata todavía.

La medicina moderna es extraordinaria en el tratamiento de emergencias médicas y quirúrgicas, como roturas de huesos, lesiones corporales, apendicitis e infecciones bacterianas graves, como la neumonía, que responden bien a los antibióticos. Ciertamente, su empleo puede salvar vidas. También tiene buenas técnicas para enfrentarse a emergencias médicas como ataques cardíacos, apoplejías y complicaciones en el parto. En cambio, ante las enfermedades y afecciones de la vida moderna –alergias, hipertensión, artritis, asma, cáncer, osteoporosis, infecciones víricas y trastornos nutricionales–, la medicina moderna se muestra mucho menos segura.

Conocemos mucho de los mecanismos de las enfermedades, pero poco de la salud. De una docena de personas expuestas a una infección, en igualdad de condiciones, sólo enferman dos. La medicina puede describir con detalle cómo han enfermado pero, ¿por qué sólo esas dos? ¿Qué protege a las otras diez? De igual manera, dos personas pueden ser grandes fumadores, tener malos hábitos alimenticios y dedicar largas horas a un trabajo estresante, pero sólo una de ellas enferma. ¿Por qué? Todos estamos expuestos en todo momento a microorganismos infecciosos y nadie escapa del estrés, del dolor y del sufrimiento, pero la enfermedad es la excepción y no la regla. La salud es algo de lo que no somos conscientes...hasta que enfermamos. Nuestro sistema inmunitario trabaja constantemente para mantenernos sanos, igual que nuestro corazón continúa latiendo y nuestros pulmones siguen llenándose de aire. La reducción de la inmunidad debe de ser un componente fundamental en cualquier enfermedad; de lo contrario estaríamos enfermos permanentemente.

La salud y la enfermedad son experiencias subjetivas. Cada cual las define como quiere, sobre todo a partir de sus propias sensaciones. No existe un «salutómetro» que mida objetivamente la salud, ni «dolorómetro» que mida objetivamente el dolor. La Programación Neurolingüística (PNL) es el estudio de la estructura de la experiencia subjetiva –cómo crear nuestro mundo interno único–; por lo tanto, está perfectamente indicada para la exploración de la salud.

La disciplina de la PNL se desarrolló a mediados de los años setenta. Su esencia es lo que se ha llamado «modelado»: descubrir cómo hacemos lo que hacemos. La PNL modela la excelencia en todos los campos: la salud, el deporte, la comunicación, la enseñanza y el aprendizaje, el comercio y el liderazgo, de modo que estas habilidades puedan enseñarse a otros. Además, modela personas reales, no ideales abstractos: lo que es posible y lo que se ha hecho. El objetivo es la excelencia para todos. En este libro modelaremos la salud.

No existe ninguna dieta universal, ningún programa de ejercicios o método de pensamiento positivo que funcione para todo el mundo en toda ocasión. Las necesidades varían no sólo entre diferentes personas, sino también para la misma persona en diferentes momentos. Usted aprenderá a modelar sus propios estados de excelencia y a potenciar su salud.

La PNL tiene tres elementos principales. La «Programación» trata de las secuencias repetidas de pensamiento y conducta; de cómo actuamos para conseguir nuestros objetivos y las consecuencias de nuestros actos. La atención se centra en la elección individual y en la capacidad. «Neuro» remite a la neurología, a cómo mente y cuerpo están vinculados a través del sistema nervioso. «Lingüística» se refiere al lenguaje, a cómo nos influimos unos a otros y nosotros mismos a través del lenguaje. (El vocabulario médico de la salud y de la enfermedad lleva implícitos supuestos que dirigen nuestros pensamientos por caminos ya trillados.)

Siendo la PNL una disciplina tan amplia, este libro recoge, necesariamente, nuestra propia visión de su aplicación a la salud. Ésta es una obra práctica. No nos proponemos enseñar PNL y usted no tiene que saber nada de PNL ni de medicina para entender y utilizar este libro. La PNL no es una terapia alternativa, sino un cuerpo de ideas y un modo de pensar. No pretende ofrecer el modelo «correcto» del mundo, sino enriquecer el que tiene cada cual. La PNL es práctica: usted la utiliza para establecer una diferencia y conseguir lo que desea. Y el objetivo es estar sano.

Un libro sobre salud tiene un enorme abanico de temas entre los que escoger y nosotros hemos seleccionado los que consideramos más útiles. Asimismo, en lugar de tratar la PNL en toda su extensión, nos hemos concentrado en algunos de los principales modos en que puede usarse para potenciar la salud y el bienestar. Hemos dedicado mucho espacio a las creencias sobre la salud, pues éstas influyen en nuestra manera de actuar, en la clase de vida que llevamos y potencian o bloquean el efecto del tratamiento médico. También hemos profundizado en tres de los principales desafíos a la salud: el estrés, el dolor y el envejecimiento. El mensaje principal que queremos difundir en este libro es que usted puede influir en su salud física; que su cuerpo es una parte integrante de usted, no algo que le falla en ocasiones, y que tiene una capacidad asombrosa para aprender y para sanar.

Así pues, ¿cómo iniciar la búsqueda de una salud más completa? No existe una respuesta única, pero podemos recurrir a una anécdota de la vida del mulá Nasrudín, el santón y poeta sufí.

Nasrudín solía cruzar la frontera entre Irán e Irak montado en su caballo. Cada vez que cruzaba, transportaba una bolsa de piedras preciosas y otra de pócimas medicinales, para lo cual disponía de un permiso aduanero. Cuando el centinela le preguntaba a qué se dedicaba, él respondía que «hacía contrabando». El aduanero lo registraba cada vez, pero nunca encontraba nada anormal.

Con cada viaje, Nasrudín se hacía más rico y el centinela se volvía más receloso, pero jamás descubrió nada. Finalmente, Nasrudín se retiró. Un día, el aduanero se lo encontró y se detuvo a hablar con él. «Nasrudín, le dijo, ahora que te has retirado tras haber amasado una fortuna y que ya no puedo denunciarte, cuéntame, por favor, qué era lo que pasabas de contrabando y nunca conseguí descubrir.»

«Caballos», fue la respuesta del mullah.

El mejor lugar para ocultar un secreto es ponerlo a plena vista, donde sólo se puede descubrir cuando uno deja de pensar que está escondido. A menudo buscamos fuera de nosotros respuestas que están en nuestro interior.

A cada cual le corresponde crear su propia salud cada día de la vida. La salud no se encuentra en los fármacos ni la recetan los médicos, sea cual sea su filosofía o su método terapéutico, ortodoxo o heterodoxo. Deslumbrados por las asombrosas novedades que desarrolla la medicina en fármacos y en tratamientos, solemos olvidar que éstos son en gran medida recursos heroicos para enfermedades ya avanzadas. La enfermedad es una señal tardía de que algo anda mal y hay que cambiarlo. Para la mayoría de las personas, lo que estamos haciendo en cada momento es más importante que nuestra salud; aquí, exploraremos maneras de cambiar antes de que se instaure la enfermedad.

Los autores consideramos que la salud es una manera de ser en el mundo y ofrecemos este libro como parte de un plano que lo guíe a usted hasta ella.

Su salud es importante. Queremos proporcionarle nuevas maneras de potenciarla. Le recomendamos hacer pleno uso de todos los recursos de salud que tenga a su alcance…, y entre ellos incluimos a su médico. Queremos subrayar que este libro no es un sustituto del consejo y tratamiento de un médico u otro profesional de la medicina.

1

Salud, medicina y niveles lógicos

Administrar medicamentos para tratar enfermedades que ya se han declarado y eliminar síntomas que ya se han desarrollado es como empezar a excavar un pozo cuando ya se tiene sed o ponerse a fabricar armas cuando ya se ha entrado en combate. ¿Acaso no es demasiado tarde para emprender tales acciones?

Manual de Medicina Interna del Emperador Amarillo, 200 a. de C.

¿Qué significa para usted *estar sano*?
¿Cómo definiría «estar sano»?
¿Qué sensación produce?
¿Qué es capaz usted de hacer?
¿Cómo sabe cuándo está sano?
Todas éstas son preguntas relacionadas con su propio concepto de salud. Esperamos que a lo largo de este libro llegue a vivirla de forma más plena. Si hemos preguntado acerca de «estar sano» y no acerca de «la salud» ha sido deliberadamente. Estar sano es algo en lo que el individuo participa activamente, algo que el individuo hace. «Salud» es una expresión, un concepto estático. Hay una gran diferencia. Compruébelo usted mismo según su experiencia. Piense en «estar sano»; si tiene una representación mental de «estar sano», probablemente incluirá un sentido de movimiento. Por el contrario, es muy probable que la representación mental de «la salud» sea una fotografía, una imagen quieta. He aquí un ejemplo de PNL: el modo en que las palabras que usamos cambian nuestra experiencia subjetiva.

¿Marca esto alguna diferencia? Rotundamente, sí. Una imagen estática de la salud hace que parezca algo ajeno, un tema del que puedes ocuparte más adelante, en otro momento, en lugar de algo que estás viviendo en el momento actual. Aunque en el libro utilizaremos ambos términos, piense en la salud como un proceso, como algo que usted está creando.

Mantener el equilibrio

Cuando la persona está sana, puede conducir su vida como desee, en cualquier ámbito: individual, emocional, social y espiritual. Estar sano significa tener objetivos. Estar enfermo, que la persona pierde la libertad de buscar tales objetivos. También consideramos que estar sano es un estado de equilibrio entre el cuerpo, la mente y el espíritu, un estado natural de ser uno mismo. Cada uno de nosotros es único y también lo es nuestro estado de equilibrio. No existe ninguna «receta de salud» apropiada para todo el mundo. Este equilibrio es como el de una gimnasta que camina por la barra: activo y fluido. Se requieren pequeños ajustes continuos, desplazar el cuerpo en un sentido o en otro, balanceándose continuamente para mantenerlo. Una ráfaga de aire imprevista puede perturbar este equilibrio y uno se tambalea durante unos momentos, hasta que las facultades curativas naturales lo recuperan. Quizás se ha estado caminando «demasiado cerca del borde». Cuanto más rígida e inflexible sea una persona, más probabilidades tendrá de caerse.

No existe un estado de salud monolítico, comparable al de enfermedad. Nuestros cuerpos se reajustan permanentemente a circunstancias que cambian. Nadie escapa por completo a la enfermedad, a la sensación de pérdida, a la pena y a la preocupación. Tratamos con «los dardos y las trabas de la caprichosa fortuna» lo mejor que podemos. Nuestros cuerpos disponen de formidables capacidades curativas innatas que, a menudo, despreciamos en favor de la ayuda que nos ofrece la consulta médica. A veces, también necesitamos ayuda externa en forma de tratamientos para potenciar nuestro proceso curativo natural y para recuperar el equilibrio.

El estado de desequilibrio puede dividirse en enfermedad y dolencia. La enfermedad es un proceso patológico constatable. La dolencia es una experiencia subjetiva, la sensación de que algo no anda bien. La dolencia la sufre el cuerpo, pero afecta a todos los aspectos de nuestra vida: a nuestro trabajo, a las relaciones con los demás y a cómo nos sentimos con nosotros mismos. Podemos sentirnos enfermos sin ningún motivo aparente; en esos casos, aunque el médico no encuentre nada, aunque no haya enfermedad, la sensación de malestar sigue siendo muy real.

La medicina moderna tiende a tratar toda dolencia como una enfermedad. Desde el punto de vista de la curación, la enfermedad es una clase de dolencia especial que requiere tratamiento médico profesional. La enfermedad llega cuando la persona ha perdido el equilibrio y necesita ayuda externa para recuperarlo. La enfermedad no se cura sin poner en acción nuestros propios poderes curativos.

La mayor parte de las dolencias se autolimitan —ciertas investigaciones sitúan la cifra en un 80 por ciento[1]—, es decir, la persona se cura a sí misma tanto si hay intervención médica como si no.

En muchos de los casos restantes, el tratamiento médico tendrá éxito (a menudo, espectacular). Sin embargo, en casos, un diagnóstico erróneo, un tratamiento inadecuado, los efectos secundarios perjudiciales de algún fármaco o las complicaciones posquirúrgicas pueden derivar en problemas yatrogénicos —es decir, causados por la intervención médica— en algunos pacientes.

Tres mil años de medicina

Hace veinticinco siglos, Hipócrates enseñaba que estar sano era la prueba de que un individuo había alcanzado un estado de armonía consigo mismo y con el entorno y que aquello que afectaba a la mente afectaba también al cuerpo. Hoy parece que volvemos a tal planteamiento. Como dijo Mark Twain, «los antiguos nos roban nuestras buenas ideas».

Esta perspectiva se perdió en el siglo XVII, cuando el pensamiento científico occidental, encabezado por Descartes, dividió al ser humano en dos entidades distintas: un cuerpo (soma) y una mente (psique). Dos palabras distintas fueron tomadas por cosas distintas, lo cual llevó a un modo de pensar dualista y a una medicina dominada por el cuerpo. Las influencias psicológicas sobre el cuerpo no fueron reconocidas como objeto de estudio científico hasta bien entrado el siglo XX. En cierto modo, se atribuía al cuerpo una «realidad» de la que carecía la mente, de modo que los pensamientos se hicieron «irreales». Cualquier cosa que no tuviera un fundamento fisiológico visible y constatable era tachada de «imaginaria». La experiencia subjetiva era desestimada. El paciente era un cuerpo que curar y la medicina se concentraba sobre todo en el tratamiento de la enfermedad y de la dolencia como desviaciones de la norma biológica, e intervenía físicamente para compensar los desequilibrios existentes. El atleta humano que caminaba con agilidad sobre la barra de equilibrios era reemplazado por un robot.

El periodo de 1780 a 1850 fue conocido como «la era de la medicina heroica» (desde luego, había que ser un héroe para soportar los tratamientos). El más común de éstos, para una gran variedad de afecciones, era la sangría; normalmente, medio litro por sesión. Otro tratamiento popular era la purga intestinal, inducida con frecuencia mediante calomel (cloruro mercurioso), de modo que era frecuente el envenenamiento por mercurio. Tales tratamientos heroicos debieron de acelerar la muerte de muchos pacientes.

En 1803, un farmacéutico alemán sintetizó la morfina a partir del opio. A finales del siglo XIX, se sustituyeron los métodos heroicos de tratamiento de numerosas enfermedades por el uso de grandes cantidades de morfina y de cocaína. La heroína fue sintetizada en 1898 y comercializada con entusiasmo durante un breve tiempo como eficaz remedio para la tos.

De 1870 a esta parte, la medicina ha realizado grandes progresos frente a una amplia gama de enfermedades infecciosas gracias al conocimiento del papel de los microorganismos como causa de enfermedades. En 1882, Robert Koch aisló el bacilo de la tuberculosis. Louis Pasteur ya había demostrado que era posible inmunizarse contra ciertas enfermedades. Con ello podían prevenirse males que habían matado a millones de personas, como la tuberculosis, la difteria y la viruela. A lo largo del siglo XX se han descubierto fármacos cada vez más efectivos. En los años cuarenta aparecieron los antibióticos y hoy se curan de forma rutinaria muchas enfermedades que hasta hace poco eran mortales. Sin embargo, la investigación médica se empeña todavía en progresar con los mismos métodos que en el pasado. Para ello, disponemos de una enorme industria que se dedica a desarrollar fármacos para cada dolencia.

Los límites de la medicina

La ciencia médica tiene límites y no tardamos en descubrirlos cuando nosotros o alguien cercano está enfermo o siente dolor. Mejor tratamiento no significa mejor salud. La atención médica mejora, pero la proporción de enfermedad continúa en alza. La mayor parte de los padecimientos queda más allá del alcance de la medicina.

Existen tres grandes modos de medir la salud general de la población. En primer lugar, la mera supervivencia: la mortalidad infantil. En segundo lugar, lo bien que uno vive; esto puede saberse, más o menos, por los días de trabajo perdidos por enfermedad. En tercer lugar, el tiempo que uno vive: la mortalidad adulta y la esperanza de vida. La práctica médica moderna, los sistemas de prescripción facultativa y de hospitalización tienen una influencia de menos de un diez por ciento en estos índices estándar. El resto viene determinado por factores sobre los cuales el médico tiene muy poco o ningún control: cantidad de ejercicio, condiciones sociales, hábitos alimentarios, calidad del aire... En otras palabras, por condiciones sociales y ambientales y por el modo de vida individual.

No querríamos desmerecer los logros biomédicos. Dentro del campo que han escogido para el tratamiento de la enfermedad, su repercusión ha sido considerable y ha aportado un incremento en la longevidad y en la calidad de vida. Sin embargo, los mayores avances en salud pública se han conseguido gracias a los sistemas de alcantarillado, el tratamiento del agua, la pasteurización de la leche y las mejoras en la nutrición. Han sido estos factores los que han permitido avanzar en calidad de vida y longevidad.

En 1900, la esperanza de vida media de los estadounidenses era de unos 48 años. En 1990, alcanzaba los 79. Sin embargo, la mayor parte de este incremento se debe a que la medicina ha conseguido reducir la mortalidad infantil con la prevención y el tratamiento de enfermedades peligrosas de la infancia. La expectativa de vida no se ha incrementado mucho para los adultos. En este momento, un hombre de 45 años con buena salud puede calcular que vivirá, más o menos, otros 29 años. En 1900, un individuo de su misma edad tenía una expectativa de vida de 25 años más. Hoy estamos más sanos, no tanto porque recibamos mejor tratamiento cuando enfermamos, sino porque tendemos a enfermar menos, de entrada. El principal efecto de muchos avances médicos es que, hoy, las personas son capaces de vivir más tiempo *con sus enfermedades*.

La medicina moderna actúa como si todos los problemas de salud fueran biológicos y pudieran resolverse, en último término, mediante la investigación. Pero hoy las enfermedades que nos amenazan son muy diferentes de las infecciosas contra las cuales ha tenido tanto éxito la medicina. Ahora, las principales amenazas son enfermedades degenerativas, como las dolencias cardíacas, el cáncer, la artritis reumatoide, la osteoporosis y la diabetes, así como las relacionadas con una depresión o el colapso del sistema inmunitario, como el SIDA. La enfermedad de Alzheimer se convierte en un problema enorme a medida que la población alcanza mayor edad. Salen a la luz enfermedades nuevas: la encefalomielitis miálgica (EM), los trastornos afectivos estacionales (TAE) y la lesión por tensión repetitiva (LTR). Hoy se observa que muchos factores ambientales contribuyen a la enfermedad (y frente a la contaminación del aire o al hacinamiento no caben vacunas ni recetas sencillas).

La naturaleza también mantiene un pulso con nuestro saber médico. Con la misma rapidez con que se desarrollan fármacos para curar infecciones, los microorganismos cambian y se adaptan. Por ejemplo, el neumococo es una bacteria responsable de la meningitis, de la neumonía y de algunas infecciones del oído medio. Una investigación llevada a cabo por el Centro Norteamericano para el Control y la Prevención de Enfermedades en 1995[2] reveló que el 25 por ciento de los pacientes estaba infectado por una cepa de neumococos resistente a la penicilina. Diez años antes, en 1985, la frecuencia de casos de neumococos resistentes a la penicilina era inferior al 0,1 por ciento.

Una encuesta en la mitad de las unidades de cuidados intensivos de Europa llevada a cabo por el *Journal of the American Medical Association* descubrió que más del 20 por ciento de los pacientes examinados presentaba infecciones adquiridas en la misma unidad. Tales infecciones eran resistentes a los antibióticos. Una estancia de tres semanas en cuidados intensivos aumenta 33 veces el riesgo de infección. Con la misma rapidez con que descubrimos fármacos, los microorganismos se hacen resistentes a ellos.

La medicina tiene menos repercusión sobre nuestra salud de la que le atribuimos y nosotros, más de la que pensamos. Así se observa cuando no se puede acceder a un médico. En 1973, cuando los médicos de Israel estuvieron un mes en huelga, los ingresos hospitalarios descendieron en un 85 por ciento. El número de fallecimientos bajó en un 50 por ciento y alcanzó el nivel más bajo registrado. La anterior marca se había establecido veinte años antes, durante otra huelga de médicos. Durante un paro médico en el condado de Los Angeles, en 1976, para protestar contra las elevadas primas de seguro por errores médicos, la tasa de mortalidad cayó casi un 20 por ciento y el número de intervenciones de cirugía, en un 60 por ciento. Al término de la huelga, la tasa de mortalidad se elevó rápidamente hasta niveles normales. Tales huelgas ponen de relieve que la longevidad *individual* y la salud *individual* son responsabilidad de cada cual.

¿Responsable o culpable?

¿Significa eso que, de algún modo, somos culpables de estar enfermos? *Rotundamente, no*. Ya es suficientemente penoso tener que soportar la enfermedad y la dolencia como para cargar, además, con el sentimiento de culpa de haberla causado, de alguna manera.

En primer lugar, nos gustaría hacer una distinción entre estar sano y curarse una enfermedad. La enfermedad es una señal avanzada de que algo anda mal y es preciso actuar. Algunas formas extremas de medicina holística afirman que la persona debería ser capaz de curarse a sí misma sin tratamientos médicos y que, si fracasa, es porque no se ha esforzado lo suficiente. Algunas terapias heterodoxas para el cáncer adoptan también este planteamiento. La idea de que quien se ha provocado la enfermedad sin la ayuda de los médicos debe ser también capaz de librarse de ella sin su intervención es irrazonable. Una enfermedad que amenaza la vida tiene un desarrollo largo y complejo; no existe una causa simple. La salud y la enfermedad no están por completo en el cuerpo o en la mente, sino en ambos. Cualquier enfermedad, y en especial una de la gravedad del cáncer, demuestra que el cuerpo está muy desequilibrado y la persona debe seguir los pasos necesarios y adecuados para recuperar el equilibrio. Y cuando uno se desequilibra existe un punto crítico en que ya no puede recuperarse solo. Se necesita toda la ayuda que pueda conseguirse…, para el cuerpo y para la mente.

Algunas personas pueden atribuirse la culpa de su enfermedad porque prefieren eso a sentirse impotentes, una sensación terrible que consume las energías, el ánimo y el sistema inmunitario. Después intentan combatir la enfermedad y la sensación de impotencia con la sola fuerza de la voluntad. Pero no somos impotentes, disponemos de numerosos recursos que pueden ayudarnos. Así como la enfermedad es una combinación de factores, muchos de ellos fuera de nuestro control, también lo es la curación. Tan desequilibrado es creerse completamente responsable de nuestra salud como lo es delegar la responsabilidad en la profesión médica y no hacer el menor esfuerzo por nuestra parte. Echarnos la culpa hace más difícil curarnos.

Así pues, decir que causamos nuestra propia enfermedad y que, por tanto, somos responsables de curarnos es un planteamiento demasiado simplista. Si usted toma el sol mucho rato sin protección se quemará. Si se pone delante de un coche en movimiento puede resultar herido. Estas son relaciones simples y evidentes, porque el efecto sigue a la causa inmediatamente. Pero causa y efecto no funcionan de forma tan directa con el transcurso del tiempo en algo tan complejo y hermoso como el cuerpo humano.

Las cuestiones de salud son complicadas porque el cuerpo es un sistema vivo complejo. Cada parte de este sistema puede afectar y afecta a las demás. Lo que cada cual puede hacer es asumir el control de lo que está en sus manos. Existen abundantes pruebas estadísticas que relacionan el fumar con las isquemias cardíacas, el enfisema y el cáncer de pulmón, por ejemplo. Sin embargo, nadie puede asegurar que, si se fuma, se padecerá alguna de estas enfermedades. De igual modo, es erróneo afirmar que fumar no hace daño porque tenemos un amigo de ochenta y tantos años que fuma un paquete de cigarrillos diario y podría correr una maratón. Fumar es un hábito que está bajo su control y que incrementa las posibilidades de sufrir una enfermedad grave. Si usted no se jugaría el dinero apostando en un casino, no parece muy sensato que se juegue la salud por el mismo sistema.

Las relaciones causa-efecto también son difíciles de observar porque el conocimiento médico progresa despacio. Establecer la relación entre una enfermedad y un suceso del pasado puede llevar muchos años. Pasaron décadas hasta que se reconoció que el amianto era cancerígeno. Hoy en día descubrimos la relación entre las quemaduras solares y el cáncer de piel y nos estremecemos al leer que grupos de soldados presenciaron las primeras pruebas con bombas atómicas, apostados a pocos kilómetros de distancia. En pocas palabras, todos tenemos que desenvolvernos lo mejor posible según los conocimientos de que disponemos en cada instante.

En este libro revisaremos, principalmente, maneras de pensar y de ser que nos impulsarán hacia la salud y nos apartarán de la enfermedad. Disponemos de muchos recursos para estar y mantenernos sanos; la medicina moderna es sólo uno de ellos. Lo importante es el compromiso de cada uno con su propia salud.

Niveles de salud

La salud es la manera de ser total de una persona y en ella influyen muchos factores de orden individual, psicológico, social, físico y nutricional. Existen dos cuestiones importantes acerca de cualquier tema de salud:

¿Sobre qué factores puede usted influir?
¿Cuál de estos factores producirá un cambio más acusado?

Sobre algunos factores podemos ejercer una gran influencia; sobre otros, esta influencia puede ser sólo parcial, o nula. La PNL ha desarrollado un modo de ver los diferentes niveles de control y de influencia que resulta de especial utilidad en el terreno de la salud. Denominados «niveles neurológicos» o, simplemente, «niveles lógicos», el concepto ha sido desarrollado fundamentalmente por Robert Dilts.

El primer nivel es el *medio ambiente* (el entorno y las personas con las que estamos). Los factores ambientales, como la calidad del aire que respiramos y de la comida que tomamos, son muy importantes para la salud. Los fármacos, la principal intervención médica, se encuadran también en este nivel ambiental.

Podemos establecer una distinción entre ambiente interno y externo. ¿Qué introducimos en nuestro medio ambiente interno? ¿Qué calidad tiene el aire que aspiramos y la comida que ingerimos? Por ejemplo, podemos comer mucha fruta para asegurarnos la ingestión diaria recomendada de vitaminas, pero puede que esta fruta no sólo haya tardado tanto en llegar a la tienda que el contenido de vitaminas haya disminuido, sino también que contenga altas cantidades de pesticidas como resultado de los métodos de cultivo modernos. Un factor ambiental externo que puede representar un riesgo para la salud son los elevados niveles de radiación electromagnética producidos por las conducciones eléctricas de alta tensión. Diversos estudios han relacionado estos niveles altos de radiación con un incremento en el riesgo de cáncer entre la población infantil[3]. El ambiente social tiene particular importancia. Existen numerosos estudios sobre animales en los que se observa que cuando crece el número de individuos de un grupo, mientras los demás aspectos del medio ambiente permanecen constantes, se da un aumento de la mortalidad infantil, un incremento de la arterioesclerosis y una reducción de la resistencia a la enfermedad[4]. Parece que gran parte de la planificación social lleva a cabo el mismo experimento con seres humanos, con unos resultados que apenas empezamos a descubrir.

Para la mayoría de las personas, los problemas de superpoblación, los métodos de producción de alimentos y la calidad del aire quedan más allá de su capacidad de control. Cambiar estos factores ambientales exige tiempo y una sostenida acción política. Mientras tanto, salvo que uno viva en una isla remota y cultive su propia comida, cada cual debe enfrentarse al medio ambiente como mejor sepa.

De este medio ambiente que nos rodea forman parte también otras personas: amigos, familiares y compañeros de trabajo. Pues bien, desde 1980 viene acumulándose una cantidad enorme de testimonios que avalan la tesis de que la calidad de nuestras relaciones tiene un impacto enorme en la salud. En algunos estudios, esta influencia ensombrece cualquier otra variable, como el lugar de residencia o la posición económica. La soledad, el aislamiento y las relaciones interpersonales insatisfactorias constituyen un riesgo significativo para la salud.

El segundo nivel es la *conducta*. La conducta es lo que hacemos. Y al respecto hay dos actitudes relacionadas con la salud: evitar los hábitos nocivos y cultivar los saludables.

Esto nos conduce al tercer nivel; a lo que la PNL llama *capacidad*. Con este término entendemos las acciones y hábitos repetidos y arraigados. Por ejemplo, no es probable que un único cigarrillo perjudique, pero se ha comprobado que el hábito de fumar aumenta el riesgo de padecer una enfermedad pulmonar o cardíaca. Otro ejemplo lo constituye la dieta. Un pastel, unas galletas o una bebida enlatada de vez en cuando no perjudican, pero una dieta que incluya regularmente estos productos conduce a un aumento del riesgo de obesidad, diabetes y problemas dentales. Normalmente, la fuerza de voluntad no basta para abandonar un hábito; para ello es preciso descubrir la finalidad que se oculta tras ese hábito y trabajarla de una manera más sana.

Este es también el nivel de lo que la PNL denomina «estrategias», o maneras rutinarias de pensar y de responder. Tenemos estrategias para afrontar el estrés, para establecer relaciones, sobre cuándo enfadarse, sobre qué y cuándo comer y para cuánto ejercicio hacer y cuándo hacerlo. Las estrategias son secuencias de pensamiento que utilizamos de forma mecánica y que, por tanto, nos llevan a acciones rutinarias. La medicina conductista aporta pruebas de que estados mentales como la depresión y el pesimismo están relacionados con problemas de salud concretos. Este es el resultado de las maneras de pensar rutinarias. Exploraremos este punto en el Capítulo 8.

En la época en que se desarrolló la PNL, a mediados de los años setenta, existía un vacío en el pensamiento psicológico. La psicología conductista de la época hablaba en términos de acción y reacción, del estímulo y respuesta, de interacción entre ambiente y conducta. También existían muchos sistemas psicológicos basados en valores, que hacían hincapié en el poder de las creencias, de los valores y de la autoestima. Todos ellos son principios valiosos, pero está claro que se carecía de instrumentos prácticos. La PNL llena este hueco con el nivel de capacidad. Al modelar el éxito, proporciona técnicas y herramientas; al analizar la estructura de nuestra experiencia, hace comprensibles y posibles para todos las estrategias para estar sano.

El cuarto nivel es el de *las creencias y los valores*. Tanto lo uno como lo otro tienen una influencia enorme en nuestra salud. Las creencias son los principios que guían nuestros actos. Determinan cómo nos vemos a nosotros mismos, cómo reaccionamos ante los demás y qué sentido damos a nuestras experiencias. La reacción a un placebo demuestra que podemos curarnos a nosotros mismos si creemos en la eficacia de la medicina, tanto si ésta tiene algún efecto fisiológico como si no. Algo que concebimos como puramente mental (una creencia) tiene un efecto real y tangible sobre el cuerpo. Asimismo, la investigación en medicina conductista apunta a que es importante para protegernos de los efectos nocivos del estrés el grado en que creemos controlar nuestras reacciones.

A menudo actuamos bajo el principio de «ver es creer». Sin embargo, por desgracia, cuando una persona constata las consecuencias de un hábito nocivo, ya es demasiado tarde y ha enfermado. La evidencia tangible que la persona necesita para creer es precisamente lo que se busca evitar.

Las creencias tienen también un efecto más penetrante. Por ejemplo, el individuo que cree que existe un fármaco para cada dolencia, es probable que se comporte de forma diferente de quien cree que su salud está predeterminada por la herencia genética. En el Capítulo 4 exploraremos con detalle los efectos de las creencias sobre la salud.

Por valores entendemos lo que es importante para nosotros, aquellas cosas a las que aspiramos: salud, riqueza, felicidad, seguridad, amor. Los valores actúan como imanes para nuestra conducta. ¿Por qué hacemos lo que hacemos? Para conseguir lo que es importante para nosotros y para evitar aquello que nos resulta perjudicial. Si la medicina conductista a menudo carece de efectos es porque no tiene en cuenta las creencias y los valores. Las personas no cambian a menos que crean tener buenas razones para hacerlo y que el cambio les permita conseguir algo que consideran importante o los aleje de algo que desean evitar. Creencias y valores no son lógicos (aunque tampoco necesariamente ilógicos); por lo general, no se puede convencer a nadie para que cambie los suyos, aunque las creencias sí varían con el tiempo. (No hay muchos adultos que crean en los Reyes Magos.)

El quinto nivel es la *identidad*, es decir, el concepto que una persona tiene de sí misma, las creencias y los valores que la definen y su misión en la vida, a su propio entender. Si alguien sufre una enfermedad crónica, puede adoptar la identidad de «un paciente». Mientras se considere tal, seguirá enfermo. Una persona no es su enfermedad ni su dolor, aunque ambas cosas puedan ser abrumadoras, en ocasiones. Por el contrario, «soy una persona sana» es una declaración de identidad que puede tener un impacto tremendo en la salud.

Por último, el sexto nivel es el que está *más allá de la identidad*, el nivel espiritual: el de la relación de la persona con los demás y con aquello que trasciende su identidad, no importa cuál sea la forma concreta que uno prefiera darle.

Para resumir:

La salud influye en todos los niveles neurológicos y es influida, a su vez, por cada uno de ellos. La salud es multidimensional e implica todos los aspectos del individuo: ambiente, conducta, pensamientos, creencias, identidad y transidentidad.
La PNL define los niveles. Nos proporciona métodos prácticos para que podamos:

trabajar en el nivel del entorno, desarrollando y manteniendo sólidas relaciones.

trabajar en los niveles de la conducta y de la capacidad mediante la formación de hábitos saludables y de estrategias de pensamiento que nos permitan responder con más recursos. Así experimentamos menos tensión y tenemos más control.

trabajar en el nivel de las creencias y de los valores tomando conciencia de las creencias propias y de lo que es importante para nosotros. La PNL proporciona vías específicas para resolver conflictos de creencias y para cambiar las viejas por otras que mantengan más plenamente nuestra salud.

trabajar el nivel de identidad y el espiritual mediante la armonización de todos los demás niveles.

Encontrar el nivel adecuado

Los niveles neurológicos son muy útiles para definir cuestiones de salud. Primero, defina el nivel que está abordando. Algunos problemas de salud son ambientales; por ejemplo, la mala calidad del aire y las condiciones de trabajo desagradables. Incluso existe un «síndrome del edificio enfermo», reconocido por la Organización Mundial de la Salud, entre cuyos síntomas se cuentan la fatiga, los dolores de cabeza, las reacciones cutáneas, la sequedad de garganta y el escozor de ojos. No existe una causa única para este síndrome, pero las personas que trabajan en despachos con aire acondicionado son, al parecer, más susceptibles.

Nuestra experiencia nos dice que los entornos naturales son agradables y relajantes. En vacaciones, los buscamos. Contemplar el agua que fluye por una corriente en un movimiento constante, caótico pero dotado de una dirección y de un cauce, nos produce una sensación de satisfacción. La investigación médica confirma lo que nuestro cuerpo sabe intuitivamente: los entornos agradables aceleran la recuperación del enfermo. Quizá desconozcamos que la presión sanguínea desciende cuando nos sentamos a contemplar la naturaleza, pero lo notamos en nuestro cuerpo.

Una habitación con vistas

Roger Ulrich[5], del departamento de Geografía de la Universidad de Delaware, ha realizado un interesante estudio sobre el efecto del ambiente sobre 46 pacientes del hospital que se recuperaban de una intervención de vesícula. La mitad de los pacientes ocupaba habitaciones con vistas a un muro de ladrillo pardo. La otra mitad estaba en habitaciones con vistas a una hilera de árboles de abundante follaje. Los que tenían vistas a los árboles pasaron un tiempo apreciablemente menor en el hospital tras la intervención (como promedio, volvieron a sus casas un día y medio antes que los del otro grupo) y necesitaron dosis menores de analgésicos. También presentaron un número ligeramente menor de complicaciones postoperatorias.

La vista de una pared de ladrillo desde una cama de hospital no es tan agradable como la de unos árboles y la investigación de Ulrich apunta a que puede perjudicar o retardar la recuperación. Cuando nuestra directora literaria leyó esto, nos comentó su propia experiencia hospitalaria. Se lesionó un codo en un partido de hockey y pasó la convalecencia en una sala con vistas a una pared, que compartía con varios pacientes septuagenarios, enfermos de gravedad. Aunque la mujer tenía sólo 21 años y estaba sana y en buena forma física, siempre era ella quien pedía analgésicos. También sufrió complicaciones postoperatorias: el brazo rechazó el clavo metálico y se le infectó la zona bajo el yeso. La fractura no se soldó como era debido y la mujer no pudo extender el codo durante varios meses.

Muchas unidades de cuidados intensivos (UCI) carecen por completo de ventanas y algunos pacientes sufren un estado conocido como «delirio de la UCI», que consiste en alucinaciones, desorientación y pérdida de memoria y que retrasa significativamente la recuperación. El delirio de la UCI es dos veces más frecuente en pacientes cuyas habitaciones carecen de ventanas[6]. Además, entre estos pacientes las depresiones graves son tres veces más frecuentes que entre los normales. Los edificios enfermos pueden producir personas enfermas.

Para estar sano, el cuerpo físico necesita una dieta adecuada, cierta cantidad de ejercicio, dormir lo suficiente y de forma regular, aire limpio y cierto nivel de comodidad y de seguridad. Todos estos son requisitos fundamentales y por mucho esfuerzo mental que se haga no cambiarán. Empiece cambiando su entorno físico si no es saludable.

Los problemas de salud pueden producirse a cualquier nivel y deben ser atendidos al nivel adecuado. Por ejemplo, un médico que participaba en nuestros cursos de PNL confesó que cuando los pacientes acudían a él quejándose de que no sabían relajarse, él les sugería que se tomaran unas vacaciones. Al asimilar la existencia de los niveles lógicos, comprendió que tal respuesta era una receta ambiental que difícilmente cambiaría la situación del paciente, salvo a corto plazo, quizás. Las vacaciones resultaban relajantes, pero no resolvían el problema al nivel de capacidad; no enseñaban a relajarse.

No es posible cambiar de hábitos de forma directa y automática aunque los beneficios para la salud sean evidentes. Actuamos según nuestros intereses, tal como los percibimos. Creencias y valores son algunos de los filtros más potentes. Tal vez una persona sepa qué hacer (conducta) e incluso cómo hacerlo (capacidad), pero aun así puede que se abstenga de actuar porque no es importante para ella (valores) o porque cree que no servirá de nada (creencias).

Las creencias determinan qué hacemos con las recetas del médico. Muchas de ellas no se usan porque el paciente ya ha encontrado ánimo y confianza en la consulta del doctor. Existe una historia apócrifa de un paciente que participaba en una prueba doble ciego con un fármaco, que preguntó a su médico si su última medicación era diferente de las anteriores.

—¿Por qué lo pregunta? —replicó el médico con visible desconcierto, pues en una prueba doble ciego ni el doctor ni el paciente conocen cuál es el fármaco auténtico y cuál el placebo.

—Bien —dijo el paciente—, las cápsulas que me daba la semana pasada flotaban cuando las arrojaba al retrete; las de esta semana se hunden.

Es importante que los comentarios y las críticas a la conducta y a la capacidad no afecten a nivel de identidad. Criticar las acciones de una persona no significa criticar a esa persona. La crítica y el achacar culpas puede ser muy nocivo y conducir a la melancolía, la recriminación y la depresión, todas las cuales pueden debilitar el sistema inmunitario.

Muchas personas vuelcan su identidad en el trabajo. Cuando les preguntan, «¿Qué haces?», responden hablando de su trabajo. Así, no es extraño que mucha gente se tome el desempleo, el ajuste de plantilla e incluso la jubilación como un rechazo. Para muchas personas, perder el empleo es una gran desgracia, pues sienten que han perdido una parte de ellas mismas. Se deprimen y se desaniman ante la vida y pueden caer enfermas.

Esta tendencia a confundir conducta con identidad empieza en la infancia. Cuando un niño se porta mal, los adultos suelen decirle cosas como «eres un niño malo». Los niños son muy ingenuos, creen a pies juntillas lo que dicen los adultos y, así, los cimientos para la confusión entre identidad y conducta aparecen muy pronto en la vida.

Una de las vías más importantes para reducir el estrés que amenaza la salud es distinguir entre lo que la persona hace y quién es.

Identidad cultural

También definimos nuestra identidad por la raza y la cultura. El doctor Leonard Syme, epidemiólogo de la Escuela de Salud Pública de la Universidad de California, en Berkeley, ha realizado a lo largo de muchos años un estudio detallado sobre los inmigrantes japoneses en Estados Unidos.[7] Los japoneses tienen uno de los índices de esperanza de vida más alto y el coeficiente más bajo de enfermedades cardíacas de los países con estadísticas sanitarias. Sin embargo, Japón no es un paraíso bucólico. Es una nación industrializada y avanzada con un problema especialmente grave de contaminación atmosférica y un ritmo de vida acelerado.

Así pues, puede que los japoneses tengan una herencia genética muy favorable, o tal vez su dieta los protege de las enfermedades cardíacas. Sin embargo, al cabo de una generación, los inmigrantes japoneses en Estados Unidos que adoptan una dieta típica occidental, con alto contenido en grasas y en colesterol, se hacen tan vulnerables a las enfermedades cardíacas como los norteamericanos en general, excepto aquellos que mantienen vínculos estrechos con la comunidad japonesa y sus valores. Así sucede incluso con los que siguen una típica alimentación norteamericana.

Los japoneses tienen un valor que denominan *amae*, que es la creencia en que el bienestar de una persona depende de la colaboración y de la buena voluntad del grupo. Ser parte del grupo y compartir valores básicos parece ofrecer cierta protección contra enfermedades degenerativas asociadas a la alimentación. Ninguna otra variable como la edad, el sexo, la clase social u otros hábitos de salud explicarían tal efecto. La enfermedad cardíaca es tangible y la identidad, intangible, pero las dos interactúan. Uno de los problemas de la medicina es encontrar medios científicamente válidos para medir esta conexión.

Lenguaje y niveles

El lenguaje de una persona muestra cuál es el nivel de referencia. He aquí algunos ejemplos:

Identidad	«Soy fumador.»
Creencia	«Fumar es malo para ti.»
Capacidad	«Aprendí a inhalar el humo a los trece años.»
Conducta	«Fumo veinte cigarrillos al día.»
Ambiente	«Muchas de mis amistades también fuman.»
Identidad	«Soy una persona sana.»
Creencia	«Estar sano significa que disfruto más de la vida.»
Capacidad	«Me mantengo sano corriendo cinco kilómetros cada semana.»
Conducta	«El miércoles fui al gimnasio a entrenar.»
Ambiente	«He hecho muchas amistades en el gimnasio.»
Identidad	«Soy un superviviente del cáncer.»
Creencia	«El cáncer puede curarse.»
Capacidad	«He encajado bien el tratamiento de quimioterapia.»

Conducta	«Mañana iré al médico a hacerme un chequeo.»
Ambiente	«El grupo local de apoyo a pacientes de cáncer me ha ayudado mucho.»
Identidad	«Soy una persona de natural tranquila.»
Creencia	«Mantener la calma en situaciones de presión me ayuda a trabajar mejor.»
Capacidad	«Practico ejercicios de relajación cada día.»
Conducta	«Cuando el supervisor me gritaba, yo respiraba hondo y contaba hasta diez.»
Ambiente	«Me gusta almorzar en el parque para relajarme.»
Identidad	«Soy de esas personas que ganan peso con facilidad.»
Creencia	«Alcanzaré el peso que me he propuesto.»
Capacidad	«Puedo comer lo que quiera porque nunca aumento de peso.»
Conducta	«Anoche comí una barrita de chocolate después de cenar.»
Ambiente	«La comida de ese restaurante francés es tan buena que siempre tomo dos platos.»

Los niveles neurológicos no son una jerarquía, sino más bien un círculo o un holograma. Cada nivel afecta a los otros y todos son importantes para la salud. Un buen ambiente, con buenos amigos, es importante, pero no necesariamente suficiente si se tiene la creencia de que no se está sano. Y puede que una persona con tal creencia no se moleste en buscarse un ambiente sano, de todos modos. Se puede influir en la salud no sólo efectuando cambios en su entorno, sino también trabajando las creencias. La salud es una cualidad tanto física como mental y los efectos de una traspasan los límites y penetran en la otra.

Las creencias gobiernan gran parte de nuestra conducta; por lo tanto, la manera más eficaz de cambiarla es hacer cambios frecuentes en las creencias. A menudo, intentar cambiar la conducta es cuestión de fuerza de voluntad, aunque es demasiado fácil volver a caer en la situación ya establecida. Todos conocemos el refrán, «año nuevo, vida nueva», y hemos puesto en práctica esas decisiones cargadas de buena intención que apenas duran hasta finales de enero. Cambiar de hábitos es más fácil cuando se comprende que éstos ya no forman parte de la propia imagen. Entonces, nos despojamos de ellos sin esfuerzo y el cambio de conducta viene respaldado por un cambio de creencias y de valores, con un sentido más completo del yo.

Cuando piense en su objetivo de salud personal, o cuando se enfrente a un problema de salud, identifique en qué nivel se produce éste:

- Quizá necesita más información del ambiente. Si es así, no haga nada hasta haber descubierto lo que necesita conocer.
- Quizá tiene toda la información, pero no sabe qué hacer exactamente.
- Quizá sabe qué hacer, pero no sabe cómo.
- Quizá se pregunta si puede hacerlo, si merece la pena y si está de acuerdo con sus creencias y valores.
- Quizá se pregunta, «¿me afecta realmente a mí?»

Fisiología de los niveles neurológicos

Los niveles neurológicos tienen, a grandes rasgos, sus correspondientes fisiológicos. Cuanto más profundo es el nivel, más participación tiene la neurología. Reaccionamos a nuestro entorno mediante el sistema nervioso periférico. La conducta y las capacidades rigen las capas motrices y corticales del sistema nervioso, es decir, nuestras acciones conscientes o semiconscientes. Las creencias y los valores movilizan nuestro sistema nervioso autónomo, la parte que regula los estados internos del cuerpo, como el ritmo cardíaco, la presión arterial y la digestión. Cuando una persona defiende sus creencias y valores, el ritmo de la respiración cambia y el pulso se acelera. El nivel de identidad se corresponde con el sistema inmunitario, la parte de usted que lo protege de la enfermedad al distinguir entre lo propio y cualquier cuerpo «ajeno». ¿Y más allá de la identidad? En realidad, no lo sabemos. Puede que intervenga un equilibrio en el sistema nervioso autónomo entre la rama simpática, que organiza e incrementa el ritmo cardíaco, la respiración y la presión arterial y la rama parasimpática, que los relaja.

Los niveles lógicos demuestran los tres aspectos de la PNL: el neurológico, porque cada nivel trae a escena un aspecto más de nuestra neurología; el lingüístico, ya que los distintos niveles se pueden observar en el lenguaje que utilizamos, y la programación, porque adoptamos diferentes acciones según el nivel en el que queremos influir.

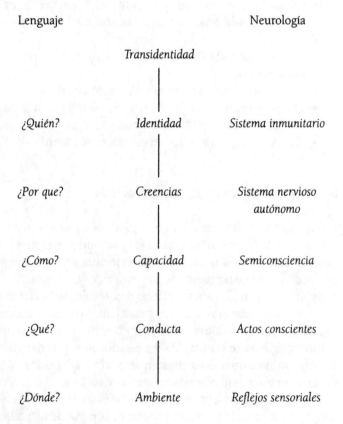

Lenguaje		Neurología
	Transidentidad	
¿Quién?	*Identidad*	Sistema inmunitario
¿Por que?	*Creencias*	Sistema nervioso autónomo
¿Cómo?	*Capacidad*	Semiconsciencia
¿Qué?	*Conducta*	Actos conscientes
¿Dónde?	*Ambiente*	Reflejos sensoriales

Los niveles lógicos de la salud

Alinear la salud

He aquí un ejercicio práctico para explorar estos niveles en su propia salud:

En primer lugar, recuerde una ocasión en la que se sintió realmente sano.
Teniendo eso presente, tómese el tiempo necesario para pensar en estas preguntas.

Ambiente
¿Dónde estaba usted?
¿Qué personas lo rodeaban en esa ocasión?
¿Cómo era el lugar donde estaba?
¿Qué época del año era?
¿Hay algún momento concreto del día en que se siente sano de verdad?
¿Qué relaciones eran importantes para usted, en esa época?

Conducta
¿Qué hacía usted?

Capacidad
¿Qué habilidades tenía usted entonces?
¿De qué se sentía capaz?
¿Cuál era la calidad de sus pensamientos?

Creencias y valores
¿Qué opinaba usted de su salud?
¿Era un estado natural?
¿Era fácil o difícil de conseguir?
¿Por qué quería estar sano siempre?
¿Qué significaba para usted?
¿Qué importancia tenía para usted estar sano?
¿Qué podría haberle impedido estar sano?

Identidad

¿Cómo es ser una persona sana?
¿Cuál es su misión en la vida?
¿Cómo le ayuda a alcanzar esa misión el hecho de estar sano?
¿Cómo potencia su sentido del yo el hecho de estar sano?

Transidentidad

Piense en cómo está conectado con todos los demás seres vivos y con lo que usted crea que existe más allá de usted mismo. Para algunos, éste es el terreno religioso o espiritual. ¿Cómo le conecta a los demás y le ayuda a ir más allá de usted mismo el hecho de estar sano?

REFLEXIONES

Enfermedad: Proceso mórbido definido que tiene una serie de síntomas característicos; puede afectar al organismo entero o a alguna de sus partes y su etiología, patología y pronóstico pueden ser conocidos o desconocidos.

Diccionario Médico Ilustrado Dorland's, 26 edición, 1981

El cuerpo es una máquina, compuesta de nervios, músculos, venas, sangre y piel y constituida de forma tal que, aunque no hubiera mente que lo rigiera, seguiría manteniendo las mismas funciones.

René Descartes, *Traite de l'homme*

En teoría, todas las enfermedades son psicosomáticas, ya que los factores emocionales influyen en todos los procesos corporales a través de los sistemas nerviosos y humorales.

Franz Alexander, *Psychosomatic Medicine: Its principles and applications* (Norton, 1950)

En el noventa por ciento de los pacientes tratados por un médico de cabecera, los efectos del tratamiento son desconocidos o no existe un remedio específico que influya en el curso de la enfermedad.

Sir George Pickering, «Therapeutics: Art or science?»
Journal of the American Medical Association,
242 (1979), 649-53

Le germe n'est rien, c'est le terrain qui est tout.
(El microbio no es nada; el contexto lo es todo.)
Louis Pasteur, el químico y bacteriólogo francés que desarrolló
la teoría microbiana de la enfermedad y que, en su lecho de
muerte, afirmó la importancia no del microbio sino del
huésped en el que se desenvuelve.

El siglo XX será recordado, sobre todo, no como una época de conflictos políticos e invenciones técnicas sino como una era en la cual
la sociedad se atrevió a concebir la salud de la raza humana en su
conjunto como un objetivo práctico.

Arnold Toynbee

2

Los cuatro pilares de la salud

La PNL empezó por establecer modelos de excelencia en habilidades comunicativas; es decir, por determinar cómo los buenos comunicadores utilizaban el lenguaje para forjar buenas relaciones y para alcanzar sus objetivos. Por habilidades comunicativas suelen entenderse las que se establecen con otros, pero, en el campo de la salud, es aún más importante cómo se comunica uno consigo mismo.

La programación neurolingüística se desarrolla sobre cuatro sencillos principios que, en nuestra opinión, constituyen cuatro pilares de la salud. El primero es la calidad de nuestras relaciones. Para una buena salud son fundamentales unas buenas relaciones. Nuestros amigos y seres queridos son parte de nosotros y afirman nuestra identidad. La calidad es más importante que la cantidad. Ser capaz de compartir los pensamientos con un par de amigos suele ser mejor que tener un gran número de relaciones más superficiales. Para esto tenemos que potenciar y mantener la sintonía, es decir, la calidad de una relación construida sobre la confianza. Cuando uno está en sintonía, influye en los demás y está abierto a su influencia.

Existen numerosas pruebas de que los individuos con relaciones afectivas de apoyo y con una fuerte vinculación social enferman con menos frecuencia, se recuperan más deprisa y tienen un índice de mortalidad menor. Existen muchas razones para ello. Las buenas amistades no se pueden adquirir en la farmacia, pero ayudan a la persona a preservar la salud y a recuperarse de la enfermedad como no pueden hacerlo las drogas. Amigos y familia estimulan al ser querido a que se cuide y lo ayudan cuando enferma. Sentirse solo, que nadie se preocupe por uno, resulta terrible y afecta profundamente la voluntad de recuperarse.

El efecto de los vínculos sociales sobre la salud quedó demostrado claramente en el estudio realizado por Berkman y Syme en Almeda County, California[1], en 1979. El estudio se prolongó a lo largo de once años y en él se llevó a cabo un sencillo registro de vínculos sociales de cada residente, que recogía el número de parientes y amigos íntimos que tenía cada uno, si estaban casados o no y su participación en grupos, formales o informales. Los que tenían pocos vínculos presentaban un índice de mortalidad entre dos y cinco veces superior al resto, y ello con independencia de otros factores de riesgo como la bebida, el tabaco, el ejercicio físico y la obesidad. Esta característica se mantenía en ambos sexos y en todos los grupos socioeconómicos. Las personas que cuentan con un buen conjunto de amigos que las apoyan y en quienes pueden confiar muestran también una tendencia a gozar de mejor salud en general. Tener buenos amigos es un indicador bastante fiable de buena salud y de longevidad[2].

Otra investigación realizada en la Escuela de Medicina de Nuevo México puso de relieve que los individuos que tenían al menos una persona en la que podían confiar presentaban, en casi todos los casos, indicadores de actuación del sistema inmunitario significativamente superiores y niveles inferiores de sustancias, como el colesterol en suero, estrechamente relacionadas con el aumento del riesgo de enfermedad cardiaca[3].

Sintonía con uno mismo

¿Cómo se relaciona consigo mismo? Usted es la única persona en la que tiene que confiar siempre. ¿Qué tal resulta vivir con usted? Para muchos, es como vivir con varias personas distintas, cada una de las cuales desea algo distinto y negocia, amenaza o adula, además de ofrecer apoyo mutuo. ¿Qué tal se llevan esas diferentes partes de usted?

La sintonía con uno mismo puede darse a varios niveles. En primer lugar, está la sintonía con el cuerpo físico. ¿Se siente cómodo con su cuerpo? ¿Hasta qué punto? ¿Le parece en ocasiones un enemigo que se vuelve contra usted y se pone enfermo? ¿Hasta dónde lo conoce? A menudo nos preocupa nuestro cuerpo, pero no tenemos idea de cómo funciona. Solemos olvidarnos de él cuando funciona bien y lo maldecimos cuando lo hace mal. No es una actitud muy amistosa. No solemos prestar atención a los mensajes que nos envía. ¿Qué le está diciendo en este momento su cuerpo acerca de su bienestar físico, de su nivel de atención y de su digestión?

En segundo lugar está la sintonía entre las diferentes partes de la mente. En realidad, la mente no tiene «partes»; es sólo una manera de decir. Probablemente, se habrá encontrado usted en una situación en la que dudaba entre varias posibilidades o en que quería a la vez dos cosas incompatibles: por ejemplo, quedarse en casa y salir, o aceptar un trabajo u otro. En este contexto, la sintonía significa la capacidad de conciliar deseos posiblemente conflictivos de tal modo que, con el tiempo, sean atendidos todos. Puede que, para ello, tenga que negociar entre dos partes de su mente, como si lo hicieran dos personas distintas. La sintonía mental se produce cuando estas diferentes partes de usted trabajan en armonía. Quizá toquen instrumentos distintos, pero todas siguen la misma partitura y usted es el director.

En tercer lugar existe sintonía entre cuerpo y mente. ¿Protesta su cuerpo ante alguna de las tareas que le impone? Cuerpo y mente son distintos aspectos de un mismo ser: el ser humano. La salud es producto de la labor conjunta de ambos. Nuestros pensamientos producen efectos físicos reales y nuestro cuerpo influye en nuestros pensamientos. Imagine que intenta tomar decisiones importantes mientras pasa una gripe.

Por último, existe una dimensión de sintonía a un nivel espiritual. Tendría que ver con un sentido de pertenencia a una comunidad mayor, más allá de la personalidad individual, o saber qué lugar se ocupa en la creación.

Cuando las diferentes partes de su organismo funcionan juntas, en armonía, hablamos de un estado de congruencia. Entonces, la música que toque será inimitablemente suya. Congruente significa que es usted todo de una pieza, que su lenguaje corporal, sus palabras y su tono de voz trasmiten el mismo mensaje y que sus acciones se alinean con sus creencias y valores. Usted actúa como es, es decir, que su mente y su cuerpo están de acuerdo. La congruencia no es un estado absoluto, o «todo o nada»; tiene grados. Asimismo, se puede ser congruente en algunas situaciones e incongruente en otras.

El mundo exterior refleja nuestra congruencia. Los conflictos internos provocan los externos. Las personas a las que resulta difícil vivir consigo mismas también tienen dificultades para convivir con otras, pues la calidad de la sintonía que conseguimos con nosotros mismos se reflejar en la calidad de la sintonía que conseguimos con otros.

Cada persona tiene experiencias diferentes, nadie ve el mundo de la misma manera y, sea lo que sea realmente, cada cual actúa según lo que percibe: esa es la realidad, para cada uno de nosotros. Elaboramos un modelo del mundo con nuestras experiencias, creencias, valores, intereses y preocupaciones y, a continuación, lo vivimos. Este modelo del mundo no es sólo una elaboración intelectual, es también una manera de ser en el mundo. Es una manera de respirar, de caminar, de hablar, de relacionarnos con los demás y con nosotros mismos y de responder al estrés. Lo somatizamos. Nuestro modelo del mundo, en especial las creencias y los valores, es una de las mayores influencias sobre nuestra salud, momento a momento.

Acompañar

La sintonía se consigue acompañando a los demás. Acompañar a otros es reconocerlos, a ellos y sus preocupaciones, ser capaz de aceptar su modelo del mundo, en vez de exigir que vean las cosas como nosotros. El término acompañar es una buena metáfora. Imagínese que camina al lado de alguien y que va charlando con él. Para mantener una buena conversación es preciso que los dos caminen a la misma velocidad, a un paso que sea cómodo para ambos. Así, cuando uno tiene algo que decir y quiere que el interlocutor lo escuche, avanza a su paso.

Acompañar es un concepto muy amplio. Significa respetar las costumbres de un país extranjero. Significa llevar ropas adecuadas para los encuentros con otros y también aceptar las creencias y valores de los demás sin intentar convencerlos de que están equivocados. Acompañar no es lo mismo que estar de acuerdo. Para acompañar a alguien no es preciso adoptar sus creencias; basta con reconocer su importancia y su validez, aunque usted siga pensando que son erróneas. Usted tendrá muy claros sus valores y sus creencias. Las personas que más confían en sus propias creencias y valores y que más congruentes son con ellos, también son lo bastante fuertes para permitir a los demás que expresen otros valores distintos sin tener que discutir ni hacer proselitismo.

Cuando acompañamos a alguien, establecemos un puente, una conexión. Entonces podemos guiar, es decir, dirigirnos nosotros mismos o conducir a otros a un estado distinto, más deseable.

¿Qué significa acompañarse uno mismo? Significa reconocer la situación, sin que ello implique necesariamente intentar cambiarla. Si le duele la cabeza, significa reconocer esa jaqueca, ser consciente de ella. Acompañar el cuerpo es ser consciente de sus mensajes. Acompañar los sentimientos significa reconocerlos y aceptarlos, en lugar de acallarlos o de actuar según lo que se cree que se «debería» sentir. Sólo después de acompañarlos, podremos ocuparnos de modificarlos −si ése es nuestro deseo−, para conducirlos a otro estado. Cuando no nos sentimos bien, solemos elegir la vía más directa, es decir, intentamos librarnos de esa sensación antes incluso de averiguar a qué responde realmente. Actuando así, perdemos un conocimiento valioso, puesto que ahí está la clave para evitar esa sensación en otras ocasiones. Es como despreciar con brusquedad los sentimientos de otra persona. A menudo, nos tratamos a nosotros mismos como jamás trataríamos a los demás.

Acompañar y conducir son la clave para influir en nosotros mismos y en los demás. Normalmente, es inútil conducir a alguien si antes no se ha acompañado. Tal vez haya experimentado usted la situación de sentirse enfermo o desdichado y otra persona le dice, con la mejor de las intenciones, «¡Anímate, haz un esfuerzo, las cosas no están tan mal!». Normalmente, estas palabras no tienen el efecto deseado. Es como si no tuvieran en cuenta lo que le está ocurriendo y, por tanto, tiene que insistir aún más en ello. En una conversación, la persona que considera que no se le ha entendido repetirá su opinión con mayor insistencia. Nuestro cuerpo actúa de la misma manera: si desoímos las señales de incomodidad demasiado tiempo, se hacen más intensas, más insistentes, y ello puede conducir a la enfermedad.

Objetivos

El segundo principio de la PNL es conocer lo que uno quiere. A menos que usted sepa adónde va, terminará vagando sin rumbo y no sabrá siquiera si ha llegado. La PNL da por supuesto que actuamos con un objetivo, aunque a veces no tengamos claro cuál es. Cuanto más claro tenga usted lo que quiere, más fácil resultará conseguirlo. Las cosas que usted desea se denominan en PNL «objetivos».

Curarse es dirigirse hacia el estado que se desea disfrutar en el futuro y alejarse del estado insatisfactorio en que uno se encuentra en el presente. Puede ser difícil pensar en términos de salud positiva y en dirigirse hacia objetivos de salud, pues el modelo médico imperante nos impulsa a no prestar atención a la buena salud cuando la tenemos y a curar la enfermedad cuando no es así. La medicina estudia la enfermedad, no la salud y el modo de conseguirla. La medicina preventiva trata, como el propio nombre indica, de lo que debe evitarse para no caer enfermo.

La PNL contempla la salud positiva desde dos aspectos. Por una parte, la exploración de la salud como un estado positivo que se puede fomentar mediante el modelado. Por otra, la contribución a establecer futuros objetivos, es decir, las cosas que son importantes para nosotros y que nos esforzamos por conseguir. Las metas atractivas, incluso exigentes, para el futuro proporcionan un sentido de propósito.

Agudeza sensorial

El tercer pilar de la PNL es la agudeza sensorial, es decir, utilizar los sentidos, percibir las señales que recibimos. Estar sano significa prestar atención a lo que el cuerpo nos comunica. El cuerpo nos dice cuándo hacemos algo que no le conviene. Joseph fumó cigarrillos durante años, desde sus tiempos de universidad. El primer cigarrillo le supo a diablos. Le irritó la garganta, le hizo toser y se mareó, pero insistió y, al cabo de unas semanas, ya tragaba el humo sin problemas. Incluso le sabía bien. Las primeras señales son siempre las más importantes. Si dejamos pasar el tiempo, podemos acostumbrarnos a casi todo. El cuerpo nos dará señales inconfundibles de que ciertas acciones lo perjudican. A veces, estas señales son inmediatas; otras son persistentes, como cuando un exceso de trabajo continuo nos hace llegar a casa agotados, o cuando un constante exceso en la bebida hace que nos despertemos con resaca, o el permanente exceso en la comida y una insistente sensación de incomodidad. El daño lo produce esta persistencia en actuar así. Finalmente, todo ello provoca la enfermedad. Y la enfermedad es la señal definitiva, tan fuerte que ya no puede desoírse.

La agudeza sensorial es la clave para el placer. El puritanismo todavía cuchichea en nuestro oído que debe de haber algo malo en sentirse bien y que todos los placeres de la vida llevan aparejado un precio. En realidad, actuar de modo que nos sintamos bien nos proporciona un disfrute inmediato y mejora la salud. Un buen principio a seguir es el siguiente: todo lo que le haga sentirse bien es bueno para usted, siempre que se encuentre en un estado de equilibrio.

El placer procede del uso pleno de los sentidos: saborear una comida, buscar entornos hermosos, escuchar música… Cuanto menos activos sean sus sentidos, más recurrirá usted a la cantidad, en lugar de a la calidad. Cuanto más activos los tenga, más posibilidades tendrá para el placer.

Utilizar los sentidos: interna y externamente

Para acompañar a otros y establecer sintonía, usted debe ser consciente de cómo responden. La agudeza sensorial hacia el exterior consiste en prestar atención a las respuestas del otro, para responder a ellas de tal modo que los objetivos se acerquen. En muchas culturas, los niños son aleccionados a no percibir esta clase de información. ¡Es demasiado embarazoso para los adultos! De todos modos, si es usted sordo y ciego al efecto que produce en los demás, ¿cómo va a conseguir los objetivos que se ha propuesto?

Haga esta prueba:

Mire a su alrededor. Observe las personas y objetos que le rodean. Observe las formas y los colores. Escuche los sonidos, las voces, la música. Ahora, preste atención a lo que siente. ¿Su cuerpo está cómodo? ¿En qué estado emocional se encuentra?

Compruebe su postura y su equilibrio.

Aprecie lo que está saboreando.

¿Qué huele usted?

Ahora, intente recrear ese recuerdo. Cierre los ojos, si eso le ayuda. Trasládese otra vez a esa escena. Compruebe cuánto puede recordar.

Después, borre la imagen. Elimínela, vea sólo oscuridad.

A continuación, aparte de su recuerdo los sonidos y voces presentes en la escena, o quíteles el volumen hasta que resulten inaudibles. Después, desconéctelos.

Luego, borre cualquier recuerdo de las sensaciones corporales que tenía.

Despréndase de cualquier emoción que recuerde. Por último, pierda los sabores y los olores.

¿Queda algo? ¿Una imagen fugaz? ¿Un asomo de sonido? Bórrelos también. Vuelva al presente y abra los ojos.

Y bien, ¿dónde está esa experiencia?

Las experiencias nos llegan a través de los sentidos. La intensidad con que usted recuerda una escena depende de la calidad de la atención que le dedicó en su momento. Entonces, usted la recreó a través de los propios sentidos. Estos constituyen su experiencia tanto interiormente como hacia el exterior. Pensar es utilizar los sentidos internamente.

El modo en que la persona utiliza sus sentidos hacia lo exterior afecta el pensamiento y la experiencia interiores.

Usted puede cambiar su experiencia cambiando el modo en que utiliza los sentidos en su interior.

Esto tiene unas consecuencias enormes para la salud. Explica por qué algunas personas saben afrontar el estrés mientras otras se ponen enfermas. El estrés no es tanto lo que le sucede a uno sino el modo en que la persona encaja estos sucesos, cómo responde a ellos. Replantearse la situación, hacerlo de otro modo, modificará su reacción. Y al cambiar su reacción, el estrés puede desaparecer. Hablaremos de esto extensamente en el capítulo 8.

Nuestros sentidos nos ofrecen información. Nosotros nos «representamos» nuestras experiencias mediante esos sentidos y así, en PNL, los sentidos se denominan «sistemas de representación».

Existen cinco sistemas de representación:

Sentido	Sistema de representación
Vista	Visual (abreviado en V)
Oído	Auditivo (abreviado en A)
Tacto	Quinestésico (abreviado en Q)
Gusto	Gustativo (abreviado en G)
Olfato	Olfativo (abreviado en O)

El sistema visual incluye nuestras imágenes mentales, tanto las evocadas como las elaboradas por la propia mente. El sistema auditivo engloba nuestros recuerdos de sonidos, músicas y voces. También incluye nuestro diálogo (o, más frecuentemente, monólogo) interior: el que mantenemos con nosotros mismos. El sistema quinestésico lo forman nuestras sensaciones corporales (o propioceptivas), nuestro sentido del equilibrio (vestibular), las sensaciones directas de contacto (táctiles) y nuestras emociones, aunque estas últimas son un poco distintas. Las emociones son los sentimientos que nos inspira una cosa y se componen de cúmulos de distintos sentimientos propioceptivos en nuestro cuerpo.

Las personas desarrollamos nuestros sentidos hacia lo exterior –los pintores desarrollan la facultad de la vista; los músicos, la agudeza de oído, y los atletas, un refinado sentido quinestésico de su cuerpo– y, de igual modo, hacia nuestro interior tenemos uno o dos sistemas de representación preferidos con los que pensamos. Si usted prefiere el sistema visual, es probable que se interese por el diseño, la moda, las artes plásticas, la televisión, las matemáticas y la física. Si sus preferencias son auditivas, quizá se interese por el lenguaje, la escritura, el arte escénico y la actividad de conferenciante. Las preferencias quinestésicas pueden manifestarse en actividades deportivas, o que requieran destrezas físicas, como la ebanistería. Se trata de categorías muy generales; cualquier intento de encasillar a las personas es en vano porque todos utilizamos todos los sistemas de representación. Sin embargo, mostramos tendencia a apoyarnos sobre todo en una o dos de ellas.

Cuanto más utilice usted sus sentidos hacia el exterior y más activos sean, más podrá recurrir a ellos como sistemas de representación. Esto nos proporciona ciertos puntos fuertes y ciertos puntos débiles en nuestra manera de pensar. Para algunas personas, pensar significa sobre todo elaborar vívidas imágenes mentales; para otras, es mantener conversaciones consigo mismas. E incluso consiste en seguir los sentimientos. Ningún camino es acertado o equivocado; depende de lo que se quiera hacer. También combinamos sistemas y pensamos en «sinestesias», es decir, en combinaciones de sistemas en las que imágenes, sonidos y emociones se mezclan íntimamente.

Las preferencias en los sistemas de representación tienen consecuencias para la salud. ¿Qué le falta a usted? Por ejemplo, a una persona con un sistema de representación visual débil puede resultarle difícil visualizar un buen futuro. Cuando se presenta la enfermedad, tienen la esperanza de recuperarse. Esa esperanza procede de la capacidad de visualizar un futuro mejor. Sin ello, es muy fácil sentirse deprimido y letárgico.

Una persona con un sistema auditivo débil quizá no capte su propio diálogo interior. La mayoría de las personas habla consigo misma constantemente. ¿Qué clase de consejo nos damos? ¿Qué tono de voz utilizamos? ¿Cómo se tomaría que alguien le cuchicheara al oído, en un tono de voz desagradable, que estar sano es difícil? No sería de gran ayuda. Pues eso es lo que quizá nos hacemos a nosotros mismos.

Quien tenga poco desarrollado el sistema quinestésico quizá no sea del todo consciente de su cuerpo. Puede que lo fuerce más allá de sus límites o que desoiga los síntomas hasta que sean tan desagradables que exijan atención. Es como hacer caso omiso de alguien que nos está hablando hasta obligarlo a gritar, o no dirigir la mirada al interlocutor hasta que éste se harta y nos agarra por las solapas.

Tan importante es prestar atención a lo que se ve, oye y siente procedente del exterior como a lo del interior.

Flexibilidad

El último pilar de la PNL es la flexibilidad de conducta. Cuando la información útil que proporcionan los sentidos da a entender que no se obtiene lo que se busca, se cambia de conducta. Parece una obviedad pero, a menudo, las personas no cambian y continúan haciendo las cosas de la misma manera, lo cual produce resultados diversos y no necesariamente deseados.

La PNL recomienda fijar un objetivo y utilizar todos los medios de que se disponga para avanzar hacia él. Este método da resultado para la salud positiva y, de hecho, para cualquier objetivo. Plantéese todas las opciones posibles para conseguir su objetivo y utilice los sentidos como fuentes de información útil para descubrir qué lo acerca a él y qué lo aleja. Si lo que hace no le sirve, haga otra cosa.

La flexibilidad surge de tener claro lo que se quiere y de encontrar maneras de conseguirlo. Por ejemplo, si usted

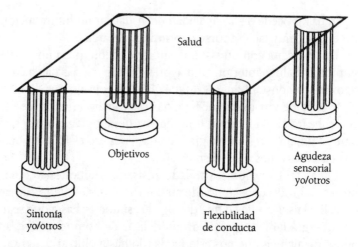

Salud

Objetivos

Agudeza
sensorial
yo/otros

Sintonía
yo/otros

Flexibilidad
de conducta

Los cuatros pilares de la PNL

acude al trabajo en coche y durante el trayecto hay continuamente atascos, probablemente podrá buscar otra ruta..., si quiere llegar a tiempo, claro. No sería lógico que insistiera usted en caer una y otra vez en el atasco con el argumento de que «siempre he venido por aquí y así seguiré haciéndolo». Sin embargo, en ocasiones, hacemos algo equivalente con nuestra salud, pues, en estos temas, causa y efecto no son tan evidentes ni tan inmediatos. Asimismo, la costumbre y la familiaridad resultan tan cómodas que no hacemos el cambio que exige nuestro cuerpo.

Así, por ejemplo, si padece usted dolores de cuello o de espalda, podrá probar diferentes posturas para sentarse y estar de pie, o tal vez cambiar sus costumbres al acostarse. Si sufre de indigestión, quizá necesite modificar los hábitos alimentarios: cambiar de comidas, de horario o de ritmo de ingestión. Con la dermatitis, tal vez necesite experimentar diferentes tejidos y diversos detergentes. Es difícil determinan las causas de las alergias a los alimentos: es necesario eliminar sistemáticamente diversos ingredientes y ser sensible al efecto que ello produce. (Por desgracia, el alimento responsable es, con demasiada frecuencia, uno de nuestros favoritos.)

Un último ejemplo: Joseph tiene un amigo que era un tenista entusiasta y disfrutaba muchísimo con su deporte. Además, jugar representaba un buen ejercicio. Se lesionó el codo derecho y durante unas semanas creyó que no volvería a jugar (era diestro). El diagnóstico no fue optimista: tardaría meses en curarse. Parecía que le esperaban meses de inactividad forzosa. Así pues, empezó a practicar con la mano zurda. Dijo que le resultaba fascinante aprender otra vez desde el principio y que así apreciaba más la habilidad y la técnica. Como antes había jugado mucho con la derecha, aprendió muy deprisa y jugó con la izquierda varios meses hasta que tuvo completamente curada la lesión.

Quizá resulte difícil relacionar la información útil con la causa cuando ha pasado mucho tiempo. Los procesos fisiológicos cambian despacio. Es posible que el dolor de cabeza de hoy tenga relación con la comida copiosa de ayer, aunque esa relación no sea evidente. Así, a veces persistimos en un comportamiento que no favorece nuestra salud porque la información útil aparece mucho tiempo después. Además, quizá nos equivocamos de lugar en el que buscar. Cuerpo y mente son inseparables, pero estamos acostumbrados a concebirlos como dos cosas distintas. Así, puede que la comida cause cambios de humor, influya en las relaciones y contribuya a la aparición de enfermedades, pero resulta difícil saber dónde buscar exactamente. La mente se mueve deprisa. El cuerpo reacciona más despacio, pero las reacciones son profundas.

Puede que seamos conscientes de un hábito nocivo y que nos resulte difícil cambiar. La conducta, las costumbres, las creencias y los valores encajan en un complejo sistema en el que cada elemento influye en los demás. No es fácil quitar una pieza sin sustituirla por otra. Por eso se frustran tantos objetivos de salud. Podemos probar a dejar de hacer algo sin reemplazarlo por otra cosa mejor y conservar los beneficios que obteníamos de ese viejo hábito. La «parte» de nosotros responsable del viejo hábito no ha sido consultada. No ha accedido en ningún momento a dejarlo.

Dejar de fumar es un buen ejemplo. Para conseguirlo, es preciso que haga lo siguiente:

Sentir el cuerpo que el tabaco le está haciendo daño

Convencerse de que es perjudicial

Corregir los hábitos respiratorios

Afrontar los efectos secundarios del tabaco que considere positivos –por ejemplo, sentirse cómodo en situaciones sociales–, encontrando otra manera de conseguirlos

Romper las asociaciones automáticas que llevan a encender un cigarrillo en determinadas circunstancias, como al término de una comida

Formarse una nueva imagen de sí mismo más en consonancia con la persona que se aspira a ser realmente y que no fuma

Romper cualquier relación entre el hecho de fumar y la identidad, como el considerarse a sí mismo fumador

Obtener el apoyo de la familia y de los amigos

Por último, ser consciente del dinero que se ahorra y usarlo en otra cosa positiva que aprecie

Estado emocional

Su estado emocional en el momento presente es un fiel reflejo de su salud.

En PNL, un estado es su manera de ser en un momento dado: la suma de sus pensamientos, sensaciones, emociones y de la energía física y mental. Abarca tanto cuerpo como mente, es decir, tanto la situación mental como la fisiológica. Algunos estados son intensos y evidentes (por ejemplo, la cólera, el amor, el aburrimiento, los celos y la alegría). Todos notamos los altibajos, las crestas y los valles de nuestra vida emocional. Quizás ni siquiera tengamos un nombre para el estado en el que nos hallamos, pero ese estado aportará una manera característica de pensar, de sentir, y un peculiar tono emocional. Los estados son el medio ambiente interno y podemos habituarnos a ellos al igual que lo hacemos a un medio externo: al cabo de un rato, simplemente, dejamos de notarlo. Así, existe el peligro de que nos habituemos a un estado de debilidad crónica que haga mella en nuestra salud y en nuestro bienestar.

Existen abundantes pruebas de que un estado crónico de

hostilidad e impaciencia está asociado a un mayor riesgo de ataques cardiacos y de oclusiones de arterias coronarias[4]. La depresión crónica grave se ha relacionado con un aumento del riesgo de cáncer[5], mientras que otros estudios demostraban que la depresión era un mejor síntoma-pronóstico de problemas cardiacos que la gravedad de la lesión arterial, el nivel de colesterol elevado o el consumo de cigarrillos[6].

Muchos informes han demostrado que la depresión reduce la respuesta inmunológica. Los estados negativos prolongados son malos para la salud. Y lo contrario también se cumple: los estados positivos son buenos para la salud. Con ellos nos sentimos bien y por eso los buscamos, por lo cual no es de sorprender que la medicina considere científicamente respetable el hecho de sentirse bien. Por ejemplo, un estudio mostraba como un grupo de personas que había visto un vídeo del comediante Richard Pryor reforzaba su sistema inmunitario, medido por el nivel de anticuerpos en saliva[7]. Estos anticuerpos contribuyen a la defensa frente a infecciones como el resfriado común. El refuerzo inmunitario duró una hora. Los participantes en el estudio, que declararon utilizar a menudo el humor como medio de hacer frente al estrés, presentaban niveles de referencia de estos anticuerpos protectores sensiblemente superiores. El escritor Norman Cousins atribuyó en gran parte la curación de su enfermedad, una incapacitadora espondilitis anquilosante, a la práctica de ver comedias en vídeo[8]. La risa cura.

No es sorprendente que un profundo estado negativo como la depresión afecte al sistema inmunitario. Lo interesante es que las emociones pueden influir en el organismo incluso cuando son simuladas. Paul Ekman, psicólogo de la Universidad de California en San Francisco, ha realizado diversos estudios de expresiones faciales y se ha especializado en las que una persona emplea cuando miente[9]. En un estudio, pidió a algunos actores que imitaran las expresiones faciales de disgusto, cólera y miedo, o que reviviesen mentalmente una experiencia de tales sentimientos. Ekman midió las pulsaciones y la temperatura cutánea y, con estas mediciones, pudo identificar qué emoción negativa en particular estaba simulando el actor. Fingir cólera y revivir mentalmente una experiencia de tal emoción tenía unos efectos psicológicos directos sobre el cuerpo a través del sistema nervioso autónomo.

Un estado negativo crónico es como caminar «por el borde de un precipicio», es mucho más fácil perder el equilibrio. Una ráfaga de viento, que no sería problemática si estuviéramos bien afianzados en el suelo, puede hacernos caer al vacío.

Estar enfermo significa un cambio de estado inconfundible, aunque muchos de los síntomas desagradables de una enfermedad –toses, inflamación, fiebre, mareos, dolores articulares– son causados en realidad por el cuerpo que intenta curarse. A menudo, estos síntomas son necesarios para recuperar el equilibrio.

Alimentación y estado de ánimo

La comida es psicoactiva. Además de nutrirnos, influye en nuestro estado. ¡Una ley que se propusiera prohibir todas las sustancias psicoactivas tendría que ilegalizar los alimentos! Las células nerviosas de todo el cuerpo se comunican entre ellas mediante unas sustancias llamadas «neurotransmisores». Por medio de estos, el cuerpo transmite a través del sistema nervioso los mensajes que alcanzan nuestra conciencia en forma de pensamientos y de sensaciones. Estos neurotransmisores, donde se unen mente y cuerpo, están compuestos de elementos precursores contenidos en los alimentos que tomamos.

Hay muchas clases de neurotransmisores. Por ejemplo, la serotonina es un importante neurotransmisor inhibidor que reduce la actividad nerviosa e induce el sueño. El triptófano es un aminoácido que utiliza el cerebro para elaborar serotonina, y la leche y los plátanos contienen cantidades relativamente elevadas de triptófano, de forma que un vaso de leche caliente antes de acostarse ayuda a dormir, efectivamente. Los alimentos ricos en hidratos de carbono, como el pan o las patatas, elevan los niveles de serotonina, mientras que una comida rica en proteínas deprime los niveles de dicho neurotrasmisor al impedir que el cerebro utilice el triptófano. El cerebro equilibra y regula las proteínas e hidratos de carbono que consumimos a través, en parte, de los niveles de serotonina. Un bocado de hidratos de carbono puede hacernos sentir, realmente, más relajados y apacibles: es la «sensación de la siesta». El mecanismo es muy complejo porque otros aminoácidos compiten con el triptófano para ser transportados al cerebro. El consumo de hidratos de carbono puede también, gracias a sus efectos sobre los niveles de serotonina, producir sensaciones de fatiga y facilitar la tolerancia a los dolores e incomodidades leves.

Lo que se toma en el almuerzo afecta a algo más que a la forma física. La comida puede influir muy rápidamente en el nivel de atención y la memoria. Los neurotransmisores cerebrales pueden potenciarse mediante la alimentación. Cuando se sienta irritable o tenso, quizá le convenga tomar unos bocados de hidratos de carbono. Son una forma de medicación. Por desgracia, el hábito de tomarlos tiene efectos secundarios indeseados en la cintura.

Comer cambia nuestro estado y los cambios de estado siempre se corresponden con cambios en nuestra bioquímica interna, sobre todo en el equilibrio de diferentes neurotrasmisores. Estas sustancias naturales son potentes, pero la farmacia del organismo sólo las dispensa en pequeñas cantidades. El cuerpo es quien mejor prepara la receta y ajusta la dosis a las cantidades exactas que necesita.

Existen muchas sustancias –desde el chocolate, el café, el té y el alcohol hasta la cocaína o la heroína– que utilizamos para cambiar de estado directamente. Drogas y dietas son un tema amplio y complicado, que no trataremos en el presente libro. Desde el punto de vista de la PNL, nuestro estado varía a lo largo del día y nosotros intentamos modificarlo de varias maneras, a veces inconscientemente a través de la comida, a veces conscientemente a través de las drogas. De hecho, algunos estados producidos por las drogas parecen tan valiosos que hay quien se arriesga incluso a sufrir unos efectos secundarios dolorosos e incluso letales.

La PNL revisa las maneras en que podemos cambiar nuestro estado a través de nuestros pensamientos.

Si el estado tiene una relación tan estrecha con la salud, la capacidad para cambiar de estado a voluntad es de gran valor siempre que se quiera mantener sano. La PNL ha estudiado este tema en profundidad, como veremos en el siguiente capítulo.

REFLEXIONES

La salud es el estado acerca del cual la medicina no tiene nada que decir.

W. H. Auden

Todos los hombres toman por límites del mundo los de su propio campo de visión.

Arthur Schopenhauer

Aunque estés en el camino correcto, si te limitas a quedarte sentado en él, te arrollarán.

Will Rogers

Los hombres son casi iguales por naturaleza. La práctica los hace muy distintos.

Confucio

3

Un cuadro de salud

Para acompañar nuestro estado emocional, es preciso averiguar en qué estado pasamos la mayor parte de nuestro tiempo, lo que llamamos «estado de referencia». Así se define nuestra manera de ser característica, el modo de respirar, la postura y la expresión. Joseph se dio de bruces con este concepto, textualmente, hace algunos años, en Denver, Colorado. En una céntrica plaza había unos artistas callejeros que dibujaban caricaturas por unos dólares. Cuando Joseph observó la imagen que el dibujante había esbozado de él, vio a un hombre de hombros caídos y espaldas cargadas. ¿Quién era aquel desconocido? Se sintió igual que la primera vez que había escuchado su voz en una grabación. Aquella imagen le impresionó y Joseph se interesó por la técnica Alexander de trabajo corporal para mejorar su postura habitual.

Si ya conoce su estado de referencia, ¿se siente satisfecho con él? ¿Qué opina de su arquitectura, su mobiliario y sus comodidades? ¿Sigue percibiéndolo? Es tiempo de inventario: Cualquier lugar donde usted pase mucho tiempo tiene que resultar todo lo cómodo y agradable que sea posible; sobre todo, porque afecta a su salud.

Su estado de referencia

Tómese unos minutos para explorar su estado de referencia actual. Utilice para ello su agudeza sensorial dirigida al interior.

Siéntese cómodamente y haga inventario de su estado desde diferentes puntos de vista:

¿Cuál es su postura habitual?
¿Cómo se siente usted en ella?
¿Qué rasgos destacarían en una caricatura?
¿El estado en que se halla le resulta ligero o pesado?
¿Tiene usted alguna expresión corporal predominante?
¿Cómo se manifiesta en su manera de caminar?
¿Y en su modo de sentarse?
¿Y en su manera de hablar?

Si tiene el valor de hacerlo, pregunte también a otros cómo lo perciben ellos.

¿Qué cosas de lo que comentan le agradan?
¿Le gustaría cambiar algún aspecto de lo que comentan?

¿Desde qué zona del cuerpo respira usted? (Lo sabrá porque las demás maneras de respirar representarán un esfuerzo y las notará diferentes.)
¿Respira usted desde la parte superior del tronco, es decir, desde el tórax, o desde la inferior, esto es, desde el abdomen?

Cuando su estado de referencia ha quedado definido hace mucho tiempo, puede parecer el único posible, pero sólo es uno de los muchos posibles.

Sus pensamientos y emociones
¿Cuál es su emoción predominante?
¿De qué clase de pensamientos es usted consciente?
¿Visualiza usted con frecuencia?
¿Habla mucho con usted mismo?
¿Los acontecimientos externos le afectan profundamente, o sabe mantener las distancias, emocionalmente hablando?

Sus relaciones con otros

¿Se encuentra usted, sobre todo, en compañía de personas que le gustan?

¿Qué emociones despiertan en usted otras personas?

Los orígenes de su estado de referencia

¿Tiene usted idea de dónde procede?

¿Puede usted relacionarlo con algún incidente concreto o con alguna decisión tomada en el pasado?

¿Dicha decisión es válida todavía?

¿La ha mantenido desde hace mucho tiempo o la ha cambiado recientemente?

¿La ha modelado a partir de alguien, de los padres o de personas significativas en su vida? (Cuando modelamos creencias, valores y maneras de actuar de otros, solemos asimilar, sin advertirlo, el estado que los acompaña.)

Incluso pensar en estas preguntas sin ofrecer una respuesta definida hará que la persona sea más consciente de su estado.

Diseñe su propio estado de referencia

Cuando conozca un poco su estado de referencia, puede acomodarlo a sus necesidades.

¿Qué le gusta de su estado de referencia actual?

Asegúrese de que conserva lo que le gusta si quiere cambiar algo.

¿Qué le desagrada de su estado de referencia presente y desearía cambiar?

¿Qué cualidades desea añadir?

¿Qué fisiología le gustaría poseer?

Quizá desee conocer diferentes tipos de trabajo corporal, como la técnica Alexander o la tabla de Feldenkreis, para modificar la postura habitual y el modo de utilizar el cuerpo.

Diseñar un estado de referencia a su gusto puede llevarle algún tiempo. No es algo que se improvise en unos minutos. Así pues, tómese unas semanas de plazo para desarrollarlo. Su estado de referencia es una especie de casa psicológica. Usted pasa mucho tiempo en ella; por lo tanto, hágala tan cómoda y saludable como sea posible.

Conserve algo que le recuerde los cambios que está haciendo. Escoja algo de lo que ve o escucha cada día. Cuando vea o escuche el recordatorio, compruebe su estado. Joseph colgó la caricatura en la pared del salón. Otro amigo nuestro puso boca abajo un cuadro en una pared del suyo. Como era un hombre ordenado, cada vez que lo veía sentía el impulso de corregirlo. Esto le recordaba que debía comprobar su estado. El hombre se prometió que colocaría bien el cuadro cuando él tuviera otro estado de referencia con el que se sintiera feliz.

Anclas

Las personas, los lugares, las imágenes y sonidos concretos pueden cambiar nuestro estado automáticamente. A esto se denomina «anclas». En PNL, un ancla es cualquier percepción visual, sonido o textura que provoca un estado. Las anclas se forman por repetición y por asociación. Por ejemplo, cuando un amigo de Ian fue a ver al maestro de su hija en la escuela primaria, se quedó asombrado de cómo las imágenes, sonidos y olores del edificio le devolvían por un momento sus propias sensaciones de la escuela primaria, hacía ya muchos años.

El poder de las anclas se basa en nuestra capacidad para aprender estableciendo vínculos y formando asociaciones. También hacen más fácil reaccionar sin pensar. El sonido de un timbre significa el final de la clase, el momento en que todos los alumnos dejan de prestar atención aunque el maestro aún siga hablando. El semáforo en rojo significa «alto». Cuando nos acercamos a uno de ellos, no tenemos que pensar y buscar en nuestro recuerdo qué debemos hacer.

Las anclas son ubicuas: el himno nacional, la sirena de incendios, la sonrisa de un bebé. Algunas parecen neutras: nos limitamos a reaccionar, como ante el semáforo en rojo. Otras tienen la facultad de inducir un estado negativo: la visión de una araña provoca tal estado en muchas personas. Otras más son positivas y están asociadas a estados de bienestar: por ejemplo, la voz de alguien a quien amamos. Ninguna de estas cosas lleva en sí misma la sensación: una araña no es más que una araña, una voz es sólo una voz. El significado especial se lo ponemos nosotros.

Cada uno de nosotros crea sus propias anclas o las aprende de la sociedad. La mayoría de las veces se construyen al azar. A veces, como en las fobias, una experiencia intensa puede crear un ancla de forma inmediata. Un niño puede llevarse un susto tremendo al ver una serpiente, pues es demasiado pequeño para evaluar el peligro de forma realista. En adelante, la visión de cualquier serpiente evocará tal estado de temor. Un ancla tiene la facultad de transportarnos al pasado, como le sucedió al amigo de Ian con la escuela primaria.

Una vez establecidas, las anclas actúan de forma automática. Lo cual es una ventaja y un peligro: una ventaja si las utilizamos para los estados positivos y un riesgo si nos conducen a estados negativos sin que nos demos cuenta. En nuestro nivel de referencia habitual tendremos muchas de tales anclas.

Ya que damos a las anclas el poder de provocar estados, debemos prevenirnos de las que nos inducen estados negativos y cultivar las que generan los positivos. ¿Qué clase de ancla es una visita al médico? Las anclas pueden ser visuales, como la araña, un ramo de flores, un semáforo en verde o la luna llena. Pueden ser auditivas, como el sonido del torno de un dentista (¡la dentera que le produce a uno!), una canción especial o una alarma de incendio. Pueden ser quinestésicas, como un apretón de manos o un baño caliente, u olfativas, como el olor a café o el de un pasillo de hospital. Ejemplos de anclas gustativas podrían ser una tableta de chocolate suizo o una jarra de cerveza. Pueden estar en el entorno exterior, pero también pueden ser internas. Por ejemplo, imaginar el aroma del café, o el chirrido de la tiza al deslizarse sobre la pizarra, o visualizar mentalmente una araña, evoca el estado anclado (aunque, normalmente, no con la misma intensidad que el objeto o ser real). El cerebro reacciona a un ancla tanto si esta es interna como si es externa. Nuestro sistema cuerpo-mente reacciona a lo que percibe como real.

Las anclas actúan a todos los niveles lógicos. Nuestro nombre es un ancla para nuestra identidad y las imágenes religiosas anclan las creencias. Las empresas pagan mucho dinero por logotipos y anuncios que crean anclas que asocian sus productos a un estado deseable: atractivo sexual, libertad, refinamiento... Pagan sumas enormes a gente famosa para que respalde sus productos. Todo ello en función de unas simpatías que ya constituyen las anclas de dichos famosos y que los anunciantes esperan que se trasladen al producto. Es el éxito por asociación. Los patrocinadores se rigen por los mismos conceptos.

Las palabras también pueden constituir anclas. Cuando escribimos sobre arañas y chocolate, sólo estamos viendo marcas de tinta sobre papel. Las imágenes, los sonidos y las sensaciones las crea uno mismo en su mente para comprender las palabras.

Anclas del sistema inmunitario

Las anclas cambian nuestro estado y éste influye en nuestra salud. La investigación médica empieza a entender el proceso con detalle. Existen pruebas de que las anclas influyen directamente en nuestro sistema inmunitario. El descubrimiento inicial dio lugar a todo un nuevo campo de la medicina, la psiconeuroinmunología (PNI), que consiste en la exploración del efecto que ejercen las creencias, la conducta y el entorno sobre el sistema inmunitario, que es la parte de nuestro organismo que nos protege destruyendo antígenos, bacterias, virus y células cancerosas. El vigor del sistema inmunitario es uno de los baremos más directos que puede usar la medicina para evaluar nuestro grado de salud.

A mediados de 1970, Robert Ader, psicólogo de la Universidad de Rochester, investigaba la influencia de los factores psicosociales –comportamiento, creencias y relaciones– sobre la salud[1]. Ader llevaba a cabo unos sencillos experimentos de estímulo y respuesta con ratas, a las que intentaba condicionar para que asociaran una sensación de náusea con el agua endulzada con sacarina. Las ratas bebían el agua y se les inyectaba un potente fármaco que les provocaba náuseas. Un intento bastaba para que las ratas lo entendieran. La sacarina significaba vomitar.

En adelante, el agua endulzada sola, sin la inyección de la droga, era suficiente para provocar náuseas en los animales. El experimento fue un éxito rotundo. Sin embargo, se produjo un efecto secundario indeseado: muchas de las ratas murieron. Ader no lo entendía, pues eran animales sanos que habían sido bien atendidos durante todo el experimento.

La explicación estaba en la sustancia que provocaba las náuseas, la ciclofosfamida. Este potente fármaco no sólo provoca el vómito, también inhibe el sistema inmunitario. El agua con sacarina se había convertido en un ancla no sólo para las náuseas sino también para un debilitamiento del sistema inmunitario. Se había condicionado a las ratas a inhibir su sistema inmunitario cada vez que bebían el agua endulzada con sacarina, lo cual las dejaba más expuestas a las infecciones. Debido a ello, las muertes en el grupo superaron lo previsible.

Ader y su colega, Nicholas Cohen, demostraron esta hipótesis en una serie de experimentos, cuyos resultados confirmaron el planteamiento. Las ratas condicionadas sucumbían a las enfermedades infecciosas con más facilidad que los controles. También se volvían más resistentes a enfermedades autoinmunes como la artritis, lo cual resulta coherente, pues un sistema inmunitario debilitado no actuaba con tanta virulencia contra su propio cuerpo. Ader acuñó el término «psiconeuroinmunología» para el estudio de la interacción entre el sistema inmunitario, el sistema nervioso y los estados mentales[2].

Todavía no estamos completamente seguros de cómo se trasladan estos resultados a la conducta humana, pero lo que sugieren resulta fascinante. Así, apuntan a cómo los estados negativos se traducen en enfermedades. Sabemos que la depresión, la soledad, la ansiedad y la hostilidad pueden perjudicar la salud. El ancla para los estados también puede serlo para un debilitamiento de la respuesta del sistema inmunitario. Entre las ratas de Ader, un ancla significaba la diferencia entre la vida y la muerte.

Las anclas negativas pueden debilitar nuestro sistema inmunitario y dejarlo más expuesto a la enfermedad.

La buena noticia es que lo anterior también funciona a la inversa: las anclas positivas pueden reforzar el sistema inmunitario. ¿Cómo cambiaría su vida si escuchara una obra musical o contemplara una fotografía y no sólo se sintiera bien, sino que supiera que estaba reforzando su sistema inmunitario y, con ello, potenciando su propia salud positiva?

Cambiar de estado

Los estados influyen en la salud y las anclas influyen en los estados.

De ello se derivan tres importantes preguntas:

- ¿Qué desencadena mis estados negativos?
- Cuando me encuentro en un estado negativo, ¿cómo puedo cambiarlo?
- ¿Cómo puedo crear estados más positivos y saludables para mí?

Para tener más opciones acerca de su estado emocional, identifique sus anclas negativas. ¿Qué imágenes, sonidos, sabores, olores y texturas generan en usted un estado más incómodo? (La irritación, la hostilidad, la depresión, la sensación de desvalimiento, de molestia o de temor son ejemplos de estados de carencia de recursos. Los estados de tristeza no son necesariamente de carencia.) ¿Acaso actúa en usted como ancla negativa un tono de voz en particular? ¿Una expresión facial en concreto? ¿El sonido de la lluvia a primera hora de la mañana? ¿Un vagón de metro lleno?

Reconocer un ancla es dar un paso importante para romper el dominio que ésta ejerce sobre nosotros. Empiece por acompañarse a usted mismo. Preste atención a cómo se siente. Pregúntese: «¿Es necesario que me sienta así? ¿Quiero sentirme de esta manera?»

Cuando se encuentre en un estado de carencia de recursos dispone de dos opciones. Una consiste simplemente en seguir como está y prestar atención a lo que le sucede. Acompáñese. Observe qué partes de su cuerpo están involucradas en ese estado y cuáles no. Permanecer así, pendiente de tal estado, puede provocar que éste cambie y evolucione. Quizá se sienta cansado y le apetezca tomarse unos minutos de descanso. Quizá sienta con ello una energía renovada. Tan pronto dedique usted atención a su estado, éste cambiará.

La segunda opción consiste en cambiar su estado de manera más directa. Una vez haya salido de ese estado de carencia de recursos estará en condiciones de afrontar el problema que lo ha generado. No intente resolver un problema mientras se halle en un estado de carencia de recursos. Cámbielo antes; de lo contrario, ese estado será una rémora para sus pensamientos.

Existen dos maneras de cambiar de estado sin que intervengan la comida o los fármacos:

- cambie su fisiología
- cambie sus pensamientos

Ante todo, e inmediatamente, cuando se halle en un estado de carencia de recursos debe hacer algo diferente. Una de los mejores recursos es cambiar el modo de respirar. Cada estado tiene un modelo de respiración característico. Por ejemplo, cuando se siente inquietud o pánico, se tiende a la hiperventilación (es decir, a respirar aceleradamente con inspiraciones cortas). Esto produce cambios bioquímicos que aumentan la sensación de ansiedad. Ésta incrementa el ritmo respiratorio y la respiración acelerada potencia, a su vez, la ansiedad. Para sentirse más tranquilo, controle la respiración y emplee el doble de tiempo en espirar que en inspirar. Lo mejor para cambiar de estado es la risa, pues causa estragos en el ritmo respiratorio (y en el de pensamientos) de la manera más agradable posible. El movimiento es otro modo de cambiar de estado. Moverse, dar un paseo o hacer ejercicio dan muy buen resultado.

Los estados organizan la fisiología de la persona de una manera característica. Cambiar la fisiología cambia el estado. Quizá sea por eso que fingir ser feliz puede tener efectos físicos reales. Cambiar de pensamiento no dará resultado a menos que se provoque un cambio fisiológico, no importa si deliberado o involuntario.

Establecer un estado de recursos

En ocasiones deseará usted establecer un estado de recursos directamente. Quizá le guste experimentar con estados de recursos como lo haría con las prendas de un guardarropa, «buscando las de su talla». Existen tres maneras de hacerlo:

* *Escoja un modelo o patrón*
  El modelo o patrón puede ser una persona real o un personaje de ficción. Escoja uno o varios personajes cuyas cualidades le gustaría tener. ¿Cómo se sentiría con esas cualidades?

* *Fisiología*
  Actuar como si se sintiera lleno de recursos generará esa sensación de plenitud. Hundir los hombros, mirar al suelo, repantigarse y suspirar predispone a tener pensamientos deprimentes. Los pensamientos deprimentes provocan un mayor hundimiento de hombros y, en consecuencia, más pensamientos del mismo estilo. Estamos en un círculo vicioso. Usted puede comenzar un círculo *virtuoso* irguiendo los hombros, respirando profundamente y lanzando una sonrisa. Es muy probable que con ello obtenga buenas sensaciones. No se crea un farsante: usted sabe que, en realidad, no se siente feliz (todavía). Simplemente, está cambiando de estado.

* *Buenas experiencias del pasado*
  Evoque el recuerdo de alguna experiencia realmente agradable. Vuelva mentalmente a esa escena. Véala de

nuevo con sus propios ojos, escuche los sonidos que aparecen. Las buenas sensaciones volverán también. Nuestro cerebro responde al recuerdo de un suceso igual que respondió al hecho cuando se produjo. Así es cómo actúan las anclas. Un fragmento de música, una fotografía o un olor pueden devolver a una persona a la experiencia vivida. Esta es la base de los amuletos, que son anclas de buenas experiencias pasadas, de modo que la persona se siente feliz en el presente. No actúan por magia, sino por asociación. Sea cual sea la sensación útil que emplee, si ha tenido una breve visión o un asomo de ésta en el pasado, puede traerla al presente.

Cree un ancla con esta buena experiencia, para poder traerla al presente en cualquier momento que desee. Lo mejor es usar algo que se asocie de forma natural al recuerdo: un cuadro, una pieza de música, algún tipo de recordatorio. Si no dispone de nada más, cree una asociación. Decida qué ancla quiere. Cada vez que la vea, vuelva atrás en su mente y experimente otra vez el recuerdo. Vuelva al interior de la situación y sienta de nuevo las emociones.

Para aprovechar las anclas es preciso práctica, pero cuando se ha realizado durante unos días, la asociación se produce de forma natural y automática y ya no se tiene que pensar conscientemente en la experiencia. Las buenas sensaciones surgirán por sí solas cada vez que vea, oiga, toque o paladee el ancla.

Asociación y disociación

La PNL es el estudio de la estructura de la experiencia subjetiva. Existen dos maneras radicalmente distintas en que pueden estructurarse los estados y el mejor modo de apreciarlas es a través de la experiencia.

Piense en una experiencia triste, un trastorno, más que

un trauma grave. Mientras lo hace, fíjese en cómo se ve a sí mismo en la experiencia, si aparece como en un televisor o en una pantalla de cine, o mirando con sus propios ojos y contemplando la misma visión que cuando sucedió.

Pronto estará fluctuando entre ambas percepciones.

Ahora, abandone ese estado. Mueva el cuerpo, sacúdase de encima la experiencia triste y piense en otra cosa por un momento.

A continuación piense en una experiencia realmente positiva, que usted haya disfrutado a fondo. Al regresar a ella, observe de nuevo si se ve a sí mismo en la imagen o si se siente dentro de la experiencia.

Finalmente, abandone otra vez ese estado y regrese al presente.

Cuando usted se observa a sí mismo en la experiencia desde otro punto, está *disociado* de ella. Cuando está de nuevo en la experiencia, mirando a través de sus propios ojos, y ve, oye y siente como si estuviera allí, usted está *asociado* a ella.

La diferencia más importante es que, cuando usted está asociado, usted obtiene las sensaciones de la experiencia. Cuando está disociado, reduce automáticamente esas sensaciones.

Elegir entre asociarse o disociarse a un recuerdo proporciona una gran libertad emocional. Cuando usted recuerde experiencias agradables, asóciese a ellas. De este modo obtendrá las buenas sensaciones que las acompañan. Cuando evoque experiencias desagradables, disóciese. Así podrá mantener la distancia emocional y aprender de ellas.

Cuesta aprender de los errores si nos asociamos a las experiencias. Nos llegan las intensas sensaciones desagradables y saltamos de inmediato al presente. (Por eso las fobias son tan adaptables: las sensaciones son tan intensas y traumáticas que es casi imposible volver atrás y evaluar de nuevo la experiencia inicial. La PNL puede curar las fobias rápidamente utilizando la disociación para neutralizar la experiencia y aprender de ella. La alternativa consiste, por lo general, en meses de terapia de desensibilización, dedicada sobre todo a romper el ancla y reemplazarla por una nueva.) Cuando se asocia el recuerdo a un estado negativo, se está sometiendo al cuerpo a la misma sensación desagradable una y otra vez, lo cual es innecesario. Existe un dicho cargado de sabiduría: «Quien no aprende del pasado está condenado a repetirlo». Una vez haya aprendido de una experiencia desagradable, la almacenará espontáneamente como una imagen disociada.

Asociación y disociación son maneras de ser. Cuando usted vive intensamente el momento y disfruta de los placeres sensuales, está asociado (al menos, eso esperamos; de lo contrario estará perdiéndose mucho). Cuando se ve reflejado, está disociado. La disociación nos protege de la conmoción y del trauma, pues «no estamos allí, realmente».

La asociación no es mejor que la disociación; depende de lo que se quiera hacer. Si quiere analizar y aprender de la experiencia, disóciese. Si quiere «volver a estar allí» en el momento presente, asóciese.

Aprender de la experiencia

Piense en una experiencia negativa, quizá relacionada con un tema de salud.

Vuelva a la experiencia por un momento y observe si está asociado o disociado. Si está asociado, disóciese. Puede hacerlo saliéndose de sí mismo mientras sigue observando. Otra manera de disociarse consiste en apartarse a sí mismo y a todos los que aparecen de la imagen. Un tercer modo de disociarse es adoptar otra perspectiva de la escena; por ejemplo, como si la observara desde el techo.

Si ya está disociado, cambie su punto de vista y contemple la escena desde un ángulo radicalmente distinto.

Ahora, mientras se observa a sí mismo en esa situación y ve cómo se desarrolla ante usted, pregúntese qué puede aprender de la experiencia.

Aprecie cómo cambian sus sensaciones una vez ha respondido a esa pregunta.

Fruto real imaginario

Nuestros pensamientos influyen en nuestros cuerpos a través de los sistemas de representación. Imagine por un momento que tiene en la mano una de sus frutas favoritas. Imagine que comprueba su peso y su textura. Cuando la presiona, ¿está dura o blanda? ¿Qué color imagina que tiene? Pronuncie para sí el nombre de la fruta. Ahora, cierre los ojos e imagine que la huele. ¿Cómo se siente al oler el aroma? Ahora se dispone a paladearla. Con la imaginación, pélela si es necesario y llévesela despacio a la boca. Déle un mordisco y note el jugo en la lengua.

Si esto no le ha hecho salivar, es que está usted dormido. Los sabores y gustos son especialmente evocadores.

El cerebro no reconoce ninguna diferencia entre cuerpo y mente. Cuanto más imagine que algo sucede, más responde el cuerpo-mente como si sucediera realmente. Piense en las consecuencias para la salud de este sencillo experimento con la fruta imaginaria:

Lo que pensamos influye directamente en nuestro cuerpo.
Cuanto más vívidos son nuestros pensamientos, más responde el cuerpo.

Así pues, le resultará muy útil crear representaciones de salud intensas y profundas. Y cuando esté en condiciones de usar todos los sistemas de representación, cuanto más clara y fácilmente lo haga, mejor controlará su influencia sobre el cuerpo. Utilizar los sistemas de representación de esta manera, conscientemente, puede parecer extraño al principio, pero la práctica lo hace más fácil.

La capacidad para utilizar diferentes sistemas de representación varía de una persona a otra. Las hay que no ven imágenes mentales claras y un pequeño porcentaje afirma que no las ven en absoluto. Y así es para ellas; es la experiencia que tienen. Eso significa que no son conscientes de sus imágenes mentales. Pero todos las tenemos, pues, de otro modo, no reconoceríamos nuestro rostro, nuestro coche o la puerta de casa.

Si tiene dificultades para visualizar, haga este experimento. Empiece por imaginar un fragmento de cristal de colores. Anote o grabe lo que ve, aunque sólo sea fugazmente. ¿De qué color es? ¿Qué tamaño tiene? ¿Qué forma?

Ahora, imagine el sonido de una guitarra. ¿A qué volumen suena en su mente? ¿Puede subirlo? ¿Está muy alto, o bajo? Escuche el ritmo de la música. ¿Es lento o rápido? ¿Qué aspecto tiene la guitarra? Descríbala con palabras en su mente.

Ahora, imagine que está acostado cómodamente. ¿Qué sensaciones nota en su cuerpo? Imagine qué aspecto tiene el lugar donde se encuentra y los sonidos que lo envuelven, como el tictac de un despertador.

Para que sus pensamientos sean más claros y más vívidos, puede servirse de la conexión mente-cuerpo. Cuando quiera visualizar algo, desenfoque la vista o mueva la cabeza y mire hacia arriba. Para escuchar los sonidos internos con más claridad, vuelva la cabeza a un lado y dirija la mirada de soslayo hacia la izquierda. Para enfrascarse en un diálogo interior con más claridad, baje la vista hacia la izquierda. Para tener sensaciones táctiles más intensas, baje la vista hacia la derecha.

Probablemente, habrá observado que las personas mueven los ojos mientras piensan. Estos movimientos no son al azar (¡los ojos no se mecen en las cuencas bajo la influencia de la gravedad!); al contrario, tales movimientos tienen sentido. Se los conoce como «señales visuales» y son otro de los modos que tienen cuerpo y mente de funcionar juntos. La PNL apunta que la mayoría de las personas mira hacia arriba o desenfoca la vista para visualizar una imagen mental y que mira de lado para escuchar sonidos internos. Casi todo el mundo baja la vista hacia la derecha para acceder a sus sensaciones y hacia la izquierda para escuchar su diálogo interior. En algunos casos, se invierte el patrón y se baja la vista hacia la izquierda para atender a sus sensaciones y hacia la derecha para hablar consigo mismo.

Las señales visuales tienen muchos usos prácticos y se explican con detalle en otros libros sobre PNL[3]. Experimente con ellas; son útiles para ayudarlo a ver, oír y sentir interiormente con más facilidad.

Submodalidades

Las mismas distinciones que hacemos a través de nuestros sentidos en el mundo exterior, podemos efectuarlas también en nuestro mundo interior. Las diferencias que establecemos en

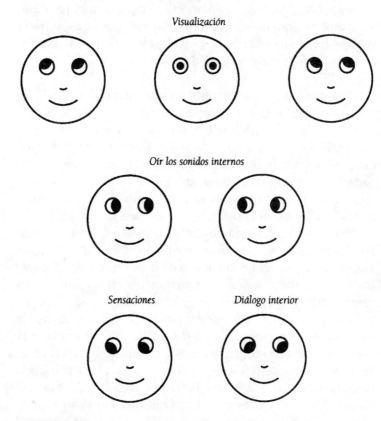

Señales visuales
Nota: se refiere a cómo mira uno a los demás

nuestras imágenes, sonidos y sensaciones mentales se denominan «submodalidades». Son las cualidades de nuestro mundo interior, las unidades más pequeñas que componen nuestra experiencia.

Color y movimiento son ejemplos de submodalidades visuales: dos cualidades de las imágenes interiores. Volumen y dirección son ejemplos de submodalidades auditivas, y temperatura y presión son submodalidades quinestésicas.

He aquí algunas de las submodalidades más comunes:

Submodalidades visuales

Asociación (verse a través de sus propios ojos) o disociación (contemplarse a uno mismo)

Color o blanco y negro

Campo visual ilimitado o enmarcado

Profundidad (bi o tridimensional)

Ubicación (por ejemplo, a izquierda o derecha, arriba o abajo)

Distancia (cuánta hay entre usted y la imagen)

Brillo

Contraste

Claridad (borrosa o enfocada)

Movimiento (como una película o como una serie de diapositivas)

Velocidad (más rápida o más lenta de lo habitual)

Número (pantalla partida o imágenes múltiples)

Tamaño

Submodalidades auditivas

Estéreo o mono

Palabras o sonido

Volumen (alto o bajo)

Tono (suave o áspero)

Timbre (plenitud de sonido)
Localización del sonido
Distancia de la fuente de sonido
Duración
Continua o discontinua
Velocidad (más rápida o más lenta de lo normal)
Nitidez (clara o apagada)

Submodalidades quinestésicas

Localización
Intensidad
Presión (duro o blando)
Extensión (tamaño)
Textura (áspera o suave)
Peso (ligero o pesado)
Temperatura
Duración
Forma

Las submodalidades son la manera en que codificamos las experiencias. Todos nuestros recuerdos, esperanzas, creencias y temores tienen una estructura de submodalidades. Cuando cambiamos éstas, modificamos la estructura de nuestra experiencia y, con ella, su sentido. Cuando el sentido cambia, nuestra respuesta interna cambiará también.

Reviva la imagen de una experiencia agradable. Aprecie el color, el brillo y la situación en el espacio. Ahora reviva una experiencia desagradable. En esta, mucha gente ve una imagen más oscura y con menos movimiento, en un lugar ligeramente distinto. ¿Qué diferencia ve usted?

En el inicio de este libro presentábamos un ejemplo de la diferencia submodal entre «salud» y «estar sano».

Las submodalidades le proporcionan control sobre sus experiencias internas. Son un modo de aportar flexibilidad al pensamiento en la búsqueda de la salud.

Líneas de tiempo

Para hablar del tiempo cronológico utilizamos una rica variedad de expresiones submodales. Hablamos de «un pasado oscuro y distante», de que se avecina «un futuro esplendoroso», de «mirar hacia atrás con ira» y de que «el tiempo queda en suspenso». Sea lo que sea el tiempo, en realidad, parece que lo concebimos en términos espaciales.

¿Cómo organiza usted el tiempo en su mente para distinguir los recuerdos de las esperanzas futuras? ¿Cómo sabe que algo sucedió ayer y no hace cinco años? La respuesta es que les adjudica diversas submodalidades.

Piense en una experiencia pasada y fíjese en la dirección de la que parece proceder. Ahora, piense en algún plan o esperanza para el futuro. ¿De qué dirección parecen proceder? Imagine una línea que conecta el pasado con el futuro. Esta es su línea de tiempo.

Muchas personas tienen una línea del tiempo con el pasado a la izquierda, con el presente delante y con el futuro a la derecha. A esto se denomina «tiempo completo». Otra disposición habitual es tener el pasado detrás, el futuro delante y el presente en uno mismo. A ésta se la conoce por «línea de tiempo acompasada».

Las líneas de tiempo son fascinantes. Tienen muchos usos e implicaciones[4]. Es muy importante para la salud positiva de una persona que sea capaz de ver el futuro que la impulsa. ¿Cuánto se extiende su futuro? Y éste, ¿le resulta acogedor? Trabajar la línea de tiempo es importante en los pacientes gravemente enfermos, pues la esperanza procede de la capacidad de «ver» un futuro y hacer limpieza del pasado.

Salud en el pasado, en el presente y en el futuro

En el primer capítulo, usted perfiló qué significaba estar sano. Ahora, puede convertir ese perfil en realidad. En su definición quizás haya utilizado algunos términos abstractos como «felici-

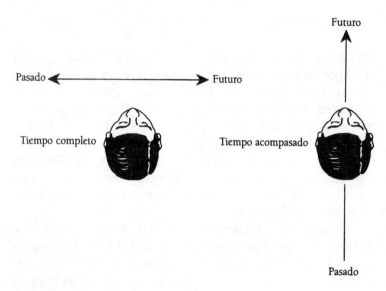

Líneas de tiempo completo y de tiempo acompasado

dad», «bienestar» o «buena salud». ¿Qué significan esos términos en su experiencia?

Represéntese una imagen disociada de usted mismo con buena salud, realmente sano. ¿Qué ve? No importa lo que haga usted en la imagen, mientras se cumpla la condición de que se vea en ella perfectamente sano. Que se note «rebosante de salud».

Ahora, repase la lista de submodalidades visuales *(véase p. 49)* y pruebe a cambiar la imagen para hacerla aún más expresiva de su vibrante salud. Por ejemplo, la primera submodalidad en la lista es el color. Si su imagen es en colores, cámbiela a blanco y negro y, si es monocroma, añádale color.

¿Cuál de las dos es más atractiva?

La siguiente modalidad tiene que ver con el marco de la imagen.

Si su imagen tiene marco, quíteselo.

Si no lo tiene, añádaselo.

¿Qué le parece el cambio?

Repase todas las submodalidades y mantenga todos los cambios que potencien las sensaciones positivas que le proporciona la imagen.

Ahora, escuche los sonidos que pueda haber en la imagen.

Utilice la lista de submodalidades auditivas y mantenga los cambios que potencien la sensación positiva que le proporciona la imagen.

Asóciese a la imagen. Lo conseguirá bien metiéndose en la imagen o bien absorbiendo la imagen dentro de usted con la imaginación.

Compruebe sus sensaciones. ¿Se nota en un estado de salud realmente positivo para usted?

¿Podría hacer algo más por mejorarlo?

Si es así, disóciese otra vez y continúe experimentando las submodalidades hasta que esté satisfecho.

Cuando esté satisfecho, habrá descubierto qué significa estar sano para usted, como experiencia subjetiva; habrá convertido en realidad las palabras.

Confeccione una lista de sus submodalidades de salud positiva. Puede utilizarlas en el futuro en cualquier ocasión que desee visualizar la curación.

El siguiente paso es colocar la imagen disociada en su línea de tiempo y dejarla allí.

Imagine que su línea de tiempo se extiende ante usted. Coja la imagen y los sonidos de ese estado de salud rebosante y sitúelos en el futuro, colocándolos en la zona del futuro de su línea del tiempo.

¿Cómo se siente respecto a lo que ve?

¿Cómo se relaciona con ese futuro yo sano que aspira a ser?

¿Le parece un objetivo realista y accesible?

¿Lo ha situado en un futuro muy remoto?

¿Existe algo que pueda impedirle alcanzar ese futuro?

Experimente colocando la imagen en diferentes puntos de su futuro.
Colóquela a una semana del momento presente.
A un mes.
A un año.
A tres.
A cinco.
¿Siente reacciones diferentes?
¿Qué relaciones desea establecer con ese yo saludable del futuro?
¿Se siente atraído por ese futuro?
¿Qué pasos tiene que dar para alcanzar ese yo futuro?
¿Qué le diría a ese yo futuro?
¿Qué preguntas le haría?

Ahora, actúe y conviértase en ese yo saludable del futuro.
Asóciese con ese yo futuro.
Ahora, desde ese «yo futuro», vuelva la vista atrás al «yo de hoy».
¿Qué siente?
¿Qué consejo podría dar a ese usted del presente para que pueda alcanzar el lugar desde el que observa?
¿Qué respuesta daría a las preguntas que ha hecho?
¿Qué preguntas le haría?

Por último, distánciese de la reflexión e imagine que puede ver a la vez el yo futuro plenamente saludable y el yo presente.
¿Cuál es la relación entre ambos?
¿Qué puede aprender de ambos?

Tras esto, vuelva a su yo presente.

Este ejercicio es muy poderoso. En él, estar sano se convierte en algo intensamente real para la persona.

Mediante sistemas de representación y submodalidades, es posible afinar la sintonía y moldear el estado de salud, adecuándolo exactamente a nuestros deseos. Al colocarlo en el futuro en su línea de tiempo, establece usted una relación entre el yo actual y el que desea ser. Usted mismo puede ver lo que ha de cambiar y cómo empezar a hacerlo.

REFLEXIONES

La persona infeliz es blanco de toda clase de enfermedades.
B. Larson, *There's a lot more to Health than Not Being Sick*
(«La salud es mucho más que no estar enfermo»)
(Word Books), 1984

Un corazón alegre es una buena medicina, un ánimo abatido seca los huesos.
Proverbios, 17:22

Si dijera a mis pacientes que aumentaran los niveles de inmunoglobulinas en sangre, o de células T asesinas, nadie sabría cómo hacerlo. Pero si consigo enseñarles a amarse a sí mismos y a los demás plenamente, tales cambios se producen espontáneamente. Así pues, es cierto el dicho: El amor cura.
Bernie Siegel, *Love, Medicine and Miracles*,
(Harper and Row, 1986)

Los psicólogos clínicos y experimentales han demostrado, más allá de cualquier sombra de duda, que el sistema nervioso humano no puede determinar la diferencia entre una experiencia «real» y otra imaginada con detalle y claridad.
Maxwell Maltz, *Psycho-Cybernetics* (Prentice-Hall, 1960)

El arte de la medicina consiste en distraer al paciente mientras la naturaleza cura la enfermedad.
Voltaire

4

Las creencias y la salud

Las creencias son los principios por los que nos guiamos. Todos actuamos como si fueran ciertas, lo sean o no. La PNL tiene un punto de vista pragmático acerca de las creencias: son los principios por los que actuamos y no, necesariamente, lo que declaramos creer. Las creencias son generalizaciones basadas en experiencias pasadas que modelan futuras reacciones. No son hechos comprobados, aunque tendemos a valorar los datos que las corroboran y olvidar los que las contradicen. Tampoco son lógicas. No pueden demostrarse. Son las hipótesis de trabajo que utilizamos en la vida diaria.

¿Hasta qué punto se cree usted sano? Existen diversos estudios fascinantes de epidemiólogos[1] en los que se solicitaba a los sujetos que calificaran su salud de excelente, buena, regular o mala. Esta autovaloración resultó ser un excelente factor para predecir el tiempo que vivirían. Los resultados se constataron incluso cuando el sexo, la educación, los ingresos y la edad de los sujetos eran similares: a igualdad de todos los demás factores, quienes creían tener mala salud mostraban tres veces más propensión a morir en los siete años siguientes. Lo que creemos de nuestra salud puede tener más influencia que las medidas de salud objetivas.

¿Cómo es posible que gente con artritis e hipertensión califique de buena su salud, mientras otros que sólo padecen resfriados leves la califiquen de mala? Porque la salud es una experiencia subjetiva, una realidad cotidiana de la persona, y no algo que pueda medirse y que admita comparaciones.

Cada cual se considerará más o menos sano según el concepto que cada cual tenga de la salud y de las comparaciones que haga. Es importante ser realista. Si estar sano consistiera en vivir cinco años sin ningún tipo de dolencia e incluyera la capacidad de correr un maratón, pocas personas se definirán como sanas. En cambio, si se define como un equilibrio y como la capacidad de curarse a uno mismo, es posible que uno sea una persona básicamente sana que, en algunas circunstancias, está enferma. Las comparaciones poco realistas influyen en nuestra percepción y ésta influye en nuestra salud.

El modo en que la persona define la salud influye en lo sana que crea estar.

Lo sana que la persona crea estar influye en la esperanza de vida.

Causa y efecto

Las creencias intentan explicar las causas y efectos. El principio de causa efecto se aplica cuando una cosa lleva a la siguiente rápida e ineludiblemente. Cuando alguien se hace un corte en la mano, sangra de inmediato. Cuanto más separados en el tiempo estén dos acontecimientos, más difícil resultará determinar que uno ha sido «causado» por otro, pues desde entonces entran en juego muchos otros sucesos.

Es muy difícil establecer relaciones de causa-efecto claras en el tema de la salud. El cuerpo humano es uno de los sistemas más complejos del universo conocido y lo habitual es que existan múltiples causas y relaciones. Algunos factores son necesarios, pero no suficientes para la enfermedad. El virus de la gripe «causa» dicha enfermedad, pero sólo cuando se presenta junto a muchos otros factores; de lo contrario, todo el mundo la padecería constantemente.

El cuerpo humano funciona como un sistema y siempre procura curarse, aunque a veces parezca estar haciendo lo contrario. Por ejemplo, la osteoporosis es la descalcificación progresiva de los huesos. El cuerpo toma calcio de los huesos y éstos se vuelven más frágiles. ¿Por qué actúa así el organismo? Para seguir vivo. Necesita ciertos niveles de este mineral para un adecuado funcionamiento del sistema nervioso. La vida depende de que el cuerpo utilice el calcio. Cuando el organismo es incapaz de absorber los niveles adecuados de calcio de la alimentación, tiene que hacerlo de los huesos. Nuestra dieta contiene el calcio que necesitamos, aunque no siempre el cuerpo es capaz de absorberlo; sin embargo, muchos alimentos dificultan que el organismo lo asimile. La leche de vaca contiene gran cantidad de calcio, pero también presenta un elevado nivel de fósforo, que obstaculiza la absorción del primero. Las proteínas animales también obstaculizan la asimilación. Cuantas más proteínas animales se consuman, más calcio se excreta. Una dieta occidental corriente contiene el triple de las proteínas que necesitamos para una alimentación adecuada. De poco sirve una dieta con el contenido en calcio adecuado si el cuerpo no puede aprovecharlo. Así pues, la osteoporosis puede tener un componente dietético significativo.

Muchos síntomas son intentos del cuerpo para curarse. La inflamación ayuda a que llegue más sangre y líquido linfático a la zona afectada. La fiebre permite que el sistema inmunitario trabaje más deprisa. Cuando tenemos una infección, nuestro cuerpo produce sustancias químicas que elevan el nivel del «termostato» que controla nuestra temperatura, situado en el hipotálamo cerebral. Cuando el sistema inmunitario ha vencido la infección, esos agentes químicos dejan de producirse y el cuerpo suda en un intento de enfriarse.

Creencias y significado

Las creencias dan sentido a las experiencias, les ofrecen estabilidad y comprensión y eso explica por qué la gente muestra cierta sombría satisfacción si puede decir, «sabía que sucedería», cuando se produce la desgracia. Las creencias forman un sistema, encajan para formar una estructura que da coherencia a nuestras experiencias.

A veces, al cambiar una creencia se cuestionan otras. Por ejemplo, el hecho de que las emociones sean capaces de fortalecer o deprimir el sistema inmunitario significa que, cuando estamos enfermos, tenemos cierto control sobre la enfermedad.

La enfermedad grave suele trastornar las creencias. Un diagnóstico de cáncer, por ejemplo, produce un cambio de creencias terriblemente directo. Incluso las enfermedades más comunes tienen sentido. ¿Cómo reacciona usted cuando está enfermo? ¿Es una conmoción? ¿Se siente molesto? ¿La enfermedad es algo de lo que tiene que librarse lo antes posible para seguir como estaba antes? ¿Siente usted que debe encajarla como algo normal? ¿Es la enfermedad un signo de debilidad? Muchas personas se muestran hostiles o indiferentes a los enfermos; creen que si ellas pueden fingir, también puede hacerlo cualquiera.

Las creencias influyen en la recuperación de la enfermedad. Entre el veinte y el treinta por ciento de las personas que padece una crisis cardiaca no se recupera nunca plenamente porque se comporta como si estuviera incapacitado. Antes, los médicos recomendaban a estos pacientes que se tomaran las cosas con calma, pero ahora la opinión médica reconoce que los pacientes cardiacos necesitan recuperar hasta donde sea posible su anterior ritmo de vida. De igual manera, las secuelas de una lesión física pueden limitar la actividad a menos que se haga ejercicio y fisioterapia para recuperar la máxima capacidad de movimiento posible.

Robert Lewin, profesor de Rehabilitación en la Universidad de Hull, ha diseñado un programa de rehabilitación de las enfermedades cardiacas que se sigue en más de ochenta hospitales del Servicio Nacional de Salud británico[2]. El principal objetivo de este programa es cambiar la idea que los pacientes tienen de su enfermedad. Según los informes, el ochenta por ciento de los pacientes de ataques cardiacos atribuye su enfermedad a factores que considera que no puede cambiar, como la preocupación, el estrés y el exceso de trabajo. Estos pacientes creen que no tienen control sobre su existencia y este tipo de creencia provoca más ansiedad y más depresión, en una nefasta espiral descendente, pues la depresión dobla el riesgo de una muerte prematura. Puede que cada paciente se recupere tanto como crea que lo hará.

Las creencias de la medicina

Los principios operativos del actual modelo occidental de tratamiento médico son:

1. La enfermedad es un proceso patológico en el que el cuerpo
   humano se aparta de las constantes biológicas normales.
      Puede provocarla un exceso de algo (por ejemplo, de luz
   ultravioleta, de colesterol...)
      También la carencia de algo (por ejemplo, de vitaminas, de
   minerales o de insulina).
      O algo que es intrínsecamente dañino (bacterias, virus, ra-
   diación).

2. Toda enfermedad tiene una causa biológica.

3. La enfermedad está localizada en el cuerpo del paciente.

4. La causa inicial de una enfermedad suele ser externa al organismo del paciente.

5. El tratamiento es por intervención física (por ejemplo, cirugía,
   fármacos...) y está destinado a eliminar o reducir lo que causa
   la enfermedad.

6. La investigación médica es capaz de encontrar curación a todas
   las enfermedades que afectan al cuerpo.

7. Los médicos conocen las enfermedades. Ellos son los expertos;
   el paciente no sabe nada.

8. Los médicos tratan con enfermedades y dolencias. Los pacientes son personas con enfermedades y dolencias. Por lo tanto,
   los doctores tratan con personas.

Todas estas creencias son bastante estrechas de miras, pero
están muy extendidas. Para cambiarlas y ensancharlas, tenemos que tomar conciencia de sus consecuencias, de cómo nos

planteamos la salud y lo que tenemos que hacer si enfermamos.

Exploración de las creencias sobre la salud

¿Cómo completaría las siguientes frases? ¿Qué le dice esto respecto a sus creencias?

Estar sano significa...
Si estoy sano, puedo...
Estar completamente sano significaría cambiar...
Hacerme cargo de mi propia salud representaría...
Cuando estoy enfermo, significa que...

Me impiden estar sano las siguientes cosas...
Me ayudan a estar sano las siguientes cosas...

Ahora, tome la respuesta a las dos últimas preguntas y plantéese la cuestión a la inversa. Reflexione sobre cómo las cosas que usted pone como barreras a la salud podrían, en realidad, ayudarlo a estar más sano.

Luego, piense por qué las cosas que en un principio había descrito como favorables a su salud podrían, en realidad, impedirle estar sano.

A continuación exponemos algunas creencias acerca de la salud que tienen un efecto perjudicial y, junto a ellas, la creencia contraria con efectos beneficiosos. Complételas ambas.

¿Cuál de las dos es cierta para usted?
¿Cuál le gustaría que fuera cierta?
De lo que signifique para usted estar sano depende mucho.

No merezco estar sano porque...
Merezco estar sano porque...

Quizá no recupere la salud porque...
Recobraré la salud porque...

Está mal que uno quiera estar sano porque...
Está bien que uno desee estar sano porque...

Estar sano es un objetivo poco realista porque...
Estar sano es un objetivo realista porque...

Una vez en libre disposición para definir usted mismo su salud, ¿existe algún hecho que lo obligue a pensar que debe creer la primera de estas frases antes que la segunda?

Aquí tiene algunas de las creencias más extendidas. ¿Qué opina de ellas? ¿Hay alguna que usted comparta, pero de la cual preferiría disentir?

Cuando tengo dolor de cabeza, lo mejor es tomar una pastilla.

Como mejor se arregla una indigestión es con un antiácido.

Hay que obedecer al médico.

No conozco mi cuerpo lo suficiente como para ocuparme de mi salud.

La enfermedad es inevitable.

Los dolores y achaques forman parte del hacerse mayor.

Cuantos más medicamentos tomo, más sano estoy.

El parto es peligroso y debe efectuarse en el hospital, con ayuda médica.

No puedo librarme del dolor sin un tratamiento médico de alguna clase.

Soy responsable de mi enfermedad.

Si un germen lleva escrito tu nombre, no hay nada que hacer.

Tengo muy poca influencia sobre mi salud.

Mi salud viene determinada por la herencia; o tengo suerte, o no la tengo.

La medicina debería dejarse en manos de los profesionales.

Para estar sano de verdad debería renunciar a todas las cosas que me gustan.

Los doctores son inútiles.

Hay que soportar el dolor sin quejarse.

Si he sufrido un problema durante años, tardaré años en resolverlo.

Cambiar es difícil.

Cuando se llega a los... (aquí, ponga la cifra que usted quiera) años, es normal que se deteriore la salud.

Soy incapaz de controlar mis emociones.

Que una persona tenga salud o no es algo innato.

Por último, ¿cuáles son sus creencias acerca de estar enfermo?

¿Cómo sabe cuándo está enfermo?

¿Qué significa para usted la enfermedad?

Para usted, ¿cuántas de las frases que vienen a continuación significarían que está enfermo?

¿Añadiría alguna otra a la lista?

Tengo dolores.

Me siento infeliz.

Estoy cansado.

Me noto débil.

No tengo apetito.

No me apetece estar con gente.

Tengo que acostarme durante el día.

No consigo pensar con claridad.

No me apetece levantarme de la cama por la mañana.

No puedo trabajar.

La gente me dice que estoy enfermo.

Un médico dice que estoy enfermo.

Vomito.

Tengo fiebre.

Tengo que ver a un médico.

Me siento nervioso y perturbado.
No consigo hacer las cosas que disfruto haciendo.
No sé qué me sucede.

¿Qué significa para usted una lesión?
¿Cuántas de las frases que vienen a continuación significarían que está lesionado?
¿Añadiría alguna otra a la lista?

No puedo caminar.
No puedo hacer deporte.
Tengo que ir al hospital.
Me he roto un hueso.
Me duele.
No se cura en cierto tiempo.
Tengo que ver a un médico.
Tengo una contusión.
Tengo que quedarme en cama.
Pierdo sangre.
No puedo utilizar una parte del cuerpo como hago normalmente.

Usted puede poner en práctica inmediatamente todo este material sobre las creencias.

Piense en un aspecto de su salud en el que no consigue lo que desea.
Escriba una explicación de por qué no lo consigue.
¿Qué le dice eso de sus creencias acerca de la salud?
¿Cuáles de ellas tendría que cambiar para aumentar sus posibilidades de conseguir lo que desea?
¿Hasta qué punto estaría de acuerdo con su explicación un observador imparcial?
¿Es usted capaz de distinguir las creencias de los hechos?

Todas las creencias, independientemente de si son verdaderas o no, tienen consecuencias porque actuamos rigiéndonos por ellas. Las creencias se ponen de manifiesto en los hechos, no en las palabras. Además, tienen consecuencias bioquímicas en nuestro organismo. A veces, cuando el cuerpo tiene que soportar las tensiones que le producen, estas creencias pueden resultar tóxicas. Como hemos visto, la hostilidad, la depresión y la sensación de impotencia surgen de creencias acerca de nosotros mismos y acerca del mundo y todas son peligrosas para la salud. Muchas creencias sobre la salud dan por supuesto, aunque nunca se mencione, nuestra impotencia frente al ataque de gérmenes.

Las frases antes citadas son una manera de explorar las creencias acerca de la salud: qué puede hacer usted y dónde cree que termina su papel y empieza el del médico. Quizá reflexione, incluso, sobre las consecuencias más importantes que se deducen de ellas. Por ejemplo, es probable que una aspirina le alivie el dolor de cabeza, pero no eliminará la tensión muscular que la causa. Con este medicamento, no hará usted sino bloquear la señal que le dice que algo anda mal.

¿Verdadero o falso?

¿Cuántas de las siguientes afirmaciones cree que han sido confirmadas por las investigaciones médicas?

1 El factor individual con más probabilidades de provocar un ataque cardiaco en los estadounidenses adultos es la hostilidad crónica en las relaciones.
2 La presencia de flores de plástico puede desencadenar ataques de asma en algunas personas.
3 Llevar un diario de los sentimientos acerca de los acontecimientos importantes de la vida produce un efecto positivo mensurable en el sistema inmunitario.
4 Los hombres que realizan trabajos de voluntariado al menos una vez por semana presentan un índice de mortalidad que es la mitad de los que no los hacen.
5 Los analgésicos que producimos en el organismo –las

endorfinas y las encefalinas– son diez veces más potentes que la morfina.

6 Contemplar unos peces tropicales en un acuario disminuye la presión sanguínea y el ritmo cardiaco.

7 Hay casos de personas que ajustan la vista cambiando la curvatura del ojo con gran flexibilidad, de modo que pasan de un ojo miope a uno hipermétrope y a uno normal muy rápidamente, lo cual puede llevar a un óptico a recetar otras gafas distintas.

Tal vez haya acertado usted que todos estos puntos han sido confirmados por las investigaciones, salvo el 5 (nuestros analgésicos naturales son cien veces más potentes que la morfina, y no diez)[3].

En efecto, se ha observado que la hostilidad es más importante que la dieta o el entorno para desarrollar ataques cardiacos. Los estudios no dicen que la cólera sea mala siempre[4]. Lo que literalmente «nos revienta» es la hostilidad como forma de vida, cuando las personas y los sucesos se observan como amenazas personales y se reacciona con una actitud defensiva constante y con una ansiedad permanente para defender lo propio, como si los demás fueran a arrebatarlo. Para actuar de este modo son necesarias ciertas creencias.

Asimismo, algunas personas pueden sufrir ataques de asma en presencia de flores artificiales..., si creen que estas son reales[5]. Esto refuerza el mensaje de que, al cambiar de percepciones, la persona puede modificar la respuesta de su sistema inmunitario.

Se ha demostrado que llevar un diario resulta beneficioso para la salud. El psicólogo James Pennebaker hizo un estudio con un grupo de estudiantes al que pidió que describiera sus sentimientos respecto a alguna experiencia perturbadora y traumática. Otro grupo control de alumnos escribió acerca de sucesos triviales. El estudio se desarrolló a lo largo de cuatro días[6]. Entre los estudiantes que habían confiado sus preocupaciones al diario hubo menos visitas al médico durante los seis meses siguientes. Pennebaker también observó que estos alumnos presentaban una mejoría en el estado de su sistema inmunitario seis semanas después del estudio. Incluso confiar en un diario parece bueno para el espíritu. Tal vez ayude a exteriorizar los traumas y permita disociarse de ellos, aprender de ellos y contemplarlos de forma más desapasionada.

El trabajo como voluntario es una manera de ir más allá de uno mismo y de relacionarse con los demás. Es lo contrario a la hostilidad reprimida. En un amplio estudio efectuado en Tecumsah, Michigan, se realizó un seguimiento de casi tres mil personas a lo largo de diez años. El índice de mortalidad de los varones que realizaban trabajos de voluntariado con regularidad era dos veces y media inferior al de quienes no los efectuaban[7].

Si ha contemplado alguna vez unos peces tropicales en un acuario sabrá a qué nos referimos cuando hablamos del estado de relajación y tranquilidad que produce observarlos. Sus gráciles movimientos son fluidos y lánguidos. La vida, al contemplarla, tiene algo de hermoso y de cautivador que los objetos abstractos no pueden imitar. En estudios realizados con personas hipertensas, se comprobó que observar peces tropicales en un acuario reducía la presión arterial. Por el contrario, contemplar un acuario vacío subía la tensión y aburría a los sujetos[8]. No creemos necesario que invierta usted en un acuario tropical para conseguir el mismo efecto. Lo interesante es el estado de relajación y tranquilidad que produce.

Los cambios de enfoque del campo visual se han observado en individuos con trastornos de múltiple personalidad (TMP). Parece que tales individuos acogen diversas personalidades que aparecen en distintas ocasiones. Cada una de estas personalidades se creen la única y niega la existencia de las demás. Los TMP son resultado, casi siempre, de traumas infantiles en los que una o más partes de la persona se disocian por completo del resto. Una personalidad puede tener buena vista y la otra ser miope[9]. Esto significa que la vista no puede fijarse; de otro modo, si compartieran los mismos ojos, todas las personalidades tendrían la misma visión.

Las creencias son como posesiones

Hablamos de las creencias como si fueran posesiones. El lenguaje es especialmente revelador. «Tenemos» creencias. Las «adoptamos» o «adquirimos» y podemos «heredarlas». Decimos que la gente «defiende» creencias e incluso «se aferra» a ellas. Cuando dejamos de tener alguna, la «abandonamos», «renunciamos» a ella, la «perdemos».

Si las creencias son posesiones, podemos ser posesivos. Puede que algunas sean herencias de gran valor; otras, objetos más cotidianos. Algunas las dejamos a la vista de todos y otras son demasiado valiosas para ser exhibidas a plena luz. Nosotros las escogemos de muchos modos y, como los muebles o los elementos decorativos, lo hacemos para que armonicen. Hay creencias que tal vez nos atraigan, pero no «encajan» en la decoración. Si las consideramos posesiones que pueden escogerse o descartarse a voluntad –y no al azar–, ¿cómo decoraría y amueblaría su mundo interior?

Creencias útiles

Si está acostumbrado a concebir las creencias en términos de ciertas o falsas, sin más, tal vez deba leer dos veces este encabezamiento. La PNL sugiere que resulta útil reemplazar la idea de las creencias por la de las «presuposiciones», entendidas como principios de acción. Son como las creencias, pero usted las escoge. Ignora si son ciertos o no, pero actúa como si lo fuera y es consciente de los resultados que obtiene. Esto resulta muy razonable ya que, en realidad, nunca llegamos a saber si lo que creemos es cierto..., pero las consecuencias resultan muy reales.

Las presuposiciones se mantienen mientras aporten resultados que potencien la salud y el bienestar. Cuando no aportan los resultados que se desea, se cambian y modifican. Dado que las creencias actúan como profecías que se dan cumplimiento a sí mismas, actuar como si fueran ciertas hace más probable obtener resultados acordes con ellas.

¿Qué presuposiciones le gustaría tener respecto a la salud y la enfermedad? ¿Cuáles serían positivas y sustentadoras para usted?

Permítanos plantear algunas sugerencias:

- *De natural, el cuerpo está sano*
  La principal actividad del organismo es sobrevivir y repararse. Se cura a sí mismo de forma natural. Cada vez que nos cortamos, vemos cómo actúa esa capacidad curativa para reparar la herida. La piel se repone y la herida queda reparada. Incluso en las peores circunstancias, contra todas las expectativas, el cuerpo intentará curarse y sobrevivir. Con el trabajo preciso, puede curarse de cualquier enfermedad. El problema está en saber cuál es el trabajo preciso que debe hacerse. La enfermedad y la dolencia son estados en los que el cuerpo se halla en desequilibrio. La curación es el retorno a la salud, la recuperación del equilibrio. Esto significa también que podemos confiar en nuestro cuerpo. Los mensajes que nos manda en forma de dolor o de enfermedad son señales de que algo anda mal. Que necesita atención. El cuerpo no es un enemigo caprichoso que nos traiciona a la menor oportunidad.

- *Se puede aprender de la enfermedad*
  Aprecie la maravillosa capacidad de su cuerpo para curarse y recuerde lo que sucedió antes de que enfermase. ¿Qué factores contribuyeron a la enfermedad, en su opinión? Algunos de ellos estarán fuera de su control, pero usted puede evitar los pensamientos que perjudican su salud y cultivar los que la potencian.

- *Mente y cuerpo son un sistema único; son el mismo ser.*
  Lo que usted piensa influye en su cuerpo y lo que usted hace con éste influye en sus pensamientos. Esto le proporciona control e influencia. Y usted tiene la capacidad de evitar los pensamientos que perjudican su salud y cultivar los que la potencian.

- *Los síntomas son avisos*
  Averigüe qué significan esos avisos o señales, en lugar de intentar eliminarlos inmediatamente. Cuando usted presta atención a lo que su cuerpo intenta decirle, está acompañándose a sí mismo, conociendo niveles más profundos de su propio ser.

Las submodalidades de las creencias

Las creencias tienen una estructura de submodalidades. Representamos las cosas que creemos de forma distinta de cómo lo hacen quienes dudan y los incrédulos.

Piense en algo en que usted cree. Nada trascendente. Algo banal como que el sol saldrá mañana o como que un país que nunca ha visitado existe en realidad. Ahora, al reflexionar sobre ello, aprecie la calidad de la imagen que tiene. Anote la estructura submodal de la creencia según la lista de submodalidades de la página 79. Preste especial atención al tamaño y claridad de la imagen y el lugar que ocupa en su campo visual. El contenido concreto de la imagen carece de importancia. Si una submodalidad de la lista no tiene sentido para usted o no encaja, déjela a un lado. Por el contrario, si advierte usted una cualidad de la imagen o del sonido que no aparece en la lista, anótela también.

A continuación, piense en algo de lo que usted duda. Que sea algo manifiestamente improbable; por ejemplo, que sus zapatos se convertirán en elefantes. Observe la imagen que usted se hace de ello. El contenido no importa. Compruebe las submodalidades de esta duda repasando las listas de la página 79 como hizo con la creencia. Observará que las submodalidades de la duda presentan interesantes diferencias con las de la creencia.

No se confunda y tome por submodalidad la sensación de certeza que le produce a usted la creencia. Esta sensación de certeza es una reacción a la estructura submodal y no una parte de ésta. De modo parecido, la sensación de duda que usted experimenta no forma parte de las submodalidades, sino que es la reacción que provoca en usted su manera de representarlas.

Cambiar de creencias

Quizás haya encontrado algunas creencias que desea cambiar. ¿Se cree usted capaz de modificarlas? Seguro que ya lo ha hecho en más de una ocasión, pues, de lo contrario, aún se lo creería todo como cuando era niño. Todos tenemos un mausoleo lleno de restos de creencias abandonadas.

Lo que no puede hacer es abandonarlas sin más, pues dejaría un agujero negro en su universo mental. Hay que reemplazar esa creencia por otra que goce de sus preferencias. En la PNL existen muchas técnicas convencionales para trabajar con las creencias y para cambiarlas[10].

Cuando encuentre una creencia que le gustaría cambiar, hágase estas preguntas:

¿Qué hace por mi salud esta creencia?
¿Potencia mi salud?
¿Hay algo en esta creencia que perjudique mi salud?
¿Cómo me ayuda esta creencia?

Tras formularse estas preguntas, quizá empiece a tener ciertas dudas acerca de esa antigua creencia. ¿Es cierta en todas las circunstancias? ¿La comparte todo el mundo? Si no es así, ¿por qué? Empiece a plantear situaciones que no encajen bien con su vieja creencia. Piense en todas las creencias sobre la salud que han surgido y desaparecido en la literatura médica durante la última década. La ciencia médica puede cometer errores y los ha cometido. Haga una visita a su mausoleo personal de viejas creencias. ¿Qué encuentra allí?

Ahora, hágase otra serie de preguntas:

¿Qué preferiría creer?

¿Cómo mejorará mi salud esta nueva creencia?

¿Cómo podría empeorar mi salud esta nueva creencia?

¿Qué es lo mejor que podría suceder sobre la base de la vieja creencia?

¿Qué es lo mejor que podría suceder sobre la base de mi nueva creencia?

¿Qué podría impedirme adoptar esta nueva creencia?

¿Qué hay en mi vida que ya encaje con esta nueva creencia?

¿Cómo encajará con mi sentido de mí mismo?

Tras esto, se dará cuenta de que cambiar una creencia no sólo es posible, sino incluso fácil, siempre que:

- la reemplace por otra que crea mejor.
- conserve los beneficios que le ha proporcionado la vieja.
- la nueva creencia esté en armonía con su sentido del ser.

¡Ahora, actúe según la nueva creencia!

REFLEXIONES

Dios cura y el médico envía la minuta.

Mark Twain

Lo que nos pone en dificultades no son tanto las cosas que ignoramos como las que sabemos que no son así.

Artemus Ward

Los médicos administran fármacos de los que conocen poco, para curar enfermedades de las que conocen aún menos, a seres humanos de los cuales no conocen nada.

Voltaire

5

El efecto placebo

La medicina utiliza el enorme poder de las creencias con otro nombre. Los médicos recetan creencias en forma de placebos. Estos suelen definirse, aproximadamente, como «sustancias inertes que producen efecto en virtud de las expectativas del paciente, pues no ejercen ninguna acción directa sobre el estado o dolencia para la cual han sido recetadas». Sin embargo, como veremos, resulta difícil separar los efectos directos de los indirectos y un placebo puede ser una sustancia, una manipulación o una fórmula a base de palabras. El único requisito necesario es que movilice las creencias del paciente y, con ello, su sistema inmunitario. Este capítulo trata del efecto placebo; de cómo las creencias, las expectativas y la confianza, bajo muy diferentes formas, pueden curar la enfermedad e influir en nuestra salud y en nuestro sistema inmunitario.

El fármaco más probado

¿Cuál es el fármaco sometido a mayor número de rigurosas pruebas clínicas? El placebo (termino que con frecuencia se asimila al de la inocua «píldora de azúcar»). También es el más utilizado en la historia de la medicina. Los placebos son las sustancias más investigadas porque todos los fármacos son sometidos a una prueba de doble ciego para medir su potencial y sus efectos secundarios. A dos grupos de pacientes se les administra, bien el fármaco objeto de la prueba, o una sustancia inerte, el placebo, y se controlan los resultados. La prueba se denomina «de doble ciego» porque ni los pacientes ni el personal que la efectúa sabe quién recibe el fármaco y quién el placebo. Los pacientes no deben saberlo porque sus expectativas afectarían a los resultados. Los investigadores tampoco porque sus propias creencias y expectativas influyen en los pacientes, que suelen captar indicios en el tono de voz y en el lenguaje gestual. Las creencias son contagiosas.

El placebo es una receta en blanco en la que escribimos nuestras creencias y expectativas; un cheque en blanco para la salud. Puede ser una píldora inerte o una intervención quirúrgica. Puede ser un fármaco potente que no tiene un efecto directo sobre la enfermedad para la que ha sido recetado. El efecto placebo traduce nuestras creencias acerca del tratamiento a la realidad material de una forma directa y, a veces, sorprendente. Muestra nuestras capacidades curativas naturales en pleno funcionamiento y contradice directamente la idea de que la enfermedad sólo está en el cuerpo.

¿La próxima penicilina?

Aunque los placebos son efectivos en un gran porcentaje de casos, la formación sanitaria y los libros de texto médicos les prestan escasa atención. Estas sustancias son tratadas como una embarazosa curiosidad al margen de la medicina, pero, en realidad, están en el mismo centro de ella. Se hallan en una posición análoga a la de la penicilina. Esta fue el primer antibiótico y uno de los fármacos más potentes que se han descubierto. Unos investigadores que pretendían conseguir ciertos cultivos de bacterias veían frustrados sus intentos porque el moho de la penicilina también crecía en ellos y contaminaba las muestras. Era un fastidio porque mataba las bacterias de los cultivos. Cuando los investigadores dejaron de intentar librarse de aquel moho y cayeron en la cuenta de lo que hacía en realidad, extrajeron de él ese fármaco fenomenal y, así, transformaron la práctica de la medicina. El moho era más importante que los experimentos que echó a perder.

La palabra «placebo» es latina y significa «complaceré». Su origen puede estar en la idea de que el paciente se curaba para complacer al doctor o que éste administraba algo al paciente sólo por complacerlo. En cualquier caso, el tratamiento no tenía valor «médico». Implícita en esta definición está la creencia de que los tratamientos pueden dividirse entre los que son útiles en virtud de su eficacia biológica y los que no, y de que la curación la producen los tratamientos que tienen efectos fisiológicos demostrados sobre la enfermedad del paciente. Los placebos ponen en cuestión esta última creencia. He aquí unos tratamientos que pueden curar y curan enfermedades de todo tipo, en un elevado porcentaje de casos (y a veces, milagrosamente) pero que, según el modelo médico tradicional, no deberían surtir ningún efecto. ¿Qué significa esto?

El placebo
El analgésico más fiable y eficaz

Existen muchos estudios de doble ciego sobre la eficacia de los placebos en el alivio del dolor. Los placebos como analgésicos son tan efectivos como la morfina en el 55 por ciento de los casos. En otras palabras, la reducción de dolor con el placebo es un 55 por ciento de la que se obtiene con la morfina[1].

En una situación clínica típica, el 25 por ciento de los pacientes no obtienen alivio con ninguna medicación, incluida la morfina. Alrededor de un 40 por ciento de pacientes experimenta un alivio considerable con la morfina y escaso con un placebo. Alrededor de un 35 por ciento de casos consigue el mismo alivio del dolor con un placebo que con la morfina[2].

Los placebos también tienen una eficacia del 59 por ciento en el alivio de la depresión en comparación con los fármacos psicotrópicos tricíclicos[3].

Un ratón en casa puede mantener al médico lejos de ella

El éxito de la medicina se ha fundamentado en el efecto placebo. La historia de la medicina está sembrada de tratamientos que no tenían ningún efecto directo sobre la enfermedad para la que eran prescritos, como no fuese agravar el estado del enfermo. Una receta de los romanos para una vida sana consistía en comer un ratón vivo al principio de cada mes (probablemente, con el argumento de que era improbable que sucediera algo peor durante el resto del mes). En Europa, durante el siglo pasado, las sangrías y las purgas eran consideradas fundamentales. Cuando estas prácticas cayeron en desuso, los médicos empezaron a recetar grandes cantidades de opiáceos, de alcohol y luego, de cocaína. Éstos son *placebos activos*, fármacos potentes que tienen profundos efectos fisiológicos, pero no sobre la enfermedad para la cual eran recetados. Por lo menos, los placebos del tipo «píldora de azúcar» no perjudican a quien los toma.

Nos reímos de algunos de los estrafalarios remedios médicos del pasado: sangre de murciélago, diente de cocodrilo molido, cabellos de una calavera. Pero daban resultado. A veces. Y no era debido a sus propiedades curativas. ¿Qué hay de las recetas modernas? Los doctores prescriben una amplia variedad de placebos activos. Se recetan antibióticos para el resfriado común pese a que estos no tienen el menor efecto sobre la infección vírica. Los tónicos y jarabes para la tos no tienen ningún efecto directo sobre la enfermedad para la que son recetados. Los tranquilizantes son el placebo moderno más utilizado; demasiado, tal vez. También pueden resultar adictivos. Los tranquilizantes son herederos directos de los opiáceos que se prescribían el siglo pasado. Un cínico llegaría a la conclusión de que se desperdician cantidades millonarias en tales fármacos porque son mucho más caros que las píldoras de azúcar.

Algunos tópicos acerca de los placebos

- *Únicamente los fármacos pueden ser placebos.*
  No. Puede actuar como placebo cualquier cosa, incluida la cirugía, que active las expectativas y creencias de una persona respecto a la salud.

- *Los placebos sólo actúan ante síntomas psicológicos.*
  No. Actúan sobre una amplia gama de enfermedades, entre ellas la artritis, el asma, las hemorragias y la obesidad. Ejercen un efecto fisiológico mesurable sobre el cuerpo. Cuando un placebo alivia el dolor, los médicos llegan en ocasiones a la conclusión de que el dolor era imaginario. Sin embargo, no existe ningún dolor imaginario. Para quien lo padece, es muy real.

- *Un placebo es un compuesto inerte.*
  No. Las personas tienen expectativas acerca de los fármacos activos que pueden potenciar los efectos naturales de estos, o actuar contra ellos.

- *El efecto placebo se consigue engañando a la persona, convenciéndola de que está recibiendo algo que funciona, cuando no es así.*
  No. Cualquier tratamiento que mejore las expectativas de la persona y potencie el control de sí mismo puede proporcionar la respuesta placebo.

- *La respuesta placebo es muy débil.*
  No. El efecto potencia las endorfinas. Estos analgésicos naturales son cien veces más potentes que la morfina. Los placebos también pueden neutralizar el efecto de muchas drogas potentes.

- *El efecto placebo siempre es beneficioso.*
  No. El efecto placebo es consecuencia de las expectativas y de las creencias. Cuando los pacientes creen que se les administra un fármaco con efectos secundarios indeseables, pueden experimentar esos mismos efectos con el placebo. Por ejemplo, en un estudio del medicamento Mephenesin, un placebo produjo efectos secundarios casi idénticos: insomnio, náuseas y vértigo[4].

- *Solamente las personas histéricas, crédulas o sensibles responden a los placebos.*

No. Los placebos funcionan con toda clase de personalidades. No existen pruebas de que una determinada personalidad responda más o menos que otra.

- *Los placebos implican necesariamente un engaño.*
No. El efecto placebo puede producirse incluso cuando el paciente sabe que está recibiendo una «píldora de azúcar». En un estudio realizado en la escuela de Medicina Johns Hopkins, se administró una de tales píldoras diaria durante una semana a un grupo de quince pacientes que acudían a una consulta psiquiátrica ambulatoria por problemas de ansiedad. A todos se les explicó claramente que eran píldoras de azúcar y que habían resultado útiles a muchas personas. Catorce de los quince pacientes declararon que habían experimentado una reducción significativa en su ansiedad. Nueve de los sujetos atribuían la mejoría directamente a las píldoras, y seis de ellos quedaron convencidos de que éstas contenían un ingrediente activo. Tres de los casos presentaron efectos secundarios como visión borrosa y boca seca[5].

Cirugía placebo

Cualquier forma de tratamiento puede recurrir al efecto placebo. En los años cincuenta, un tratamiento quirúrgico corriente de las anginas de pecho consistía en realizar una ligadura en torno a la arteria mamaria interna, situada cerca del corazón. Los médicos argumentaban que de este modo se desviaba sangre al corazón y que el aumento de flujo sanguíneo contribuía a aliviar el dolor. En un estudio controlado que se llevó a cabo para comprobar hasta qué punto la mejoría se debía a un efecto placebo[6], se explicó a los pacientes que participarían en tal estudio, pero se les ocultó que algunos no serían sometidos a la operación prevista. Se preparó cierta cantidad de sobres con instrucciones para proceder a la atadura de la arteria o para no hacer nada. En mitad de cada intervención, el cirujano escogería un sobre al azar y seguiría las instrucciones (proceder muy extraño para un profesional en un quirófano). Participaron en el estudio diecisiete pacientes. Cinco de los ocho que fueron sometidos a la intervención declararon sentirse muy mejorados. Lo mismo dijeron cinco de los nueve que fueron objeto de la falsa operación.

Un grupo de escépticos repitió el experimento. Ni los pacientes ni el médico que los exploró sabían quién había pasado de verdad por la intervención. Se observó una manifiesta mejoría en diez de los trece pacientes a quienes se efectuó la atadura y en los cinco a quienes se dejó como estaban[7]. La operación quedó desacreditada formalmente como tratamiento de la angina de pecho y ya no se lleva a cabo. No carecía de riesgos y no tenía ningún efecto sobre la longevidad. (En la actualidad, un estudio de estas características no sería permitido por los comités de ética.)

En Dinamarca, quince pacientes de la enfermedad de Menière —un trastorno del oído interno que causa sordera y mareos— fueron sometidos a una intervención. Otros quince pasaron por una operación placebo. El seguimiento de ambos grupos a lo largo de tres años mostró que diez pacientes de cada grupo mostraban una remisión casi completa de los síntomas[8].

Incluso en intervenciones serias que proporcionan beneficios demostrados, un buen resultado no depende únicamente de la habilidad del cirujano con el bisturí. Los pacientes que la noche anterior reciben la visita del anestesista y son informados y tranquilizados respecto a lo que va a suceder suelen necesitar menos anestésicos, responden mejor a la cirugía, son dados de alta antes y presentan menos quejas después de la intervención. El eminente cirujano J. Finney, que fue durante muchos años profesor de Cirugía de la Escuela de Medicina Johns Hopkins, declaró públicamente que no operaría a ningún paciente que expresara temor a no sobrevivir a la intervención[9].

También existen pruebas de que los pacientes bajo anestesia pueden oír lo que comentan los cirujanos acerca de ellos. Bajo hipnosis, los pacientes han recordado comentarios realizados en pleno quirófano que, posteriormente, han sido confirmados por los presentes en el lugar. Cuando estos comentarios eran negativos y arrojaban dudas sobre la recuperación del enfermo, los pacientes se mostraban preocupados[10]. Algunos médicos propusieron que se colgara en todos los quirófanos un rótulo que dijera: «Cuidado, el paciente le oye».

Medicina potente

El efecto placebo es muy poderoso. Puede invertir el efecto normal de un fármaco. En un estudio se anotaba el caso de una mujer que padecía intensos ataques de náuseas, el fármaco que alivió su estado fue el jarabe de ipecacuana, que normalmente se administra para provocar el vómito[11]. El remedio produjo efecto porque los médicos le dijeron que se trataba de «un nuevo y potente fármaco maravilloso» que aliviaría sus náuseas. La creencia de la paciente invirtió la acción farmacológica habitual de esa sustancia.

El efecto placebo no se limita a las dolencias menores. También se da en enfermedades que ponen en riesgo la vida, como el cáncer. Tomemos como ejemplo la historia del señor Wright, según el informe efectuado por el doctor Philip West, uno de los médicos que participaron en el caso[12]. El señor Wright padecía un cáncer de los nódulos linfáticos, o linfosarcoma, en grado avanzado. Tenía tumores como naranjas en el cuello, en las axilas, en las ingles y en el abdomen. Estaba al borde de la muerte y los médicos sólo podían administrarle analgésicos. Los doctores no tenían ninguna esperanza, pero el señor Wright, sí. Estaba seguro de que pronto se desarrollaría un nuevo remedio y, cuando supo que se iba a realizar un ensayo clínico con un nuevo fármaco llamado Krebiozen en el hospital donde se encontraba, pidió participar en él. Sus deseos fueron atendidos aunque, estrictamente hablando, no debería haber sido incluido ya que sólo podían realizar el ensayo pacientes con un pronóstico de supervivencia de tres meses, como mínimo.

El señor Wright recibió tres inyecciones la primera semana. Confinado en la cama desde hacía semanas, dos días después de la primera inyección caminaba por la sala del hospital y charlaba con las enfermeras. La masa de los tumores se redujo a la mitad del tamaño original. Al cabo de diez días, fue dado de alta. Si con anterioridad tenía que ayudarse de la mascarilla de oxígeno para respirar, dos semanas más tarde pilotaba su avión privado a 4.000 metros de altitud. Ningún otro paciente de los que recibieron el fármaco mostró la menor mejoría. Los ensayos clínicos con el medicamento continuaron, pero sin resultados satisfactorios. Por lo visto, el Krebiozen era oficialmente inocuo.

Cuando el hecho llegó a conocimiento del señor Wright, éste se mostró muy deprimido y, después de dos meses de perfecta salud, recayó en su estado anterior. Los tumores crecieron otra vez y de nuevo estuvo al borde de la muerte. Entonces, el médico que lo trataba le dio esperanzas. Le dijo que los ensayos clínicos fallaban porque el medicamento original se deterioraba durante el almacenamiento, pero que estaba previsto que el día siguiente llegara «un producto nuevo y muy elaborado cuya eficacia doblaba la del anterior». No era cierto, pero el señor Wright recobró la esperanza y aguardó con extraordinaria expectación el «nuevo producto». Con gran teatralidad, el médico le administró la primera inyección del nuevo preparado «de doble potencia». Pero el contenido de la jeringuilla era, simplemente, agua.

Esta vez, el señor Wright se recuperó aún más deprisa. No tardó en reincorporarse a la vida normal y volvió a pilotar su avioneta con salud. Las inyecciones de agua continuaron pero, al cabo de dos meses, el globo del Krebiozen reventó. La prensa anunció que la Asociación Médica de Estados Unidos había evaluado los ensayos y había llegado a la conclusión de que el fármaco era inoperante en el tratamiento del cáncer. Unos días después del informe, el señor Wright era internado en el hospital en grave estado. Los tumores habían reaparecido y el hombre falleció dos días después. Éste quizás haya sido el único experimento con placebo puro llevado a cabo jamás por un médico doctorado en un paciente de cáncer.

Este relato es extraordinario. Lo que marcaba la diferencia no eran los hechos objetivos sobre el fármaco, sino lo que el señor Wright creía: su realidad subjetiva. La PNL se interesa mucho en historias de este tipo. ¿Cómo explicar lo sucedido? Por lo que sabemos, el sistema inmunitario del paciente era normal; por lo tanto, un sistema inmunitario normal había obrado lo que sólo se podía calificar de milagroso. ¿Tenemos todos esta capacidad para curarnos a nosotros mismos? Y si es así, ¿cómo podemos aprovecharla?

Muchos médicos recomiendan tratar al máximo número de pacientes posible con nuevos fármacos mientras éstos todavía tienen capacidad curativa. No se trata de una actitud tan cínica como parece. Los nuevos fármacos ofrecen los mejores resultados cuando se presentan por primera vez y el entusiasmo es máximo. Conforme se apaga el fervor por el nuevo producto, también lo hace su eficacia. Cuando se constata que es menos eficaz de lo que se esperaba, el entusiasmo decae aún más. El fármaco no ha cambiado, pero las creencias de los médicos sí.

Por ejemplo, en 1957 se introdujo en el mercado un analgésico, el propoxifeno con el nombre comercial de Darvon. Éste tuvo una amplia aceptación como remedio seguro y eficaz para el dolor. Sin embargo, pronto se hicieron más populares las combinaciones con aspirina y otros analgésicos y, hacia 1970, el entusiasmo por el Darvon empezó a perder empuje. Los adictos a la heroína empezaron a administrárselo por vía intravenosa y los médicos se plantearon si era realmente tan buen remedio como los otros fármacos. Poco después fue retirado del mercado. Los médicos interpretan los descensos en las ventas como señal de que un fármaco no es tan bueno como creían, en lugar de tener en cuenta las consecuencias del debilitamiento del efecto placebo.

No complaceré

El efecto placebo no sólo se produce favorablemente con propósitos curativos. Se basa en nuestras expectativas, en nuestras esperanzas y temores. Y parece que a veces queramos lo que tememos. Cuando los placebos provocan efectos secundarios indeseables, se los denomina «nocebos», que significa «no complaceré».

En un estudio realizado en el hospital Queen Elizabeth's, de Birmingham, se informó a cuatrocientos pacientes que sufrirían pérdida del cabello como consecuencia de la quimioterapia que estaban recibiendo. A más de cien pacientes se les administró una píldora inerte en lugar de quimioterapia y, a pesar de ello, experimentaron la pérdida de pelo.

El efecto nocebo se ve potenciado enormemente cuando otras personas confirman nuestros temores. Aquí entramos en el reino de la psicología social. Al parecer, el miedo es más contagioso que la esperanza.

Un ejemplo del efecto placebo negativo sobre las multitudes[13] se produjo durante un partido de fútbol americano en Monterey Park, California, en 1987. Cuatro personas enfermaron sin razón aparente. El médico que las atendió descubrió que todas habían consumido refrescos adquiridos en una máquina expendedora situada bajo las gradas. Por si las máquinas sufrían algún tipo de contaminación, se avisó por el sistema de megafonía para advertir a la multitud que no utilizara tales máquinas porque podían causar una intoxicación alimentaria.

Los responsables del estadio tenían la mejor de las intenciones pero, si hubiesen previsto lo que sucedió a continuación, se lo habrían pensado dos veces. En las gradas, la gente empezó a sentir náuseas y a desmayarse. Muchos se marcharon del estadio. De repente, casi doscientas personas se sintieron tan enfermas que no podían moverse de donde estaban y tuvieron que acudir ambulancias de cinco hospitales para evacuarlas. Un centenar de espectadores fue hospitalizado.

Una investigación descubrió rápidamente que la máquina de refrescos era completamente inocente. Y cuando circuló esta noticia, los enfermos se recuperaron milagrosamente y los pacientes del hospital se sintieron mejor y fueron dados de alta.

La multitud magnificó el efecto, pero a menudo el miedo es tan acuciante como la esperanza. Cuando tenemos miedo de enfermar, este miedo y la incómoda inhibición que produce pueden crear la enfermedad. Hace algunos años, Joseph compró unos bollos para almorzar y ya iba por el tercero cuando su esposa le comentó que tenían un poco de moho. Joseph miró el envoltorio y se dio cuenta de que la fecha de caducidad impresa en el paquete ya había quedado atrás y que los bollos deberían haber sido retirados de la venta. De inmediato, perdió el apetito y notó que se le revolvía el estómago. Lo que momentos antes era un agradable deleite para el paladar se convirtió en una sensación siniestra. No sabía si vomitar o no. ¿Era conveniente que lo hiciera? ¿Qué espantos desconocidos crecían sobre el pan? El miedo no es buen amigo de la digestión pero, finalmente, el pan siguió en el estómago. Joseph pasó la tarde en un estado de agitación y sólo se sintió verdaderamente a salvo trascurridas cuarenta y ocho horas.

El doctor es parte del tratamiento

La confianza en el médico es parte esencial del efecto placebo. Píldoras, pócimas e intervenciones quirúrgicas actúan como placebos pero, ¿quién les atribuye sus propiedades curativas? El médico.

Muchos acudimos al médico sólo para hablar; no para que nos recete algo, necesariamente, sino para tener una dosis de comunicación. El doctor está para ayudar al paciente a recuperarse y esa ayuda, en ocasiones, sólo consiste en prestar atención.

Como pacientes, respondemos a la totalidad del tratamiento, no sólo a los medicamentos. Respondemos a la forma de hablar del médico, a los mensajes que trasmiten sus palabras y su lenguaje corporal. Cuando tenemos miedo o sentimos dolor, nuestros sentidos se agudizan. Intentamos encontrar sentido al menor matiz de lo que dice el doctor. Queremos confiar; necesitamos hacerlo. Somos más vulnerables a las sugerencias. Informar a alguien de que tiene cáncer sin haberlo preparado previamente para tal diagnóstico puede ser una condena a muerte, una sentencia inapelable. Tiene el mismo efecto que una maldición.

Incluso en cuestiones menores, lo que dice el médico influye en las expectativas del paciente y, por tanto, en sus sentimientos. Recientemente, Joseph visitó al dentista y éste le colocó un empaste sin anestesiarle el nervio. El odontólogo quería tranquilizarlo y le dijo que no debería sentir el menor dolor y que, si lo notaba, se lo hiciera saber y pararía de inmediato. Joseph escuchó toda la frase claramente, pero una de las palabras se fijó en su mente por encima de las demás: «Dolor». De pronto, pensó que iba a sentirlo y se preparó para decirle al dentista que se detuviera tan pronto lo notase. Se habría sentido mejor si el dentista le hubiera dicho: «Mientras coloco el empaste, usted se sentirá perfectamente cómodo. Si no es así, hágamelo saber y me detendré al momento». Aquí, la sugerencia es «estar cómodo». El mismo principio actúa cuando alguien dice, «esto no te dolerá». ¿A quién intentan engañar? Los médicos, además del tratamiento, recetan expectativas y nosotros aportamos la realidad; nuestra realidad.

Existe un interesante estudio[14] de K. Thomas, médico especialista en Medicina General, publicado en el British Medical Journal en 1987. Tomó a doscientos pacientes a los que no podía realizar un diagnóstico específico (padecían síntomas generales como dolores de cabeza, toses y cansancio) y los dividió en dos grupos. A los pacientes del primer grupo les dispensó un trato positivo en la consulta, un diagnóstico claro y la firme garantía de una pronta recuperación. A los pacientes del segundo grupo les dijo que no estaba seguro de qué les sucedía, pero que volvieran si no mejoraban en unos días. Se facilitó receta a la mitad de cada grupo.

Al cabo de dos semanas, el 64 por ciento del grupo que había tenido un trato positivo en la consulta había mejorado. En cambio, sólo el 39 por ciento del otro grupo manifestaba alguna mejoría. La receta no cambiaba mucho las cosas: entre quienes la tenían, el porcentaje de pacientes que declaraba sentirse mejor era del 53 por ciento, mientras que entre quienes no la habían recibido era de un 50 por ciento.

Este interesantísimo estudio sugiere dos cosas. Primera, que una consulta positiva tiene una influencia significativa en la recuperación del paciente y es, en algunos casos, más poderosa que el efecto placebo de la medicina en sí. A veces, aunque el médico diga abiertamente al paciente que le está administrando un placebo inactivo (una píldora de azúcar), la respuesta placebo sigue produciéndose. Parece que los pacientes prestan más atención a lo que el médico expresa con su tono de voz y con su lenguaje corporal. Por supuesto, los médicos han visto cómo las píldoras de azúcar producen reacciones curativas extraordinarias. Saben y creen que estas píldoras producen efectos. Y quizá sea esta certeza lo que utilizan los pacientes para que el placebo actúe. Desde luego, no es necesario ningún engaño.

En segundo lugar, si confiamos en el tratamiento es, sobre todo, porque confiamos en la persona que nos lo administra. Los médicos gozan de un poder y de un prestigio enormes en la cultura occidental. Son los herederos de una tradición de curación que se remonta a la edad de piedra. La otra emoción que se respira en una consulta médica es el miedo. El espectro de la mortalidad ronda todas las salas de consulta. De hecho, es tan inusual recibir a un paciente tranquilo y relajado que, la mayoría de las veces, el médico recela. Cuando acudimos al médico, tenemos un fugaz contacto con el misterio de la vida y de la muerte. El doctor tiene conocimientos y el conocimiento es poder. El doctor puede conseguir que el cuerpo haga las paces con nosotros. Cuando extiende una receta, escribe desde el conocimiento y el poder. Pero su autoridad no basta. La sintonía entre médico y paciente es fundamental para que el tratamiento sea eficaz de verdad. Siempre habrá médicos que se lleven bien con sus pacientes, que gocen de popularidad entre ellos y cuyos enfermos parecen recuperarse más deprisa y con menos complicaciones. Esto no sólo es consecuencia de lo que hacen, sino de quienes son. En cierto sentido, el médico es un placebo. Muchas personas se sienten mejor por el mero hecho de haber visto al médico. Se las ha tranquilizado. Tienen una explicación para su enfermedad y esperan recuperarse. Algunas ni siquiera se molestan en tomar la medicación. Un buen médico es el que ofrece confianza, el que trata a la persona además de al síntoma. Si sólo el cuerpo necesitara tratamiento, el efecto placebo no existiría. Los médicos que tratan con pacientes necesitan capacidad de sintonía con ellos. Quienes carezcan de ella estarán mejor en una rama de la medicina que no requiera el contacto con pacientes. La sintonía cura.

Uno de los temas recurrentes de los cursos de formación en PNL que Ian lleva a cabo entre médicos es la apreciación de estos de que llevan a cabo mejor su labor con pacientes con los que establecen buena sintonía. La sintonía crea una alianza curativa, aumenta la satisfacción profesional del médico y lo vuelve a acercar al primer motivo que lo llevó a su profesión: atender y cuidar personas.

Resulta de especial importancia tranquilizar y dar confianza a los pacientes que están en el hospital. El ambiente es impersonal y los enfermos, aislados de amigos y familiares, están inquietos por su enfermedad. Y muchas veces sucede que los médicos hablan entre ellos de un paciente delante de él como si no estuviera, reduciéndolo a sus síntomas orgánicos y haciendo que se sienta despersonalizado. Esto puede llevar a que el paciente se sienta aún más desvalido e irritado, sentimientos que pueden contribuir a empeorar su estado.

Las submodalidades de los placebos

Las píldoras deben «parecer» eficaces, además de producir el efecto deseado; de lo contrario, la persona evitará tomarlas. ¿Cómo le sentaría a usted tomar una cápsula de color púrpura para el dolor de cabeza?

¿Qué efecto esperaría usted de...

una píldora pequeña de color blanco?
una píldora grande de color blanco?
una cápsula pequeña de color púrpura?
una tableta negra?
una píldora roja?
una píldora azul?

¿Qué cree que tendría más efecto, una píldora o una cápsula?

Las empresas farmacéuticas investigan las submodalidades de sus productos, además de la composición química. En muchos estudios se ha observado que el tamaño, la forma y el color de las píldoras llevan a las personas a esperar ciertos efectos de ellas[15].

Scantest, una empresa de estudios de mercado de Manchester, dedicó dos años a probar la reacción del público a diferentes formas, colores, tamaños y dureza de acabado en una investigación financiada por los laboratorios farmacéuticos suizos Sandoz. He aquí algunos datos generales de la encuesta. Una píldora debe parecerse al efecto que produce. Los consumidores tienden a identificar las píldoras azules con sedantes y las rosas, con estimulantes. Las de mayor tamaño son consideradas más eficaces que las pequeñas y las amargas, más fuertes que las dulces. Las cápsulas suelen considerarse más potentes que las tabletas, sean del tamaño que sean, y casi todo el mundo opina que las inyecciones son más efectivas que cualquiera de ambas. Las cápsulas amarillas o anaranjadas, según creencia general, sirven para cambiar de estado de ánimo, sea como estimulantes o como depresivos. Los colores «extraños» como el negro o el malva pueden ser alucinógenos (la música pop ha anclado el color púrpura con la psicodelia). Las cápsulas o tabletas grises o rojo intenso suelen tomarse por sedantes.

Incluso los nombres comerciales parece que ejercen cierto efecto. En un estudio de analgésicos para cefaleas, el 40 por ciento del grupo que recibió placebos sin marca conocida manifestó haber notado alivio con el tratamiento; entre quienes recibieron placebos con marcas conocidas, el porcentaje se elevó al 50. Un 56 por ciento de los sujetos a quienes se administró aspirina sin marca informó de una mejoría en su estado, frente al 60 por ciento de los que tomaron aspirina con marca[16]. Así pues, la aspirina era ligeramente más eficaz que una píldora de azúcar para el alivio de los dolores de cabeza, pero la eficacia de ambas era potenciada por la presencia de una marca conocida.

La paradoja de los placebos

Los médicos suelen tener una posición ambigua respecto a los placebos. Están presos en su propia trampa, la de creer que la curación se realiza solamente a través de fármacos o de intervenciones quirúrgicas que tienen un efecto directo sobre el cuerpo. Estos profesionales saben que una píldora de azúcar no tiene ningún efecto directo sobre una enfermedad, y por eso les cuesta recetarlas: les parece incoherente con sus principios. También opinan que, si bien un placebo puede tener un efecto curativo notable e inexplicado, para que sean eficaces deben engañar al paciente haciendo que crean que está tomando un potente fármaco.

Esta paradoja lo es sólo en apariencia. El efecto placebo es un poder curativo que tenemos todos. El placebo es la excusa que tenemos para usarlo. Cualquier tratamiento que quiera tener éxito debe utilizar nuestros propios poderes curativos.

Salvo algunos casos, la decisión sobre el tratamiento a seguir es siempre del médico. Hay muchos tratamientos a disposición del paciente, tanto médicos como quirúrgicos, y ninguno funciona siempre, incluidos los placebos. Nuestras creencias pueden mejorar, anular o invertir los efectos del tratamiento. Lo importante es que el médico sea congruente acerca del tratamiento que receta. Cuando doctor y paciente creen que un tratamiento tiene posibilidades de ser efectivo, el paciente mejora en un 70 por ciento de los casos[17], incluso si el tratamiento es un placebo. La congruencia cura.

El tratamiento más eficaz consta de cuatro aspectos:

la congruencia del médico
la creencia congruente del paciente
la sintonía entre médico y paciente
el efecto psicológico directo del tratamiento

El último nunca es suficiente por sí solo.

Conclusiones

¿Qué medicina necesitamos para que nos ayude a curarnos? La respuesta será distinta para cada cual. La medicina siempre ha sido pragmática. Como la PNL, utiliza lo que funciona. En ese sentido son aliadas. El tratamiento médico nunca es sólo mental o físico, sino que tiene parte de lo uno y de lo otro: más de uno, a veces, y más de lo otro, en ocasiones. Los placebos actúan en esa tierra de nadie médica en la que psicología y creencia actúan juntas y en la que cuesta fijar dónde acaba el tratamiento de administración externa y empieza la capacidad del cuerpo-mente-espíritu humano para curarse. Respondemos al sentido, además de a la forma del tratamiento.

Usted posee una gran capacidad para curarse y no sabe cómo hacerlo. Tampoco la medicina tiene una explicación coherente. Pero su congruencia y la creencia en el tratamiento que sigue y en el doctor que lo administra es tan importante como el propio tratamiento; su actitud hacia éste potenciará sus efectos o los obstaculizará. Si usted cree que la curación es un proceso largo y difícil y que quizás no vuelva a recuperar la salud por completo, esas son las instrucciones que está dando a su cuerpo. Dése, por el contrario, sugerencias positivas. Déselas a los demás, también. Sea congruente con el tratamiento que acepte. Confíe en usted mismo. La curación es natural.

REFLEXIONES

Placebo: Sustancia o preparado inactivos que se administran para satisfacer la necesidad simbólica del paciente de una terapia con fármacos. Se utiliza en estudios controlados para determinar la eficacia de las sustancias medicinales. También, acto sin valor terapéutico intrínseco realizado con tales propósitos.
Dorland's Illustrated Medical Dictionary, 26 edición, 1981

La frecuencia con que se utilizaban los placebos variaba en relación inversa a la inteligencia sumada del médico y de su paciente.
R. Platt, «Dos ensayos sobre la práctica de la Medicina», Lancet, 2 (1947), 305-307

El médico que no ejerce un efecto positivo sobre sus pacientes debería hacerse patólogo o anestesista. Si el paciente no se siente mejor con sólo haber pasado por su consulta, se ha equivocado usted de profesión.

J. Blau, «El médico y el placebo», *Lancet 1* (1985), 344

¿Por qué es fraudulento administrar placebos si gran parte de la terapéutica moderna no ofrece nada mejor? ¿Por qué la credulidad de un médico bien intencionado ha de ser más valiosa y más ética que el escepticismo de aquel cuya receta es farmacológicamente inerte, cuando los resultados son los mismos?

«¿Complaceré?» Editorial en *Lancet 2* (1983), 1465-1466

Se debe tratar a todos los pacientes posibles con un fármaco nuevo mientras éste aún tiene capacidad para curar.

Sir William Osler

Entre el 35 y el 45 por ciento de todas las recetas lo son de sustancias que no consiguen ejercer el menor efecto sobre el estado para el que son prescritas.

S. Bok, «La ética de administrar placebos»,
Scientific American, 3231 (5), 1974

Tres de los cuatro fármacos más recetados no tratan ninguna enfermedad específica.

H. Holman, «El engaño de la "excelencia" en medicina»,
Hospital Practice, 11 (4), 1976

6

El sistema inmunitario:
Nuestra identidad fisiológica

¿Cómo se cura el organismo? ¿Cómo obran su magia médica las creencias y las expectativas? ¿Cómo destruyen nuestra salud estados como la soledad, la hostilidad y la depresión? ¿Cómo pueden ser curativos los estados positivos de amor y de comprensión? La medicina busca explicaciones. ¿Cómo funciona, exactamente?

Mente y cuerpo son un sistema. Es algo que experimentamos continuamente. Lo percibimos cada día cuando imaginamos el sabor de una buena comida y se nos hace la boca agua. También lo advertimos cuando imaginamos una catástrofe y notamos ese conocido nudo en el estómago. Lo experimentamos con fuerza cuando nuestro cuerpo responde a las fantasías sexuales. Y lo confirmamos cuando pensamos en los seres que queremos y nuestro corazón late más deprisa y sentimos amor y nos sentimos queridos. De algún modo, el pensamiento se hace sensación. Pensar lleva a actuar y no importa en absoluto si el pensamiento tiene raíces en la realidad o no. Probablemente, todos hemos experimentado un terror paralizante alguna vez en la vida; por lo menos, en sueños.

La telaraña

Nuestros pensamientos influyen físicamente en los órganos principales, mediante tres sistemas:

- el sistema nervioso autónomo
- el sistema endocrino
- el sistema inmunitario

El sistema nervioso autónomo recorre nuestro cuerpo como una telaraña y posee dos ramas: una que nos da energía y otra que nos relaja. El sistema simpático es la parte energética, que nos pone en un estado de alerta para afrontar un peligro o un reto. Las terminaciones nerviosas segregan neurotransmisores que estimulan las glándulas suprarrenales para que produzcan las potentes hormonas norepinefrina y epinefrina, que incrementan los ritmos cardiaco y respiratorio e influyen en nuestra digestión a través de la secreción de ácidos en el estómago. Esa sensación de tener un nudo en el estómago que lo atenaza a uno en ocasiones es cortesía del sistema nervioso parasimpático.

Si el sistema simpático es el interruptor de conexión, el parasimpático es el que desconecta. Las terminaciones nerviosas parasimpáticas segregan otros neurotransmisores que aminoran el ritmo cardiaco y el respiratorio. Las respuestas del parasimpático son la comodidad, la relajación y, en último término, el sueño. Cuando nos sentamos, escuchamos música y nos perdemos en agradables ensueños, es el sistema parasimpático el que relaja nuestro cuerpo.

En íntima alianza con el sistema nervioso autónomo está el sistema endocrino, lo forman diversos órganos que segregan hormonas, sustancias que regulan el crecimiento, el nivel de actividad y la sexualidad. El sistema endocrino traduce los pensamientos en sensaciones y acciones reales del cuerpo. También segrega unas hormonas conocidas como endorfinas o encefalinas que, al parecer, modulan las reacciones al estrés y al dolor e influyen en el estado de ánimo y el apetito, y en ciertos procesos de aprendizaje y de recuerdo. La glándula pituitaria, en la base del cerebro, es el centro de control de todo el sistema endocrino. Las glándulas suprarrenales, que se localizan encima de los riñones, producen unas hormonas conocidas como corticoesteroides, muchas de las cuales actúan como el sistema nervioso simpático y preparan el cuerpo para la acción.

El sistema inmunitario es el tercer sistema principal que afecta a nuestro cuerpo. Su tarea es mantenernos sanos, protegiéndonos de los antígenos del exterior, como bacterias y virus, y del interior, como las células tumorales.

El sistema nervioso autónomo (incluido el cerebro), el endocrino y el inmunitario están interconectados. Son como tres fuentes de aguas de diferentes colores que vierten al mismo río, y no tres ríos separados. El río es el curso de nuestra vida y, aunque a veces captamos destellos de color puro de cada sistema, en general son inseparables.

Los tres sistemas intercambian información a través de neurotransmisores compuestos de proteínas llamadas neuropéptidos. Estos producen sus efectos al adoptar la estructura química exacta para encajar en un receptor de otra célula, que puede estar muy lejos de donde se ha producido el neuropéptido. Los efectos de éste son específicos: ya se han identificado más de sesenta distintos y no sabemos cuántos hay en total.

El sistema límbico, la parte del cerebro que se encarga de las emociones, es el centro de acción de los receptores neuropéptidos[1]. El sistema nervioso, el inmunitario y el endocrino fabrican y reciben neuropéptidos y en cualquier momento puede haber muchos de ellos flotando en el cuerpo a la espera de unirse a receptores específicos. El vínculo entre los neuropéptidos y sus receptores es la bioquímica de las emociones.

Las células del sistema inmunitario tienen receptores para todos los neuropéptidos y pueden producir el mismo tipo de hormonas neuropéptidas que, tiempo atrás, se creía que sólo podían encontrarse en el cerebro[2]. El sistema inmunitario capta las emociones del cuerpo a través de los receptores de neuropéptidos, envía señales al cerebro a través de los neurotrasmisores y el cerebro influye en el sistema inmunitario de la misma manera. La actividad cerebral controla las respuestas inmunitarias y reacciona a ellas.

Existe un vínculo aún más directo y sorprendente entre el sistema inmunitario y el cerebro. Algunas células del sistema inmunitario penetran en el cerebro y se transforman en células gliales (un tipo de célula conectiva del tejido cerebral). Las del sistema inmunitario también pueden producir una hormona (la ACTH, o adrenocorticotropina) que estimula las glándulas suprarrenales[3].

Los sistemas nervioso, endocrino e inmunitario actúan juntos y traducen nuestros pensamientos en fisiología. Muchos efectos del sistema nervioso autónomo y del sistema endocrino son visibles e inmediatos. Cuando se elabora una imagen de un ser amado, el corazón late más deprisa. La respuesta es inmediata, de modo que la conexión se realiza con facilidad. En el caso del sistema inmunitario, la conexión no es tan evidente. La respuesta al efecto que causan nuestras imágenes y estados emocionales en el sistema inmunitario no es inmediata, pero debe de haber un efecto porque el sistema nervioso y el inmunitario trasmiten sus mensajes del mismo modo con los mismos neuropéptidos. Existen los mecanismos para que el sistema inmunitario influya y sea influido por nuestros pensamientos y emociones.

Según parece, nuestra mente y nuestra inteligencia no están confinadas en el kilo y cuarto de sustancia gris blancuzca que tenemos entre oreja y oreja, sino que se reparten por todo el organismo.

Un fascinante experimento descrito en el *International Journal of Neuroscience* apunta la posibilidad de influir en el sistema inmunitario a través de imágenes mentales[4]. Se seleccionó un grupo de estudiantes, se les enseñó autohipnosis y visualización y se les proporcionó una descripción de las funciones específicas de ciertas células del sistema inmunitario. Después, cada estudiante elaboró sus propias imágenes personales para aumentar la capacidad de adherencia de dichas células. Esta parte del experimento estuvo bien diseñada. Si los investigadores hubieran insistido en un formato de imágenes estándar, lo único que habrían demostrado sería la eficacia de dicho formato para influir en las células del sistema inmunitario. Cada cual utiliza las imágenes mentales de un modo diferente.

Al cabo de dos semanas, se tomaron muestras de saliva y de sangre para medir la actividad de las células del sistema inmunitario y se compararon con otras muestras obtenidas antes del experimento. El único cambio estadísticamente significativo en las células estudiadas era su capacidad para adherirse a cuerpos extraños.

Definir un sentido del yo

El sistema inmunitario es muy complejo, aunque la tarea que realiza puede resumirse en pocas palabras: cuida de nuestra identidad en el aspecto fisiológico. Creemos que merece la pena conocer un poco el funcionamiento del sistema, para apreciar la belleza y precisión con que nos protege durante toda la vida y también para poder elaborar algunas percepciones mentales claras con las que trabajar para mantenernos sanos. El conocimiento es el principio del aprecio, de la comprensión y de la posibilidad de influencia.

A pesar de las numerosas investigaciones realizadas en los últimos años, el sistema inmunitario es un campo de estudio complicado y en su mayor parte desconocido. Igual que el cerebro, está resultando tan complicado como nuestra vanidad esperaba y nuestro intelecto temía. Por norma general, se representa como una máquina de matar o como un ejército que «repele» gérmenes, «combate» infecciones y «moviliza» recursos. La metáfora resulta útil hasta cierto punto. El sistema inmunitario mata gérmenes «invasores», en efecto, pero es mucho más que un ejército privado que ronda por el torrente sanguíneo pendiente de que se presente un problema. Actúa reconociendo lo que forma parte de nosotros y lo que no y se deshace de todo lo que reconoce como ajeno: tumores, bacterias, virus y trasfusiones sanguíneas incompatibles. Realiza en el nivel fisiológico lo que hacemos en el terreno psicológico a partir de la infancia: establecer límites entre el yo y lo ajeno. Resulta muy sugerente que la salud, en el nivel fisiológico, sea cosa de tener un sentido claro del yo.

El sistema inmunitario se define por su función, por lo que hace. No está diferenciado claramente del resto del organismo, sino que se considera parte de todo él. Consiste principalmente en leucocitos, células especializadas que son transportadas en la sangre (*leuco* significa blanco y *cito* es célula). Un adulto sano tiene alrededor de un billón de leucocitos, es decir, unos siete mil por centímetro cúbico de sangre. Estas células llevan a cabo diversas tareas. Unas estimulan a otras células a enfrentarse a bacterias y virus. Otras marcan las bacterias y virus que deben ser destruidos y unas terceras dan por terminada la acción y se llevan los desperdicios.

El sistema inmunitario tiene dos métodos para defender el cuerpo. El primero es la llamada «inmunidad por mediación celular». Unas células especializadas reconocen lo que no forma parte del organismo y lo eliminan directamente. El segundo es la «inmunidad humoral». Diversas células especializadas fabrican anticuerpos, grandes moléculas diseñadas específicamente para destruir antígenos como las bacterias.

El sistema desequilibrado

Normalmente, el sistema inmunitario sabe qué atacar y qué dejar en paz. Por ejemplo, deja en paz las muchas bacterias que viven en los intestinos y que nos ayudan a digerir la comida. ¿Pero qué sucede cuando no funciona como es debido?

Cuando el sistema inmunitario no reacciona enérgicamente frente a antígenos externos como bacterias o virus, caemos enfermos. Sin embargo, en ocasiones, la infección puede ser tan importante que aunque el sistema reaccione normalmente, ni siquiera así puede resistirse.

Por otra parte, cuando la reacción del sistema al antígeno externo es demasiado intensa, el resultado es una alergia. Esta sería una respuesta desproporcionada a una sustancia que no representa un peligro. El sistema inmunitario se comporta entonces como una persona muy sensible u hostil que salta constantemente ante cualquier comentario inocente. La reacción inmunitaria es más peligrosa que un antígeno externo.

Cuando el sistema no reacciona con la debida energía frente a un antígeno interno, puede desarrollarse un cáncer. Millones de células de nuestro cuerpo se dividen cada día de nuestra vida

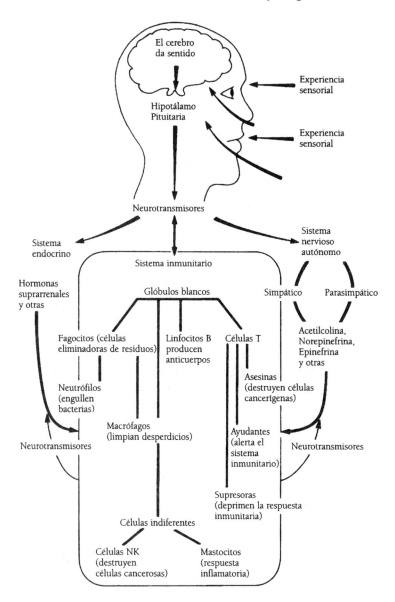

La relación mente cuerpo y el sistema inmunitario

y es más que probable que se estén produciendo constantemente algunas células anormales, de potenciales efectos cancerígenos. Si el sistema inmunitario se debilita, puede que las células cancerosas no sean detectadas y aumenten hasta un punto en que resulte difícil controlarlas.

El sistema inmunitario también puede atacar por error algunas partes del organismo, como se aprecia en una dolencia autoinmune como la artritis reumatoide. En ésta, parece que el sistema inmunitario ataca el tejido sano del cartílago de las articulaciones, lo cual produce fatiga y rigidez de los músculos e inflamaciones articulares que dificultan moverse sin dolor.

El séptimo sentido

Poseemos cinco sentidos y hay quien añade la intuición como el sexto. El sistema inmunitario forma parte de nuestro séptimo sentido, el sentido del yo.

El sistema inmunitario presenta muchas características de un órgano sensorial. El ojo nota la luz, el oído capta el sonido y el sistema inmunitario percibe el yo. El ojo es sensible a la luz. Las señales procedentes de la retina, en el fondo del ojo, son trasmitidas al cerebro. Éste descodifica la información y proyecta la imagen hacia fuera, al mundo exterior. Así vemos. El sistema inmunitario percibe el yo, devuelve esa información al cerebro por medio de neurotransmisores y el resultado de la acción es la salud. La percepción del yo es necesaria para la supervivencia. Podemos cerrar los ojos voluntariamente y anular así el sentido de la vista, pero no podemos desmontar deliberadamente nuestro sistema inmunitario. En términos de PNL:

El sistema inmunitario es el sistema de representación del yo. Un sistema inmune fuerte puede ser el equivalente fisiológico de un sentido del yo igualmente fuerte.

Cualquier cosa que incremente el sentido del yo constituirá también, probablemente, un refuerzo del sistema inmunitario.

Todo lo que debilite el sentido del yo tiene posibilidades de debilitar el sistema inmunitario. La PNL estudia la formación de un potente sentido del yo y postula la adquisición de una mayor conciencia de uno mismo por la vía de prestar atención a las propias experiencias y de sentir curiosidad por éstas sin emitir juicios sobre ellas. Si usted se acompaña a sí mismo, se encontrará menos dividido, más relajado e intuitivo, más congruente y armonioso. La toma de conciencia de sus estados emocionales y la elaboración de anclas inicia la ruptura de los vínculos causa/efecto. Así, usted deja de ser víctima de los acontecimientos y tiene más oportunidades y más control sobre su experiencia; en lugar de responder a los estímulos como un autómata, es usted quien escoge cómo reaccionar.

Cuando hablamos del sentido del yo, no nos referimos a éste en oposición a los demás. Estamos moldeados por nuestras relaciones y las relaciones sociales nos ayudan a definir el sentido del yo. Por lo tanto, todo lo que refuerce nuestro apoyo social fomenta nuestra salud, y viceversa. La depresión, las desgracias[5], las relaciones sociales poco desarrolladas y la soledad debilitan nuestro sentido del yo y, por tanto, facilitan el desarrollo de la enfermedad. Cuando alguien pierde al cónyuge o a un amigo íntimo, suele decir que también una parte de ellos ha muerto. Se refiere a que ha perdido una parte de su sentido del yo.

Resulta irónico que la enfermedad nos obligue a tomarnos cierto tiempo para nosotros mismos, aunque no del modo que nos gustaría. Así, la enfermedad no es tanto un signo de debilidad como un síntoma de reequilibrio. Nunca estamos perfectamente; la vida es un equilibrio entre quienes somos y quienes vamos a ser.

Si el inmunitario es el sistema de representación de uno mismo, usted puede reforzar el suyo haciéndose más sensible a su cuerpo mediante el empleo de los sentidos. Las sensaciones de nuestro cuerpo son la música del yo físico. Esto no significa que debamos convertirnos en hipocondriacos o desarrollar una preocupación obsesiva por el cuerpo, más bien que tenemos que prestar atención a nuestro cuerpo directamente y actuar según las señales que recibe. A veces, estas señales dicen que aflojemos un poco, que trabajamos demasiado. La enfermedad es el último estadio, cuando han sido desoídas las señales más sutiles. Entonces, parece que el cuerpo diga, «¡Muy bien, veamos si te enteras CON ESTO!»

Puede usted empezar a desarrollar esta conciencia ahora mismo. Preste atención a su organismo. ¿Cómo está sentado? ¿Qué partes de su cuerpo están incómodas y precisa mover? La determinación de su estado de referencia hará que sea más consciente de su cuerpo. Resulta irónico que podamos pasar mucho tiempo desarrollando algunos sentidos y descuidemos nuestro sentido del ser, que tiene tal efecto sobre nuestra salud.

Las alergias, fobias del sistema inmunitario

Una alergia viene a ser algo así como una fobia del sistema inmunitario. Una persona con fobia a las arañas, por ejemplo, responde con una violencia irracional a la visión de uno de tales animales, o tan solo imaginándolo. El pensamiento lógico no ayuda. La persona que sufre esta fobia sabe que la araña no es una amenaza, pero la idea de tocarla le resulta insoportable. La alergia se produce cuando el sistema inmunitario reacciona de forma parecida ante, pongamos por caso, los gatos, el polvo doméstico o el polen de ciertas plantas. Pero esto no es una amenaza para el cuerpo; el sistema inmunitario comete un error. Entre los síntomas típicos de la alergia están los ojos acuosos, el goteo de nariz, los estornudos a veces, las dificultades respiratorias o los sarpullidos. Como las fobias, las alergias suelen empezar en la infancia, a raíz de una mala experiencia con el alérgeno, y la reacción acompaña a la persona durante su vida.

Una de las alergias más peligrosas es el asma. Aquí, el cuerpo reacciona estrechando los conductos bronquiales, lo cual produce dificultades respiratorias. La causa puede ser una nimiedad, pero la reacción suele ser muy grave, hasta el punto de poner en riesgo la vida de quien la sufre. Se trata de una afección que no está bien comprendida desde el aspecto médico. Puede ser causada por muchos antígenos distintos, aunque el estrés emocional también incide en ella. La intensidad y frecuencia de los ataques varía y algunas personas tienen la suerte de poder librarse de ellos una vez transcurrida la infancia.

Jorgen y Hanne Lund llevaron a cabo en Dinamarca, a lo largo de un año, un estudio sobre los aspectos psicológicos del asma y la influencia de la terapia de la PNL[6]. En el estudio participaron dos grupos de pacientes: treinta en el grupo de intervención, que recibió terapia de PNL, y dieciséis en el grupo de estudio. Se instruyó a ambos grupos para que controlaran su función pulmonar y para que ajustaran su medicación, se les aportó una sensación de control y se les hizo conscientes de la influencia de las creencias limitadoras sobre la salud.

Al principio de la investigación, no todos los pacientes estaban convencidos del valor del tratamiento. Algunos desecharon la idea y otros se concentraron en las intervenciones médicas. En ambos grupos aumentó la conciencia de cómo percibían la tensión ambiental y de cómo reaccionaban a ella. Los pacientes empezaron a usar sus síntomas como señal de que estaban bajo tensión y ello aumentó su sensación de control.

Al cabo de un año, ambos grupos presentaban una función pulmonar más estable, pero la mejoría del grupo de intervención era más acusada. La capacidad pulmonar de los asmáticos adultos tiende a disminuir unos cincuenta mililitros al año y así sucedía en el grupo de control. En cambio, en el grupo de intervención, la capacidad pulmonar aumentaba cuatro veces dicha cantidad: doscientos centímetros cúbicos. La tasa de ingresos hospitalarios y de ataques asmáticos graves también se reducía en gran manera en el grupo de intervención.

Las alergias suelen ser provocadas por anclas. En un experimento, un doctor llevó al hospital a un grupo de niños que presentaba ataques de asma cuando inhalaba aire que contenía polvo doméstico. Los investigadores tomaron polvo de la casa de cada niño y lo dispersaron en el aire de las salas del hospital. Diecinueve de los veinte niños no mostraron ninguna reacción.

Por otra parte, en ocasiones siquiera es preciso que el alérgeno esté presente físicamente; la respuesta alérgica se puede presentar con sólo pensar en ella. En este caso hay esperanzas: Si podemos influir en el sistema inmunitario de modo que presente una respuesta alérgica sin la presencia del alérgeno, también ha de ser posible influir en él a la inversa, para curar la alergia.

La PNL y las alergias curativas

La PNL ha desarrollado una técnica para afrontar las alergias. Funciona mejor cuando la persona es alérgica a una sustancia específica, fácilmente identificable. Este método fue desarrollado por Robert Dilts, Tim Hallbom y Suzi Smith[7].

En primer lugar, una advertencia. Las alergias pueden ser peligrosas en extremo, incluso suponer un riesgo para la vida. Los métodos que exponemos no pretenden sustituir el tratamiento médico, sino trabajar con él. Si tiene dudas, déjelo.

El tratamiento de la alergia que propone la PNL vuelve a anclar el sistema inmunitario, rompiendo el vínculo entre estímulo (el alérgeno) y respuesta (la reacción alérgica). Describiremos el proceso como si usted ayudara a otra persona.

El primer paso es potenciar la sintonía. Reconozcan ambos la experiencia del otro. Ustedes dos forman un equipo para cambiar la respuesta alérgica.

A continuación, empiecen por establecer un ancla de comodidad y seguridad. Pida a la otra persona que recuerde una situación agradable en la que estuviera muy relajado. Ayúdele a encontrar un estado que no esté relacionado con la respuesta alérgica. Cuando observe, por su expresión y por su respiración, que se ha relajado, tóquele suavemente el brazo con la mano en un punto concreto. Esta es un ancla táctil para ese estado. Dígale que ese contacto le servirá de recuerdo para volver a este estado relajado y asegúrele que puede volver a él en cualquier momento del proceso.

Cambie de estado distrayendo la atención del otro. Ahora, tóquelo de nuevo en el mismo lugar del brazo y observe si vuelve a ese estado relajado y agradable. Compruébelo preguntándoselo. Repita el proceso hasta que el contacto transporte a la persona a dicho estado de forma casi automática. Ahora, los dos han anclado el estado relajado a ese contacto y han asegurado que si la otra persona se siente incómoda durante el proceso, usted puede llevarla a un agradable estado neutro. Esta es el «ancla de emergencia».

A continuación, haga que la otra persona experimente una mínima medida de la respuesta alérgica, para que usted pueda observar cómo es. Pregunte a la otra persona qué sucede cuando están en presencia del alérgeno. Observe el cambio de respiración, de color de piel y, en especial, del grado de humedad de los ojos. Esas son las primeras señales de una respuesta alérgica. En PNL, se llama a esto «calibrar» la respuesta; usted calibra el estado alérgico observando con detenimiento su aspecto para poder reconocerlo otra vez.

Cuando haya visto la respuesta, cambie de estado. Cuente un chiste, distraiga la atención de la otra persona y haga que mueva el cuerpo. El siguiente paso consiste en explicar el error del sistema inmunitario. Diga a la otra persona que el alérgeno no es peligroso y que su sistema inmunitario lo protege adecuadamente, aunque responde a un estímulo indebido. Su capacidad para protegerlo todavía sigue en pie y no necesita reaccionar con tal virulencia a esta sustancia en concreto. Ha aprendido la respuesta y ahora aprenderá otra, más adecuada. Empiece por referirse al alérgeno como «esa sustancia» y no mencione más el término. Al cambiarle el nombre, la otra persona empezará a pensar en él de otra manera. Háblele de la investigación médica sobre el sistema inmunitario, de su complejidad, de su maravilloso funcionamiento y de su capacidad para aprender de la experiencia. Ofrezca ejemplos concretos, si puede, de personas que se han librado de sus alergias.

El siguiente paso puede llevar más tiempo. ¿Cuál es el efecto secundario beneficioso de la alergia? Las alergias tienen aspectos positivos: determinan qué puede comer una persona, con quién mantienen una amistad y dónde ir de vacaciones. Pueden ayudar a evitar ciertas situaciones sociales. También pueden utilizarse para controlar a otros o para conseguir atención. La alergia al humo de los cigarrillos tal vez sea una manera de evitar que otros fumen sin necesidad de insistir en ello. La persona que sufre de alergia puede llegar a organizar su vida en torno al tratamiento médico que recibe. Cuando se cura, quizá necesite reorganizar su programa diario, tomar decisiones, cambiar de dieta y obtener atención de diferentes maneras. A menos que se resuelvan estos asuntos, es probable que la alergia se mantenga.

Termine el proceso preguntando a la persona si estaría dispuesta a abandonar esta alergia, en el caso de que esos temas (de dieta, situaciones sociales, etc.) se resolviera satisfactoriamente y su vida se viera enriquecida. Esté atento al menor tono de vacilación en su voz y siga adelante solamente cuando la persona le responda con un «sí» congruente.

A continuación, busque una sustancia para reacondicionar el sistema inmunitario. Pida a la otra persona que piense en una sustancia muy similar al alérgeno pero que no le produzca una reacción alérgica. Por ejemplo, una persona puede ser alérgica a la picadura de abeja pero no a la de hormiga, o al polen de gramínea pero no al de las flores. Haga que la persona se asocie plenamente a un recuerdo en el que estuvo en contacto con la sustancia inocua. Observe con atención cualquier señal de la respuesta alérgica en su respiración, en sus ojos y en su color de piel. Si aprecia alguna respuesta, busque otra sustancia.

Cuando haya encontrado un buen ejemplo y la persona esté asociada plenamente a un recuerdo como el que le pide, ancle ese recuerdo tocando a la persona en un lugar concreto del brazo, distinto del utilizado para el ancla de emergencia. Esta es el «ancla de recurso».

Ahora, enseñará al sistema inmunitario a responder al alérgeno del mismo modo que responde a la sustancia inocua. El alérgeno es un ancla para la respuesta alérgica y usted la reemplazará por una nueva para una respuesta neutra. Mientras procede a hacerlo, debe proteger a la persona de la respuesta alérgica; así pues, pídale que se disocie y se observe a sí misma desde detrás de un cristal o de una pantalla de plástico. Pídale que imagine que esa pantalla es hermética y lo bastante sólida para impedir la entrada de alérgenos. Utilice el ancla de recurso tocando a la persona en el brazo y pídale que se vea detrás de la pantalla, en una situación en la que puede enfrentarse al alérgeno. Pídale entonces que introduzca gradualmente el alérgeno en el espacio tras la pantalla. Sugiérale que se vea tras una pantalla, perfectamente cómodo, en contacto con el antiguo alérgeno. Continúe utilizando el ancla de recurso. Observe con atención a la persona y deténgase si observa cualquier señal de reacción alérgica.

Cuando la persona sea capaz de verse a sí misma en presencia del alérgeno sin presentar la respuesta alérgica, casi habrá terminado ya. Empleando todavía el ancla de recurso, reasocie gradualmente a la persona. Pídale que deje que la pantalla se deshaga hasta que desaparezca. Después, pídale que incorpore a su propio cuerpo esa imagen de sí misma tras la pantalla, soportando cómodamente la presencia del alérgeno, para que ambas queden unidas en el momento presente.

Finalmente, hagan una prueba. Retire el ancla de recurso, pida a la persona que se imagine en presencia del alérgeno y observe si se produce algún rastro de la respuesta alérgica. Normalmente, ésta ha desaparecido o ha quedado muy disminuida.

Tras esto, diga a la persona que imagine que entra en contacto con el alérgeno en el futuro. Esta es la prueba final y, en PNL, se conoce como «acompañamiento en el futuro». Mentalmente, ensaye con la otra persona todo el proceso de nueva respuesta en una situación futura imaginada. Observe con atención la presencia de alguna señal de respuesta alérgica por parte de la persona.

Lo mejor, con todo, es comprobar la alergia sobre la marcha, si tal cosa es factible y oportuna y si la otra persona accede de forma congruente. Si la anterior reacción alérgica fue intensa o grave, tenga cuidado. Dé siempre prioridad a la seguridad.

Los autores de este libro hemos empleado con éxito esta técnica con la alergia. Un colega nuestro empleó el tratamiento en él mismo y se curó de múltiples alergias que antes lo incapacitaban durante días seguidos.

He aquí un resumen de esta técnica:

1 *Establezca un «ancla de emergencia».*
   Ésta consiste en un recuerdo agradable al que se puede

recurrir si el procedimiento resulta demasiado exigente. Ancle ese recuerdo mediante un contacto en el brazo. Cambie de estado.

2 *Calibre las señales de la alergia.*
Pida a la persona que imagine brevemente que está en presencia del alérgeno y observe con atención las señales de la alergia (humedad ocular, cambio de coloración de la piel, variación en el ritmo respiratorio), para que tanto usted como la otra persona puedan reconocerlas si aparecen de nuevo. Cambie de estado.

3 *Explique el error del sistema inmunitario.*
Explique que el proceso es coherente y está bien fundado en la investigación médica.

4 *Explore consecuencias más amplias.*
¿Cómo sería la vida de la persona si no padeciera la alergia? ¿Cuáles son los subproductos útiles de ésta? Busque un modo de mantener los beneficios sin sufrir la alergia. Quizá precise explorar nuevas maneras de afrontar situaciones de tensión.

5 *Busque un recurso.*
Éste debería ser lo más parecido posible al alérgeno, pero sin producir la respuesta alérgica. Pida a la persona que imagine que está en contacto con ella en un recuerdo asociado. Cree un ancla de recurso para ese estado con un contacto en el brazo y sujete esa ancla hasta que el proceso haya concluido.

6 *Haga que la persona se disocie.*
La mejor manera de hacerlo es pedirle que se imagine al otro lado de una pantalla trasparente.

7 *Sugiera a la otra persona que imagine que el alérgeno penetra tras la pantalla.*

Y que acto seguido, gradualmente, se vea al otro lado de la pantalla reaccionando con normalidad al alérgeno.

8 *Devuelva a la persona a la realidad.*
Haga que la persona desmonte la pantalla y vuelva a la realidad.

9 *Realice una prueba y un «acompañamiento en el futuro».*
Pida a la persona que se imagine en contacto con el alérgeno en algún momento del futuro y observe con atención cualquier posible reacción alérgica. Si es posible y adecuado, compruebe realmente la alergia con la sustancia a la que era alérgica esa persona. ¡Tenga cuidado!

Este es un buen ejemplo del enfoque de la PNL en temas de salud. La PNL es muy pragmática. La sintonía con la persona a la que uno trata es fundamental. Primero, usted establece su estado presente; a continuación, establece el que desea. Luego, evalúa las consecuencias del cambio. El siguiente paso es buscar un recurso que le ayude a llegar del estado presente al deseado. Este procedimiento tiene éxito cuando la persona obtiene su objetivo. En la práctica, habrá proporcionado a la persona la capacidad de influir en su sistema inmunitario a través del poder de los pensamientos, y habrán sido sus palabras las que hayan influido en sus pensamientos. Las palabras son poderosas y dan forma a la idea que tenemos de nuestra salud. El modo en que lo hacen es tema del siguiente capítulo.

REFLEXIONES

Es más importante saber qué clase de paciente tiene la enfermedad que conocer la enfermedad que tiene el paciente.

Sir William Osler

No es probable que Dios pusiera en nuestro cerebro un receptor de opiáceos para que un día pudiéramos descubrir la manera de drogarnos con opio.

Candace Pert

Algunos pacientes, aunque conscientes de que su estado es delicado, recuperan la salud sin más ayuda que su satisfacción con el buen trato del médico.

Hipócrates

Las relaciones entre médico y paciente participan de una especial intimidad. Presuponen, por parte del médico, no sólo conocimiento de su semejante, sino también comprensión. Este aspecto de la práctica médica ha sido denominado su arte, pero me pregunto si no debería llamarse, más apropiadamente, su esencia.

Warfield Longhope
Bulletin of the Johns Hopkins Hospital, 50 (4) (1932)

7

Metáforas de salud

Para trasmitir lo que queremos decir hacemos comparaciones, contamos historias y compartimos experiencias. La PNL utiliza el término «metáforas» para referirse a estas comparaciones, historias y analogías. La palabra «metáfora» procede del griego y significa «poner en lugar de algo», lo cual ya es en sí una metáfora. Estas no son ciertas ni falsas; son maneras de pensar, a menudo útiles y, a veces, restrictivas.

Una metáfora encierra más que una simple descripción. Es como un icono de ordenador, que cobra vida cuando uno hace clic sobre él y proporciona una gran dosis de significado, no sólo de lo que es, sino de lo que hace posible y de los límites que establece. O imagine las metáforas como hologramas: cuando se selecciona una frase que expresa la metáfora, el resto de ésta queda implícito, presente pero tácito. Es como un iceberg que permanece bajo la superficie.

Las palabras mismas pueden expandirse hasta proporcionar metáforas de su significado. Los términos latinos son muy explícitos: «salus» significaba salvación y «curar» es cuidar. «Medicina» tiene la misma raíz indoeuropea que «meditar», «medir» y «remedio». Todo ello apunta a un reequilibrio.

La medicina es una guerra

Ahora nos adentramos en el conflicto de las metáforas de la salud existentes en la actualidad. La metáfora médica predominante no es el equilibrio, sino la guerra. La salud se describe,

145

sobre todo, como una defensa sólida frente a los ataques constantes del exterior. Utilizamos un vocabulario bélico con tal naturalidad que ya no lo reconocemos. La metáfora es potente y penetrante. En sus términos más estrictos, uno se encuentra sometido al ataque constante de «invasores foráneos», gérmenes que están «ahí fuera» e intentan «infiltrarse» y causar enfermedades. Es necesaria una vigilancia constante. Tónicos y vitaminas pueden «potenciar las defensas del organismo». La recuperación significa «combatir» la enfermedad, «batallar» contra ella. La enfermedad puede presentarse como un «ataque» inesperado o como un «proceso crónico».

Vea y escuche los anuncios del inmenso catálogo de fármacos que contiene el arsenal médico. Algunos son descritos como «analgésicos»; otros, como «balas mágicas». Muchos de ellos «combaten» el dolor. Cuando la guerra termina, el cuerpo repara los «estragos» de la enfermedad.

¿Y nuestro sistema inmunitario? Tiene que ser nuestro ejército privado de guardias de seguridad para combatir la infección, un ejército que «patrulla» el cuerpo para descubrir la presencia de intrusos, atacarlos, matarlos y deshacerse de los restos. La salud significa una alerta continua frente a gérmenes sin escrúpulos, en defensa de un organismo bajo asedio. La «guerra contra las enfermedades cardiacas» y la «lucha contra el cáncer» se libran con un enorme presupuesto de defensa para el desarrollo de nuevas vías y fármacos cada vez más complejos para derrotar al enemigo, a pesar de las investigaciones que revelan nuestra propia responsabilidad en la instauración de estos estados en nuestro organismo. Tenemos un pie en el terreno enemigo.

Y no se puede ganar una batalla cuando uno combate en ambos bandos a la vez.

**La metáfora médica predominante:
La salud es una lucha armada**

1 Nosotros y el medio ambiente somos cosas distintas.
2 Estamos bajo el ataque de fuerzas externas sobre las cuales no tenemos ningún control.

3 El organismo está bajo asedio constante.

4 El mantenimiento de la salud es una batalla.

5 Ganamos batallas matando los gérmenes.

6 El cuerpo es de una extraordinaria complejidad y sólo los expertos militares (los médicos) lo conocen.

7 El sistema inmunitario es una máquina letal.

8 El progreso médico significa mejor armamento y fármacos más potentes para combatir la enfermedad.

9 Aunque ganemos las batallas, al final siempre perdemos la guerra, pues todos morimos.

Las metáforas no son buenas ni malas, pero tienen consecuencias. ¿Cuáles son las consecuencias de actuar como si la metáfora bélica fuera cierta? En primer lugar, atrae nuestra atención hacia la enfermedad, en lugar de hacia la salud. Cuando uno está bajo asedio, es natural que se esté pendiente del exterior, del ataque enemigo. Así, miramos «ahí fuera» en lugar de «aquí dentro». Esto fomenta la dependencia de los profesionales de la salud, como si ellos controlaran nuestra capacidad curativa. Podemos quedar disociados de nuestra propia salud. La cirugía es la forma más extrema de disociación de los órganos de nuestro cuerpo. En ella, nos separamos de ellos, textualmente. Como consecuencia de la metáfora bélica, nos fiamos demasiado de la capacidad de la medicina para reparar los daños mediante los fármacos y la cirugía y desoímos el consejo que más de un combatiente ha considerado la mayor de todas las habilidades en la guerra: no librar una batalla a menos que sea necesario.

¿Cómo podríamos utilizar la metáfora de la lucha de otra manera? ¿Qué sucedería si respondiéramos a la enfermedad como si fuera una «OPA hostil» de otra empresa? ¿Qué planes trazaría usted para oponerse al intento de compra? Seguro que encontraría métodos mejores que matar a su corredor de bolsa o poner bombas en la sede central de la compañía rival.

Otro enfoque podría ser el de las artes marciales. ¿Qué le parecería mantener la salud de forma grácil, empleando la fuerza del propio adversario para derrotarlo? ¿Le gustaría ser un cinturón negro de la salud?

¿Qué dicen los grandes generales acerca de ganar guerras? Conoce al enemigo. *El arte de la guerra* es el tratado militar más antiguo que se conoce. En él, Sun Tzu escribe:

> Si conoces tu ejército y te conoces a ti mismo, no debes temer por el resultado de cien batallas. Si te conoces a ti mismo pero no conoces a tu enemigo, por cada victoria que obtengas sufrirás una derrota. Si no te conoces a ti mismo ni conoces al enemigo, sucumbirás en cada batalla.

Así pues, todavía en el marco de la metáfora bélica, usted puede tomar el mando de su propia salud. Averigüe todo lo posible sobre cualquier enfermedad que padezca: lea, pregunte y preste atención a su cuerpo. Deje de hacer de cabo y empiece a actuar como un general: el ejército que necesita un líder es el suyo.

La enfermedad puede enseñarnos mucho. Así, a menudo, intentamos forzarla a rendirse con fármacos sin haberla entendido y sin haber analizado nuestra reacción a ella. Y, como en la vida real, eso trae consecuencias: el enemigo insiste con más fuerza y los fármacos pueden perjudicar el territorio propio, es decir, nuestro organismo.

La salud como equilibrio. Estar enfermo no es malo para la salud

Aunque se puede utilizar la metáfora bélica para tomar control de la salud propia, nuestra posición es que tal planteamiento está caduco. Nuestro conocimiento de nosotros mismos y de nuestra salud lo hace obsoleto. Sabemos que las apariencias engañan y que nuestros cuerpos no son algo aparte del resto del mundo. Existe un íntimo intercambio permanente de aire y de comida. Y de átomos; cuando termine este año, el noventa y ocho por ciento de los átomos de su cuerpo serán nuevos. Susti-

tuimos la capa externa de la piel en el plazo de un mes. Desarrollamos un nuevo revestimiento interno del estómago cada diez
días y un hígado nuevo cada dos meses. En un cuerpo que se
renueva constantemente y se mantiene vivo debe de haber una
inteligencia que actúa. Si uno se sienta junto a un río, puede
apreciar que tiene forma y sustancia, aunque nunca se ve dos
veces la misma molécula. Lo mismo sucede con nuestro cuerpo.
Ya no resulta creíble que la enfermedad proceda sólo del exterior. Sabemos que nuestro estilo de vida, nuestros hábitos de
alimentación y nuestros esquemas de pensamiento contribuyen
a la acción de azotes actuales como el cáncer o las enfermedades
cardiacas. No podemos defendernos por completo frente al
mundo, pues formamos parte de él.

La salud como equilibrio es una metáfora útil que ya hemos
utilizado en capítulos anteriores. ¿Cuáles son las consecuencias
de esta metáfora? Vivimos en equilibrio con los microorganismos del ambiente y una infección revela que el equilibrio se ha
roto. La enfermedad se convierte en signo de que hemos perdido dicho equilibrio y que debemos prestar atención a nosotros
mismos. No es preciso estar mal de salud para estar enfermo. La
enfermedad puede ser un modo de reequilibrarnos, igual que la
fiebre es un síntoma saludable, que impulsa al sistema inmunitario a curar más deprisa. Mucha gente somatiza sus experiencias y enferma en los momentos cruciales de su existencia. La
confusión mental se traduce directamente en una enfermedad
física. Esta puede ser también una señal saludable. La antigua
manera de ser era desequilibrada en sí y los síntomas de la enfermedad pueden ser parte de la transición.

La salud como equilibrio

1 Formamos parte del mundo.
2 La salud es un equilibrio entre nuestra manera de ser y el
ambiente que nos rodea.
3 La enfermedad indica un desequilibrio.
4 Enfermar puede resultar saludable; puede reequilibrarnos.

5 Somos quienes mejor conocemos nuestro propio cuerpo porque lo conocemos desde dentro.

6 El cuerpo está en constante relación con microorganismos. Algunos son beneficiosos, la mayoría son inocuos y algunos pueden causar síntomas específicos en huéspedes susceptibles.

7 Nos mantenemos sanos cuidando de nosotros mismos y prestando atención a las señales del cuerpo.

8 Tenemos influencia sobre nuestros pensamientos, emociones y entorno.

9 El sistema inmunitario es nuestro yo fisiológico. Conoce lo que forma parte de nosotros y lo que no. Elimina los antígenos para mantenernos íntegros.

10 La curación es un proceso corporal natural. Si el desequilibrio es muy pronunciado, quizá necesitemos ayuda externa para curarnos.

11 Siempre estamos sanos en cierta medida, igual que siempre conservamos cierto grado de equilibrio.

Su metáfora para la salud

Diferentes metáforas abren diversas vías de pensamiento. No pretendemos convencerlo de que existe una metáfora «correcta», sino animarlo a que descubra la que funciona en usted. Decida usted cuáles vive. Pueden ser todo lo sencillas o complejas que usted quiera.

En primer lugar, sea consciente de las que dispone. ¿Cuál es su metáfora para la salud, en este momento?

Para saberlo, complete la siguiente frase:

La salud es como...
Porque...

Su concepto de la salud influirá en lo que significa la enfermedad para usted y en lo que hace cuando está enfermo. Ahora, complete esta frase:

La enfermedad es como…
Porque…

¿Qué le dicen estas metáforas?
¿Qué le permiten?
¿Qué le prohíben?
¿Qué más ha de darse para que estas metáforas se sostengan?
¿Qué tienen en común las metáforas?

Limítese a apreciar cuáles son sus metáforas. No intente cambiarlas todavía.

Cuando las haya explorado, quizás quiera otras distintas o tal vez prefiera enriquecer las que ya tiene.

Tómese un momento para reflexionar.

¿Cómo quiere que sea su salud?

Quiero que mi salud sea…
Porque…

Cuáles serían las implicaciones de esta nueva metáfora?

¿En qué cambiaría su actuación si esta nueva metáfora se convirtiera en realidad?

También puede cambiar su metáfora para la enfermedad:

Preferiría que la enfermedad fuera como…
Porque…

Tal vez encuentre enseguida una metáfora satisfactoria o tal vez no. Si resulta difícil, limítese a responder con lo primero que se le ocurra. Por ejemplo:

La salud es como…una risotada.
Porque…sienta bien.

Ahora, ¿cómo describiría una risotada?

Una risotada es como…un soplo de aire fresco.
Porque…me despeja.

Puede seguir uniendo una metáfora con otra hasta descubrir la que le satisface. Resulta interesante comparar la nueva metáfora con la antigua. Suponga que su vieja metáfora para la salud era una lucha y que la nueva es beber de un río cristalino. ¿Cómo se conectan ambas? ¿Qué tienen en común? Suponga que tuviera que explicar una historia que lo llevara desde la lucha hasta ese trago en el río de agua clara. ¿Cómo sería esa historia? ¿Cómo podría transformarse una cosa en la otra? La historia puede ser todo lo fantástica que usted quiera. Se trata de su viaje desde su estado actual hasta el estado de salud que usted desea alcanzar. Las metáforas no son racionales, pero creemos que usted descubrirá que poseen una lógica propia.

Metáforas incorporadas

¿Qué metáfora tiene usted para su cuerpo? Complete esta frase:

Mi cuerpo es como…
Porque…

Limítese a observar qué es y cuáles son las consecuencias. Siempre podrá cambiarlo, si lo desea.

¿Qué sugiere esta metáfora?
¿Cambian las cosas cuando usted está bien y cuando está enfermo?
¿Cómo encajan los médicos en esta metáfora?
¿Se siente cómodo con ella?
¿Existe alguna metáfora para el cuerpo que usted prefiera?

Quiero que mi cuerpo sea…
Porque…

Si su cuerpo fuera así, ¿de qué manera vería distintos a los médicos y sus tratamientos?

Suponga que su primera metáfora era concebir el cuerpo como un templo y que usted prefiere que sea como una corriente de oro. ¿Cómo podría un templo transformarse en una corriente de oro? De nuevo, la historia del paso de uno hasta lo otro le dará ideas de los recursos que necesita cambiar y lo hará en un lenguaje directo y poético.

Coches y cañerías

¿Cuáles son las metáforas médicas actuales para el cuerpo? La mayoría parten de que es un mecanismo y, por lo tanto, algo muerto. Muestran el cuerpo como una serie de componentes, más que como un conjunto orgánico. Los tratamientos médicos están influidos por la metáfora predominante. La metáfora de las cañerías es muy popular: en ella, el cuerpo es como una inmensa planta de procesado, una serie de conducciones que transportan aire o fluidos. ¿Qué hace uno cuando las cañerías no funcionan? Llama al fontanero para que las arregle cortando pedazos de conducción y reemplazándolos, o purgando la red y realizando una buena limpieza. Por último, el fontanero ciega algunas cañerías y conecta otras. La metáfora resulta limitada pero puede ser útil. La operación de *bypass* coronario se basa en ella. Cuando la arteria que aporta sangre al músculo cardiaco se atasca, es preciso efectuar una derivación en la arteria o reemplazarla por venas extraídas de la pantorrilla. La operación puede resultar beneficiosa pero, para algunos pacientes, no tiene ningún efecto sobre la longevidad.

A veces, se concibe el cuerpo como un coche. «Imagine que su cuerpo es un superautomóvil», leímos en cierto libro. «Si no conduce demasiado deprisa durante demasiado tiempo, y si utiliza el carburante adecuado, efectúa revisiones periódicas y hasta lo limpia en ocasiones, evitará problemas que repercutirán en la transmisión. Por supuesto, también puede usted irse de vacaciones para «recargar las pilas».

¿Cómo se hace el mantenimiento de una instalación de cañerías? ¿Cómo se cuida un coche? Hemos dejado atrás la época en que los cirujanos parecían carniceros, pero, ¿qué le parece definirlos como mecánicos de automóvil o como fontaneros? ¿Doctores como carpinteros? ¿Como técnicos de televisores? ¿Como cazadores? ¿Como estrategas militares?

Lenguaje orgánico

Las palabras expresan pensamientos y los pensamientos influyen en el cuerpo, en el sistema inmunitario y en la salud. ¿Qué nos dicen nuestras palabras de cómo influyen en el organismo los pensamientos?

Nuestras palabras expresan nuestros estados internos y reflejan fielmente lo que pensamos de nuestro cuerpo. Pero nos expresamos no sólo con palabras, también con nuestro propio cuerpo. Palabras y lenguaje corporal son dos maneras de decir lo mismo. El cuerpo termina por expresar nuestros estados internos habituales con los gestos de las risas o con las marcas de una expresión ceñuda permanente. Entonces decimos de esa persona que tiene una cara «reflejo del alma».

Disponemos de un amplio abanico de metáforas sobre nuestro cuerpo, llamado «lenguaje orgánico» porque utiliza los órganos y partes del cuerpo. ¿Ha pensado alguna vez de alguien que era «molesto como un forúnculo»? Es una expresión muy gráfica. Algunas personas expresan esa irritación de otra manera. Les aparece un forúnculo auténtico. Las palabras, pues, pueden resultar proféticas: expresan el pensamiento y éste influye en el cuerpo. Parecen maldiciones autoinfligidas.

Nos ha sorprendido cómo las personas siguen repitiendo ciertas frases clave. No decimos que deba usted evitar este tipo de frases a toda costa para que no se hagan realidad. Es la metáfora crónica, tóxica e incesante lo que produce daño. Las palabras erosionan el cuerpo como las olas contra un acantilado. Ser consciente del lenguaje orgánico es el primer paso para asegurarse de que el cuerpo no refleja las palabras a su modo.

He aquí algunas típicas metáforas corporales:

Me hace sentir incómodo.
Este trabajo me desloma.
La preocupación me corroe las entrañas.
Esto me saca de mis cabales.
Te llevo en el corazón.
A este paso, me voy a consumir.
Me pones enfermo.
La devora el resentimiento.
Me pone los nervios de punta.
Este trabajo me está matando.
Esos chicos son una pesadilla.
Es un verdadero dolor de cabeza.
Me revuelve el estómago.
Quédate bien plantado.
No utilices eso como muleta.
Pareces sordo.
Me han quitado un peso de encima.
Me están apretando bien las clavijas en ese asunto.
Eso resulta difícil de tragar.
Plántate y da la cara.
En esta atmósfera no puedo respirar a gusto.
Me rompe el corazón.
Están desangrándome.
Se partirá el pecho por el equipo.
Me haces hervir la sangre.
Echa lo que llevas dentro.
Me tienes hasta las narices.

Diagnóstico: o cura o mata

Un diagnóstico también muestra el poder de las palabras. Es bastante parecido a un encantamiento mágico: pone nombre a lo desconocido y desvela parte del misterio. Es el primer paso en el tratamiento. Cuando los médicos realizan un diagnóstico, le están diciendo al paciente: «Sí, conocemos este estado, lo hemos visto otras veces, no está usted solo». Las palabras pueden actuar como placebo.

Por otra parte, el diagnóstico también puede ser una maldición. Para mucha gente, la palabra «cáncer» es una sentencia de muerte. Esas seis letras tienen un poder tremendo. Algunas personas consideran el diagnóstico de cáncer o de sida como un sinónimo de muerte segura, pierden las esperanzas y dejan de luchar por la vida. Así pues, el diagnóstico puede actuar como el máximo placebo negativo.

Una interesante historia es la expuesta por Bernard Lown, profesor de Cardiología de Harvard, que acompañaba a su jefe en una visita clínica. El superior de Lown procedió a examinar a una mujer de mediana edad que sufría una insuficiencia cardiaca. A continuación, se volvió hacia sus alumnos y comentó, «esta mujer presenta ET», tras lo cual pasó al siguiente caso. De inmediato, la mujer se sintió acongojada y contó a Lown que creía que las siglas significaban «estado terminal» (es decir, una sentencia de muerte). Lown intentó tranquilizarla diciéndole que eran una abreviación de «estenosis de la tricúspide», o sea, estrechamiento de esa válvula cardiaca. A pesar de ello, la mujer sufrió una congestión pulmonar masiva y falleció aquel mismo día de un fallo cardiaco[1].

El diagnóstico es la respuesta del paciente al acertijo de los síntomas del paciente y a veces los doctores permiten que el rompecabezas tenga más importancia que el paciente. El diagnóstico puede convertirse en una marca de identificación en los hospitales, donde los médicos llegan a referirse a sus pacientes por sus síntomas y no por su nombre: «La apendicectomía de la cama diez». Esto es terrible, pues despersonaliza al paciente en un momento en que necesita toda la fuerza de identidad individual que pueda reunir. Si padece usted una dolencia que precisa cuidados médicos, no permita que el diagnóstico se convierta en una identidad. Por ejemplo, las personas que tienen la presión sanguínea alta pueden empezar a considerarse a sí mismos «hipertensos» y a permitir que su estado médico gobierne todos los aspectos de su vida. Esto también le sucede a gente que padece diabetes. Ésta impone ciertas restricciones y dificultades, en efecto, pero existe una gran diferencia entre decir «soy una persona que padece diabetes» a «soy diabético».

El diagnóstico puede crear una nueva enfermedad y legitimar así el tratamiento médico. En 1976, un editorial de *Lancet* llegaba a lanzar la pregunta «¿La pesadumbre es una enfermedad?». ¡Y el escrito continuaba con una llamada a un suministro más liberal de tranquilizantes para los estados de desánimo![2]

Nominomanía

Una calificación médica, sobre todo si es un término complicado en latín, proporciona a la enfermedad un aire de respetabilidad que tal vez no merezca. El diagnóstico de sonido más rimbombante puede ser, simplemente, una descripción taquigráfica de la dolencia en una lengua muerta.

La medicina llega a crear enfermedades. Por ejemplo, en el siglo XIX se creía que los esclavos de los estados sureños de Estados Unidos padecían accesos de lo que se denominaba «drapetomanía». El principal síntoma de la «dolencia» era un deseo irresistible de huir (algo inexplicable, obviamente, para las autoridades médicas de la época y, por lo tanto, causado por algún proceso patológico. *Drapeta* es el término latino para nombrar a un esclavo huido). Otros «síntomas» eran el descuido en las tareas asignadas y la destrucción de herramientas. El empleo de alegaciones psiquiátricas para la detención y el «tratamiento» de los disidentes en la desaparecida Unión Soviética es un ejemplo más reciente de medicina revestida de poder político. Quizás los médicos sean proclives a la «nominomanía», o deseo irresistible de poner etiquetas a los estados de las personas.

El léxico médico es una jerga para iniciados y a menudo resulta confusa y desconcertante para los ajenos a la profesión. Todos los grupos tienen una jerga cuyo propósito es dar nombres sencillos a procesos complejos (la PNL no es ninguna excepción). Sin embargo, cuando la jerga médica disocia al paciente de su propia fisiología y lo confunde, más que ilustrarlo, es el momento de olvidarla. Cabe decir, en favor de los médicos, que muchos de ellos realizan una labor excelente explicando las enfermedades en términos fácilmente comprensibles. Los pediatras, sobre todo, precisan de esta habilidad.

¡Ponga nombre a esta enfermedad!

Traduzca al español estos impresionantes nombres de dolencias clínicas.
Quizá descubra que padece alguna de ellas. Es algo perfectamente normal.

Tanatofobia
Aptamosis
Cinofobia
Silurofobia
Ergofobia
Fobofobia
Luculianismo
Baquismo
Hedonía
Yatrofobia
Disponesis
Hipergelontotropía

Respuestas:
  Tanatofobia: Miedo a la muerte
  Aptamosis: ausencia de estornudos o incapacidad para estornudar (algunos desafortunados que padecen este estado tienen que ser curados de su «afección» mediante terapia electroconvulsiva)[3]
  Cinofobia: temor a los perros
  Silurofobia: miedo a los gatos
  Ergofobia: miedo al trabajo (epidémico los lunes por la mañana)
  Fobofobia: miedo al miedo (un círculo vicioso)
  Luculianismo: inclinación a comer bien
  Baquismo: inclinación a beber bien (epidémica los sábados por la noche)

Hedonía: definida en un reciente libro[4] como «trastorno de la conducta que se manifiesta en una necesidad incontrolable de satisfacer necesidades personales y de obtener una agradable sensación de satisfacción». Nosotros consideramos que toda persona sana necesita este estado crónico, que sin duda incluye el luculianismo y el baquismo.

Yatrofobia: temor a los médicos (que esta lista puede haber despertado).

Disponesis: no sentirse enfermo, pero tampoco bien del todo (el síndrome de «no deberías quejarte»).

Hipergelontotropía: desarrollo excesivo del sentido del humor (todavía no es un estado clínico, ¡pero cuidado!).

La búsqueda de la salud

La manera en que hablamos de la salud nos distancia de ella. Considere la frase «la búsqueda de la salud» como una metáfora. Esas palabras dan a entender que la salud es una presa de caza; producen la impresión de que la salud es esquiva, que huye, de la mano con la felicidad, tal vez. ¿Qué le sugiere esto? Que la salud está fuera de su alcance, que está disociado de ella. Usted sólo perseguiría algo que no posee o que no se ha dado cuenta de que ya tiene. Es posible que pierda el tiempo persiguiendo la salud a través de la dieta y el ejercicio sin caer en la cuenta de lo saludable que está y lo bien que se siente en este momento.

Hablamos de «tener» enfermedades –un resfriado, hipertensión o artritis, pongamos por caso–, pero la enfermedad no es una cosa concreta, sino un proceso. Convertirlo en un nombre es sólo una abreviatura útil. No confunda la etiqueta con la actividad. Usted no posee ninguna enfermedad; ésta es algo que usted está haciendo. Muchos síntomas de enfermedades comunes, como el goteo de nariz, el dolor de garganta y la fiebre, por incómodos que sean, son la reacción del cuerpo a un antígeno y constituyen un intento de curación.

Haga esta prueba. Piense en una enfermedad o estado de malestar que haya sufrido en el pasado o que esté sufriendo ahora. Pondremos como ejemplo un resfriado, pero puede hacer lo mismo con cualquier enfermedad. Recuerde cuando estuvo usted resfriado. Observe la imagen que tiene de ello y los sonidos y sensaciones que lo acompañan. Para la mayoría de las personas, esta imagen será una fotografía, fija e inmutable. Ahora piense, «me estoy curando el resfriado» y note como cobra vida la imagen. Usted está haciendo algo. Pensar en la enfermedad como una cosa tiende a colocarlo en un papel pasivo. Ahora, cambie de estado y coloque el pensamiento del resfriado en el pasado.

Dolencias y enfermedades son algunos de los nombres que utilizamos para referirnos a estos estados. También empleamos formas verbales, aunque con menos frecuencia; así, decimos «tengo la gripe» y «me estoy resfriando». Casi resulta extraño convertir las enfermedades en formas verbales, pero es más preciso.

La hipertensión o presión arterial alta es un buen ejemplo. Este estado abarca una compleja interrelación de fuerzas en el cuerpo de una persona y no algo que ésta tenga sin más, como el color de los ojos. Todos sabemos elevar la presión arterial a voluntad; piense sino en alguna experiencia desagradable y provocadora. El nerviosismo por el hecho de que el médico le tome la presión suele bastar para elevar la lectura por encima de lo normal. En términos médicos, la presión arterial alta de origen desconocido se denomina «hipertensión esencial». ¿Pero es realmente esencial, o siquiera necesaria?

Se ha realizado una investigación fascinante sobre la hipertensión arterial y el efecto que tiene sobre ella el mero hecho de hablar. Mantener un discurso durante treinta segundos puede elevar la presión arterial hasta un cincuenta por ciento. Para ello no es preciso que la conversación sea tensa. La presión arterial no hace sino reflejar la comunicación humana: sube cuando se habla y desciende cuando se calla[5]. Una gráfica de la tensión arterial de una persona durante una conversación mostraría exactamente cuándo hablaba y cuándo escuchaba. Además, cuanto más alta es la tensión arterial de una persona en reposo, más tiende a subir cuando está hablando; asimismo. hablar rápidamente produce una subida mayor que una charla pausada. Muchos pacientes hipertensos no respiran relajadamente al hablar, lo cual conduce también a un aumento en la presión arterial.

La presión arterial es una forma oculta de comunicación. Tiene efecto sobre uno mismo y responde a lo que uno hace, a cómo respira y a cómo se comunica con los demás. Los pacientes aprenden a manejar su presión arterial reconociendo sus sentimientos, apartándose de los diálogos y de las situaciones sociales que produzcan tensión, hablando más despacio, respirando a fondo cuando hablan y relajándose cuando es necesario. Así consiguen cierto grado de control. Nosotros consideramos que éste es un hermoso ejemplo de un estado que se suponía permanente, pero que se disuelve en un proceso y, al hacerlo, apunta a ciertas acciones útiles.

Metáforas médicas

La medicina no es una mera colección de técnicas de tratamiento, sino también una manera de entender el mundo. Encaja con la visión del mundo y con los usos de la sociedad en la que se practica. La medicina también es pragmática: utiliza lo que funciona y descarta lo que no, pese a la resistencia de quienes tienen intereses en mantener la situación anterior. El peligro para la medicina es quedar atrapada en una visión «correcta» de la realidad y descartar o reprimir las explicaciones alternativas. Si no toleramos tal cosa entre la gente común, ¿por qué habría de ser distinto entre los profesionales?

La medicina es conservadora, necesariamente. Apuesta sobre seguro porque puede estar en juego el bienestar de la persona y tal vez hasta su vida. Al propio tiempo, debe ser humilde; hay muchos ejemplos en los que el estamento médico ha caído en el error de intentar reservarse el saber recibido.

La medicina alopática –la práctica médica que prevalece en la sociedad occidental– es un sistema basado en una manera de ver el mundo. Si somos fieles al espíritu pragmático de la medicina, no debemos dar la espalda a otras metáforas de la salud y de la enfermedad, a otros sistemas de medicina. La homeopatía, la osteopatía, la acupuntura y la medicina tradicional china presentan también filosofías y técnicas de tratamiento bien desarrolladas. Todas ellas son metáforas alternativas para la salud y la enfermedad. Ofrecen muchas clases de recetas, desde agentes químicos conocidos –quizás en forma de hierbas– a modificaciones en el comportamiento –menos visibles, pero a veces más útiles, incluso– como reírse más o pasar más tiempo con niños cada día, pues en estas actividades existe una sabiduría que los fármacos no pueden imitar.

Sistemas diferentes tienen metáforas diferentes. No se trata de que estas sean acertadas o falsas. Ningún sistema debe ser tan arrogante como para reclamar para sí la verdad absoluta (como ha sucedido con los apologistas más estrictos de la medicina alopática). Cada sistema tiene su filosofía y su metáfora fundamental y cada uno funciona en ciertas personas. Ningún sistema tiene el monopolio de la curación; todos consiguen alguna, incluso en casos de enfermedades orgánicas avanzadas. Escogemos aquello en lo que estamos dispuestos a creer.

Tan importante como el sistema de medicina que usted escoja es la congruencia y la confianza que usted tenga en el poder de tal sistema. Infórmese bien. Quizá descubra que algunas enfermedades se tratan mejor con diferentes modelos médicos. Por ejemplo, no dudaríamos en aplicar el tratamiento médico ortodoxo en problemas tales como la apendicitis, la neumonía y las roturas de huesos. Sin embargo, una vez pasada la crisis, puede haber otros modos de acelerar el proceso curativo, tal vez mediante la acupuntura o la homeopatía.

Por otra parte, la medicina moderna puede ofrecer poco para aliviar el dolor de espalda, excepto fármacos y operaciones para extirpar o modificar la colocación de algún elemento de la columna vertebral. Y dos terceras partes de los pacientes con dolor de espalda que recurren a la cirugía terminan con más dolor que antes. En cambio, la osteopatía, la quiropráctica, la técnica Alexander o la técnica Feldenkreis se concentran en lo que el paciente ha hecho (y probablemente sigue haciendo) para sentir ese dolor, de forma que pueda aprender a utilizar el cuerpo de otra manera; por su parte, investigaciones médicas realizadas con toda garantía han observado que la acupuntura es eficaz en el alivio del dolor en gran número de casos[6].

La medicina alopática poco puede hacer frente al resfriado común. La homeopatía y la aromaterapia pueden proporcionar mejores resultados. Los remedios chinos de hierbas pueden dar excelentes resultados en estados dolorosos crónicos de la piel, como el eccema. Puede que sea necesario tomar en cuenta factores dietéticos. A menudo se receta esteroides para el eccema grave, pero estos pueden tener importantes efectos secundarios que incluyen la depresión del sistema inmunitario.

Joseph utiliza remedios homeopáticos cuando sufre un resfriado o una gripe porque dan resultado (con él). La primera vez que tomó un remedio homeopático para el resfriado se recuperó enseguida y estableció un ancla para la curación con rapidez y con facilidad. No es seguro que se recuperara más rápidamente que si no hubiera hecho nada. Se ha demostrado fehacientemente que la homeopatía produce efectos beneficiosos en pruebas de doble ciego realizadas con las debidas garantías médicas[7], pero aún suele ser despreciada por un estamento médico que no comprende su funcionamiento. Esto último no importa: también ignoramos por qué producen efecto ciertos fármacos aceptados por la medicina alopática.

Durante los últimos diez años, Ian ha recibido tratamiento de acupuntura con regularidad. No lo hizo por ninguna enfermedad en concreto, sino porque estaba interesado en sus propiedades preventivas, además de las curativas. Con los años, su experiencia es que sale de la sesión sintiéndose muy bien y más fuerte físicamente.

Para Ian, la acupuntura funciona. Para Joseph, la homeopatía ofrece soluciones. Utilice lo que le dé resultado a usted; no tiene que justificarlo ni necesita entender cómo funciona. Confíe en su experiencia.

¿Una segunda opinión o una metáfora distinta?

La medicina no es una ciencia exacta y solicitar una segunda opinión es una tradición útil y aceptada. Los médicos son humanos, pueden cometer errores y es posible que su consejo esté viciado por lo que ellos han comprobado que funciona en general, pero que tal vez no dé resultado en usted. Los médicos utilizan métodos que son congruentes para ellos, pero eso no significa que deban serlo para usted. Es conveniente que enfoque desde distintas perspectivas algo tan importante como su salud, sobre todo si contempla usted la posibilidad de una intervención quirúrgica, ya que puede haber otras opciones. Ningún médico puede conocerlas todas.

Y ya que se trata de un asunto de salud, ¿por qué limitarse a una segunda opinión dentro de la misma metáfora? Adopte una perspectiva distinta desde otras tradiciones médicas. No le proponemos que salte de terapia en terapia sólo por hacerlo. Sin embargo, es posible que se deje usted deslumbrar por el modelo médico establecido y se niegue la posibilidad de unos tratamientos que pueden ser tan buenos o mejores que el que le ofrece la medicina ortodoxa. La opción de salud es algo más que poder escoger al médico de cabecera, el hospital o la marca del fármaco que le proponen tomar.

Joseph se lesionó la rodilla hace algunos años y, de pronto, por primera vez dio importancia a algo que siempre había dado por descontado: la capacidad para mantenerse en pie y caminar sin sentir dolor. Quería curarse lo antes posible y acudió a su médico de cabecera; éste, que no estaba seguro del diagnóstico, le pidió que se hiciera una radiografía y concertó una cita con un fisioterapeuta. Este le enseñó a Joseph algunos ejercicios que podía hacer por su cuenta; así, no tendría que estar pendiente de citas previas. Joseph leyó libros sobre la anatomía de la rodilla y se asombró de su maravilloso diseño, destinado a facilitar la amplia variedad de movimientos de la articulación. Durante un breve tiempo se convirtió en un experto en la rodilla y probablemente cansó a sus amigos con descripciones de cómo funcionaba (o, en su caso, de cómo no lo hacía). Recibió algunas lecciones sobre la técnica Alexander y descubrió de qué manera su forma de caminar habitual había contribuido a la debilidad de la rodilla. Acudió a un experto en la técnica Feldenkreis que le enseñó algunos ejercicios útiles y le hizo ver de nuevo que no se trataba de un mero problema de rodilla, sino de la manera en que movía todo su cuerpo. La rodilla era el punto débil que había cedido. Joseph hizo algunos ejercicios de visualización curativa, utilizó las observaciones de Feldenkreis y Alexander para cambiar alguno de sus gestos habituales al caminar y utilizó ejercicios con pesas para reforzar grupos de músculos en torno a la rodilla. Esta se recuperó y quedó más fuerte que antes de la lesión. Aquel problema le dio la oportunidad de corregir un desequilibrio que habría causado más problemas de haber persistido.

Posiciones perceptivas

La segunda opinión es un aspecto de un importante principio de la PNL, el de adoptar perspectivas diferentes. Cuanto más distintas sean, más valioso será el resultado. Aprendemos, sobre todo, apreciando diferencias. Ser capaz de adoptar múltiples perspectivas es parte de la flexibilidad de respuesta de la gente que triunfa. El mundo siempre es más variado que cualquier visión individual del mismo y la realidad, como suele decirse, debe mucho a la imaginación.

En la PNL existen tres puntos de vista principales:

La primera posición es la de la propia realidad. En este momento, es usted intensamente consciente de sus propios pensamientos y sensaciones; por lo tanto, está en la primera posición. La enfermedad tiende a colocarnos firmemente en cierta clase de primera posición.

La segunda posición consiste en adoptar el punto de vista de otra persona. Usted imagina cómo es la realidad para ellos. Esto forma parte del proceso de acompañar a otra persona, de apreciar cómo es su mundo desde dentro y no juzgarlo desde fuera. Los médicos que se colocan en esta segunda posición con sus pacientes son populares y muy apreciados.

La tercera posición consiste en tomar un punto de vista externo, distanciado. Usted se muestra lo más objetivo posible. Desde esta posición puede valorar su relación con los demás, en lugar de verse atrapado en su propia visión (primera posición) o de identificarse con la otra persona (segunda posición).

Disponer de estas tres visiones en una situación se denomina «una triple descripción». Las tres posiciones son importantes y los mejores comunicadores se mueven con facilidad de una a otra. Los profesionales de la salud necesitan las tres. Tienen que ser claros y congruentes respecto a lo que van a hacer, pero también tienen que apreciar lo que siente la otra persona para ayudarla a tomar una decisión. Asimismo, deben ser capaces de valorar objetivamente su labor. La ciencia médica suele prestar mucha atención a la tercera posición y olvida los sentimientos de las personas y de los pacientes con los que trabajan.

REFLEXIONES

La metáfora está a medio camino entre lo ininteligible y la obviedad.

Aristóteles

La forma suprema de generalato es frustrar los planes del enemigo; la inmediata inferior es evitar la unión de las fuerzas enemigas; la siguiente en orden es atacar al ejército enemigo en campo abierto y la peor de todas, sitiar ciudades amuralladas.

En todas las batallas puede utilizarse el método directo para trabar combate, pero se precisan métodos indirectos para asegurar la victoria.

En batalla no hay más que dos métodos de ataque, el directo y el indirecto, pero la combinación entre ambos da lugar a una serie interminable de maniobras.

Sun Tzu, El arte de la guerra

El mayor problema del mundo podría haberse resuelto cuando sólo era un problema pequeño.

Lao Tse

La teoría de los gérmenes de Louis Pasteur es una ficción ridícula.
Pierre Pachet, profesor de Fisiología en Toulouse, 1872

8

El estrés

De la metáfora al estrés. Pero ¿nos hemos movido mucho? El estrés es en sí mismo una metáfora. Procede del campo de la física y de la ingeniería y describe la fuerza que se aplica a un material y el daño o deformación resultante. «Tensión», «tirantez» o «sentirse bajo presión» son metáforas de esa misma sensación. Las utilizamos y las aplicamos a la experiencia humana de la misma manera en que lo hacemos a la materia inerte. Los aparatos mecánicos y los materiales pueden soportar un estrés determinado y, después, se rompen. Tienen limitaciones intrínsecas. Nosotros tenemos una oportunidad. Dos piezas de hierro resisten la misma medida de estrés antes de romperse, pero de una persona a otra varía enormemente lo que se considera presión y la cantidad de ésta que se puede soportar.

El estrés también es una palabra, un nombre que oculta un proceso. ¿Quién sufre esa presión, qué causa el estrés y cómo?

El concepto de estrés fue acuñado por Hans Seyle en los años treinta[1]. Seyle definió el estrés biológico como la respuesta no específica del cuerpo a cualquier demanda que se le haga. También afirmó que el estrés es «el factor que acelera el ritmo de envejecimiento a través del desgaste de la vida diaria»[2]. Ambas definiciones resultan útiles. Para nosotros, estrés es el deterioro que sufre el cuerpo a consecuencia de las experiencias. Este deterioro procede de la respuesta del cuerpo a los acontecimientos y no de estos en sí. A los sucesos que provocan el estrés los denominamos agentes del estrés.

Es difícil precisar cuáles son los agentes del estrés, ya que son diferentes para cada persona. Lo que estresa a una persona es un reto aceptable para otra. ¿Qué sucesos y experiencias causan estrés con seguridad? Aquellos que exceden la capacidad de la persona para afrontarlos o, si seguimos con la metáfora de la física, aquellos que ejercen una tensión que supera la flexibilidad natural de esa persona. Recuerde que la flexibilidad es uno de los cuatro pilares de la PNL. Cuanto más flexible sea usted, mejor podrá responder y mantener el control; con ello experimentará menos estrés, cualesquiera que sean las exigencias que deba afrontar. La PNL tiene mucho que decir en el tema del estrés. Cambia el centro de atención y lo traslada del agente de estrés exterior a la respuesta de la persona, además de ofrecer maneras prácticas de potenciar su capacidad de afrontarlo.

La reacción del cuerpo al estrés

Cuando usted se enfrenta a una situación estresante, se producen tres cosas en rápida sucesión

- el suceso en sí
- su percepción del hecho
- la reacción de su cuerpo a tal percepción

Es poco probable que usted controle el suceso en sí. Pero sí tiene control sobre cómo lo percibe. Cuando el hecho sobrepasa su capacidad de encaje, el cuerpo reacciona automáticamente y se prepara para resistir o para huir; es esta reacción de estrés lo que produce el daño.

La reacción empieza cuando la parte simpática del sistema nervioso autónomo se activa por acción del hipotálamo, una pequeña parte del cerebro íntimamente conectada al sistema límbico que controla las emociones. El hipotálamo regula también los procesos inconscientes del cuerpo, entre ellos la temperatura, el ritmo cardiaco, la respiración, el equilibrio de líquidos y la presión arterial. Segrega una hormona llamada factor liberador de la corticotropina (FLC) que activa la glándula pituitaria. Ésta segrega adrenocorticotropina (ACT), que induce en las glándulas suprarrenales la secreción de cortisol y otras hormonas como la adrenalina y la noradrenalina. Las hormonas y neuropéptidos deprimen el sistema inmunitario. El hipotálamo provoca también la liberación de endorfinas beta, los analgésicos naturales del cuerpo, para permitirnos resistir el dolor, la tensión y el malestar físico. Su efecto es ponernos más alerta. Las pupilas se dilatan para dejar entrar más luz y el vello corporal se eriza, haciéndonos más sensibles al tacto y a las vibraciones. La sangre fluye a los músculos estriados y se retira del sistema digestivo. Experimentamos el mismo sobresalto bioquímico tanto si existe una amenaza real como si no. Si nuestra mente piensa que es real, para nuestro cuerpo también lo es.

Si realmente existe un peligro, la reacción resulta muy útil. Nos sentimos vivos y despiertos y podemos ir más allá de nuestros límites normales. Pero para ciertas personas, este estado de excitación se convierte en normal. Se hacen adictas al estrés y lo necesitan en un grado cada vez más alto para mantener la misma sensación. El estrés actúa como una droga y la vida normal, en comparación, es insulsa. Pero el estrés eleva la presión arterial, incrementa el ritmo cardiaco, perturba la digestión y deprime el sistema inmunitario. También perjudica el razonamiento porque la sangre fluye hacia los músculos y se retira de los centros racionales del cerebro. Es evidente que el estrés crónico no es bueno. Es como conducir un coche pisando el acelerador a fondo, no importan las condiciones del tráfico.

Después de la reacción de estrés, el cuerpo necesita tiempo para recuperarse, para reponer el suministro de hormonas y neurotrasmisores. De lo contrario se produce una montaña rusa de altos y bajos, lo que puede llevar a que, finalmente, se sienta agotado. Mientras tanto, las consecuencias pueden ser graves. Existen mejores maneras de sentirse vivo y en contacto con uno mismo que entregándose al cóctel bioquímico del estrés.

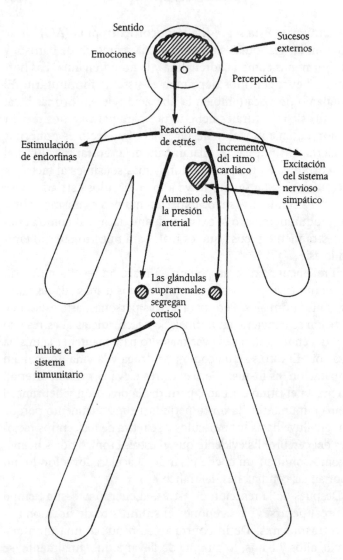

Reacción al estrés

¿Quién se pone enfermo?

A mediados de los setenta, los psicólogos Suzanne Kobasa y Salvatore Maddi llevaron a cabo un estudio con doscientos ejecutivos de la compañía telefónica Bell, en Illinois. Era una época difícil para estos empleados porque la empresa estaba llevando a cabo complejas negociaciones con la AT&T. Todos los ejecutivos rellenaron un cuestionario sobre el estrés inicial y una lista de enfermedades y síntomas. Todos eran varones, de mediana edad, de clase media y casados.

Aunque todos sufrían el mismo grado de estrés, sólo cien de ellos exponían un alto grado de enfermedades. El resto mostraba menos señales de dolencias diagnosticables. Kobasa observó que los ejecutivos que se mantuvieron sanos tenían una manera de pensar distinta sobre lo que sucedía. Consideraban los cambios como una parte inevitable de la vida y una oportunidad de crecer, no una amenaza a lo que habían conseguido. También creían que, si bien no siempre podían controlar lo que sucedía, al menos podían controlar el impacto de los problemas. Asimismo, estaban intensamente dedicados a su trabajo y a su familia, lo cual les proporcionaba un sentido de dirección y estímulo. Kobasa denominó «solidez psicológica» a esta combinación de control, compromiso y voluntad de aceptar los retos.

Después de estos estudios, el «Proyecto Stress» de Chicago mantuvo un seguimiento de las enfermedades de 259 ejecutivos durante ocho años. En los periodos de aumento de tensión relacionada con el trabajo, quienes mostraban menor grado de solidez psicológica tenían una salud más endeble[4].

Elección, congruencia y desafío

No podemos evitar los sucesos problemáticos; entonces, ¿cómo afrontarlos?

En primer lugar, una cosa es enfrentarse a un desafío y otra hacer frente a los efectos del estrés que ese desafío produce. Distinga ambas cosas. Hay quien cree que controla la situación cuando, en realidad, sólo está habituándose al estrés. Soportar el estrés no es lo mismo que habérselas con sus causas.

Una manera de soportar el estrés, a corto plazo, es negar su existencia. («¿Tenso yo?», dijo con una sonrisa rígida, entre los dientes apretados.) Otra, la adicción al trabajo. Esta consiste en una fijación y una preocupación por el trabajo, más que en los resultados reales del mismo, y permite a quien lo sufre desoír o justificar las protestas del organismo. Otras soluciones a corto plazo son la cafeína, los cigarrillos, el alcohol, los tranquilizantes y muchos fármacos, con o sin receta. Estos causan otros problemas.

El mejor modo de superar el estrés es evitarlo. Para ello, se necesitan recursos para afrontar las experiencias cotidianas que puedan resultar estresantes.

Estos recursos son:

La elección
La congruencia
El desafío

¿Qué significan estos tres términos desde el punto de vista de la PNL?

La *elección* es la capacidad y voluntad de responder de distintas maneras. Cuando uno tiene elección, se siente con el control. Otra manera de concebir la elección y el control es entenderlos como un equilibrio entre la percepción de los recursos y la percepción de la dificultad del desafío. Si la dificultad que se percibe es muy superior a los recursos, se produce estrés, pánico, ansiedad o confusión. En cambio, cuando los recursos disponibles se perciben muy superiores a la dificultad, aparece el aburrimiento y el descuido. El mejor equilibrio está en el punto medio, cuando el sujeto percibe una equiparación entre recursos y dificultades.

La elección procede del control de la persona sobre su mundo interior y no sobre el exterior, que no resulta predecible ni controlable.

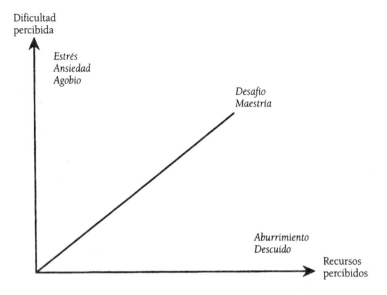

Las investigaciones revelan que las personas con una elevada necesidad de impresionar y de controlar el mundo externo sufren de un continuo «estrés de poder»[5]. Experimentan un estrés doble: quieren controlar lo que sucede, pero no pueden, de modo que encajan mal lo que sucede.

Todos tenemos una zona de interés en la que nos preocupamos por lo que sucede, y tenemos también una zona de influencia en la que podemos influir realmente en lo que sucede. Ambas zonas se superponen, pero no son lo mismo. No podremos influir en todo lo que nos interesa.

Cualquier intento de influir en toda la zona de interés es un exceso de celo y de control, lo cual se ha relacionado con un mayor riesgo de enfermedades cardiovasculares y de enfermedades gástricas[6].

Y el polo opuesto es la falta de control: dejar de actuar en situaciones que están dentro de nuestra zona de influencia y de interés. La falta de control produce un aumento en el riesgo de depresión y un sentimiento de impotencia que puede predisponernos a las enfermedades en general y al cáncer en particular[7].

Zona de interés y zona de influencia

Observe la siguiente tabla

	Situación que se percibe como controlada	Situación que se percibe como fuera de control
Acción	A Eficacia Autoeficacia Dominio	C Exceso de control, preocupación Ansiedad, pánico
Inacción	B Desesperanza y desamparo Depresión	D Aceptación Capacidad para soltarse

Esta es una manera de pensar verdaderamente útil.

En las zonas A y D no hay estrés.

Cuando sienta estrés, piense dónde se sitúa usted en este diagrama. ¿En la casilla C, preocupado por algo en lo que no puede influir? Afronte la casilla C dejándose ir.

¿Está en la casilla B, sintiéndose impotente frente a demasiadas exigencias?

Afronte la casilla B emprendiendo una acción. Establezca la prioridad de los asuntos y trate primero los importantes. No hacer nada empeora la situación.

Las casillas C y D son estados de irresolución. Deberá cambiar de estado para tratar un problema como es debido en el estado de irresolución que ha provocado el problema. Recuerde que no se puede tratar como es debido un problema en el estado de irresolución que el problema ha provocado.

Actúe en situaciones en las que usted puede establecer una diferencia, quédese inactivo cuando no puede..., y distinga bien entre ambas opciones.

El segundo recurso es la *congruencia*. En estudios de respuesta al estrés se denomina en ocasiones «compromiso». Es un sentido de dirección y de energía interior que nos permite avanzar hacia lo que deseamos. Procede de tener todas las partes de uno trabajando juntas hacia el objetivo al que aspira.

Lo contrario sería la incongruencia, un estado de división interior y de indiferencia. La incongruencia produce un bajo rendimiento en el trabajo y efectos nocivos en la salud. Cuando una persona es incongruente no hay energía ni objetivo. El conflicto interno puede producir un estado de debilitamiento que influya sobre el sistema inmunitario a través de los vínculos mente-cuerpo y de la acción de los neurotrasmisores. Existe todo un abanico de incongruencias. En un extremo está la simple sensación de incomodidad en una situación, «como si tiraran de nosotros en dos direcciones opuestas». Podría ser un ejemplo de incongruencia porque la persona se encuentra en un ambiente que no le es familiar y no está segura de qué hacer. Todos experimentamos este tipo de incongruencia. En el otro extremo del abanico está la sensación de conflicto sobre quienes somos. Es la incongruencia en el nivel de la propia identidad. El conflicto a este nivel podría muy bien reflejarse en el sentido del yo fisiológico, es decir, en el sistema inmunitario.

El tercer recurso es el *desafío*. El sentido de desafío procede de pensar en resultados, de modo que los sucesos son oportunidades de avanzar hacia lo que queremos. Los hechos no tienen un significado fijo, sino que pueden significar lo que queramos;

podemos «readaptarlos». Cuando suceda algo que pueda causarle estrés, pregúntese:

¿Qué podría significar esto?
¿Qué me gustaría que significase?
¿Cómo podría convertirse en un desafío útil?

Su definición de estrés

Sólo usted puede definir qué es el estrés para usted mismo; por eso no hemos añadido en el libro ningún cuestionario de estrés, por entretenidos que sean.

¿Cómo le afecta el estrés? Todos tenemos alguna debilidad. Hay quien padece hipertensión. Los dolores de cabeza y de espalda y la tensión en los hombros y en el cuello son algunas otras señales. La indigestión, la flatulencia, la disminución en la cantidad y en la calidad del sueño sin razón concreta, el cansancio durante el día, las urticarias, las úlceras y los resfriados y gripes frecuentes también son señales de que puede encontrarse bajo estrés. Otras señales son el estado de irritabilidad y de inquietud o los problemas de concentración.

Haga una lista de cómo habla su cuerpo del estrés. Es un objetivo valioso.

Tiene usted que empezar desde donde está; por lo tanto, acompáñese. No eliminará todo el estrés de la noche a la mañana. Reflexione sobre estas cuestiones:

¿Cuánto estrés hay en este momento de mi vida?
¿De dónde procede?
¿Veo alguna pauta?
¿Sufro más síntomas de estrés en determinadas ocasiones (fines de semana, vacaciones, problemas de trabajo)?

Es probable que el estrés tenga muchas causas. Cuando conozca las cosas que lo estresan y que se encuentran en su campo de influencia, podrá empezar a afrontarlos. Una de las mejores maneras de analizarlo es por niveles lógicos.

Los niveles lógicos del estrés

El entorno

¿Qué le causa estrés en el ambiente? Las posibilidades son inagotables: un largo trayecto hasta el trabajo, una oficina superpoblada y ruidosa, aparatos caseros que no funcionan, una discusión subida de tono con alguien próximo a usted. El trabajo puede causar estrés si tiene muchas responsabilidades y poco poder para tomar decisiones. Para aliviar el estrés, quizá tenga que cambiar de entorno.

¿Qué recursos ofrece el entorno para afrontar el estrés? Una causa de estrés es no saber qué sucederá. La información proporciona una sensación de control. Estudios de pacientes hospitalarios que han recibido información y apoyo acerca de su estado demuestran que tienen una estancia hospitalaria más corta y una recuperación más rápida[8].

Conducta

¿Qué hace usted que le causa estrés? Un ejemplo puede ser salir para las citas en el último minuto, de modo que se somete a una presión constante; también, atender a las peticiones de otros cuando preferiría no hacerlo. Los cambios en la rutina pueden provocar estrés. Existen muchas posibilidades. Sabrá qué se lo causa a usted si presta atención a lo que le dice su cuerpo.

¿De qué conducta parte usted? Un ejemplo es tomarse más tiempo para los desplazamientos. Decir que no de vez en cuando puede ser un gran placer si está usted acostumbrado a decir que sí y lamentarlo. O decir «sí» cuando normalmente dice «no» y a continuación se siente mezquino. Los placeres sensuales son un gran recurso: por ejemplo, escuchar música, dedicar el tiempo preciso a disfrutar de una buena comida, dedicar tiempo a los hijos, ver una película o hacer ejercicio físico.

Capacidad

Si usted tiene la capacidad de provocarse ansiedad, ha desarrollado cierta habilidad. Casi con toda seguridad, ha perfeccionado el arte de imaginar que las cosas terminan de forma insatisfactoria. Probablemente, lo ha hecho creando imágenes mentales de cómo pueden torcerse aquellas y viendo a continuación las lamentables consecuencias que se producirían si así sucediera. Se trata, en efecto, de una habilidad que demuestra su capacidad para imaginar las cosas de manera tan vívida que modifique sustancialmente su química corporal. Pero este talento suyo tal vez tenga otras utilidades. ¿Qué le parecería utilizar esa capacidad para imaginar vívidamente cómo estará un cuarto de hora después de que las cosas concluyan satisfactoriamente..., y lo que habrá hecho para llegar a tal punto?

Creencias y valores

Quizá no esté usted acostumbrado a considerar que las creencias y valores son capaces de causar estrés ni a tomarlas como recursos contra éste, pero nos hallamos en un terreno en el que un cambio puede tener un efecto extraordinario. Llevamos nuestras creencias con nosotros; por lo tanto, causarán estrés allí donde estemos. Cuanto más rígidas sean nuestras creencias y expectativas, más estrés experimentaremos, ya que el mundo no se apartará de su camino para satisfacer nuestras necesidades.

¿Qué creencias pueden resultar estresantes? La creencia de que las personas no son de fiar y están dispuestas a engañarnos a la primera oportunidad nos mantendrán alerta..., y causarán estrés. El propio modelo médico es una serie de creencias estresantes. Según este modelo, cuando la persona está enferma pierde el control de su cuerpo y necesita acudir a un experto para recuperar la salud. Por otra parte, la creencia de que usted es absolutamente responsable de su curación y de que nadie puede ayudarlo ni va a hacerlo también produce un gran estrés.

Todas las creencias que nos dejen a merced de otros o de los acontecimientos, o que impliquen cierta incapacidad de responder a los acontecimientos, contribuyen al estrés. Los valores también son importantes en este aspecto. Cuando usted descubre algún estrés repetitivo en su vida, probablemente hay algo en ello, en el fondo, que usted valora. ¿Qué intenta conseguir? Tal vez haya mejores maneras de obtener lo que desea sin estrés.

Todas las creencias que aumentan su sensación de control, tanto de usted mismo como del entorno exterior, son recursos. La creencia en su capacidad para controlar los acontecimientos de su vida reducirá automáticamente el estrés que sufre. Esta creencia se conoce como «autoeficacia» y ha sido estudiada en profundidad por Albert Bandura y sus colegas de la Universidad de Stanford[9]. Estos investigadores descubrieron que cuanto más capaz de afrontar un desafío se cree uno, menos estrés pasa factura a su cuerpo. Las personas que tienen esta creencia presentan sistemas inmunitarios más resistentes[10].

¿Cómo se desarrolla la autoeficacia?

- *Estableciendo un abanico de experiencias de referencia a partir de su propia historia de éxito y fracaso.*
  Fíjese en sus éxitos, por pequeños que sean. Pronto aumentarán. Los éxitos sólo cuentan si ha sido usted su responsable directo. Los casos en que se lleva usted el mérito sin haber colaborado en el trabajo no cuentan.

- *Modelando a otros.*
  Observe cómo otros afrontan el mismo tipo de desafíos. ¿Qué cualidades emplean para tener éxito? ¿Cuáles son las diferencias entre los que tienen éxito y los que fracasan? ¿Qué hacen? ¿Qué creen? ¿Qué es importante para ellos? Si es posible en su caso, ¿por qué no ha de serlo en el de usted?

- *Encontrando un mentor, alguien que lo ayude y estimule directamente*
  Un mentor no tiene por qué ser una persona real; puede ser un personaje de un libro o de una película. No tiene que estar presente físicamente, ni necesita usted conocerlo. Puede ser un personaje histórico que lo inspire. Cuando necesite estímulo y ayuda, pregúntese a usted mismo qué le aconsejaría ese personaje en su situación.

Identidad

Si el estrés es tan intenso que no sabe qué creer, todavía tiene un recurso: su identidad. Cuando alcance este nivel, sabrá quién es y, a partir de ahí, qué hacer. Un sentido profundo del yo es un gran recurso contra el estrés. A este nivel, el único estrés sería una personalidad falsa. Esta puede mostrarse de dos maneras. La primera es el aspecto interpersonal, en el cual la persona no permite que nadie vea nunca su auténtico yo y suele trabajar en empleos que no les obligue a expresarse. El segundo modo en que puede presentarse una personalidad falsa es como una máscara puesta por el bien de uno mismo y de los demás para proteger a la persona real. El proceso puede haberse iniciado en la infancia, cuando la persona no sabía cómo afrontar las situaciones y utilizaba la falsa personalidad para conseguirlo. Cuando sucede tal cosa, se tiene la extraña experiencia de sentirse vacío y la conducta carece de profundidad. La profundidad es equilibrio en otra dimensión.

Transidentidad

Por último, ir más allá de los límites de su identidad presente e incorporarla a un sentido más pleno del yo es el mayor de los recursos y producirá una nueva sensación de conexión con otros. Existen muchas maneras de conseguirlo, entre ellas el amor, la experiencia religiosa y la meditación. En este terreno no existen respuestas sencillas, sino un posible viaje, al menos por algún tiempo, más allá del estrés.

Niveles lógicos

	Tensiones	Recursos
Ambiente		
Conducta		
Capacidad		
Creencias y valores		
Identidad		
Transidentidad		

Estrategia para afrontar el estrés

Cuando el cuerpo le dice que está usted sometido a estrés:
1 Reconozca las sensaciones de su cuerpo. Acompáñese. Las sensaciones son reales aunque usted crea que no deberían estar presentes.
2 Concéntrese en el incidente que causa estrés.
3 ¿Qué sentido encuentra usted a esta experiencia? Cuando conozca la respuesta –lo cual, normalemente, sucederá enseguida–, pregúntese qué otra cosa podría significar y, a continuación, qué le gustaría a usted que significara.
4 ¿Puede hacer algo al respecto? ¿Está dentro de su zona de influencia? Si no es así, no se ocupe más del incidente y continúe adelante. Si lo está, ¿con qué recursos cuenta para afrontarlo? ¿Qué quiere que suceda en esta situación? ¿Cuál es su objetivo?
5 ¿Qué puede aprender de este suceso para evitarlo la próxima vez?

La realidad es como uno la hace

La PNL, como muchos otros sistemas psicológicos y filosóficos, sugiere que no vemos el mundo como es realmente, sino que nos construimos un modelo del mismo. Nuestras percepciones se filtran a través de los sentidos e interpretamos nuestras experiencias a la luz de nuestras creencias, intereses, educación, preocupaciones y estado de ánimo. Trazamos un mapa y navegamos por la vida con él. Si el mapa es bueno, llegaremos lejos y disfrutaremos del viaje. Un mapa limitado garantiza un viaje limitado. Todos recorremos el mismo territorio, pero con diferentes mapas. A lo largo de la historia, los seres humanos han luchado y han muerto en disputas sobre cuál de ellos es el correcto. La PNL no pretende ofrecerle el «mapa verdadero», sino que se propone enseñarle a usted algo sobre el trazado de mapas. También puede ampliar el que usted tenga, para que pueda experimentar un viaje más interesante.

La PNL sugiere que creamos nuestros mapas de tres maneras principales:

- En primer lugar, borramos partes de nuestra experiencia. De todas las imágenes, sonidos, sensaciones, sabores y olores a los que tenemos acceso, sólo somos conscientes de unos pocos. La selección es, pues, fundamental; si no fuéramos selectivos a la hora de fijar la atención, los impulsos nos abrumarían. Filtramos nuestra experiencia a través del tamiz de nuestras creencias, intereses y estado de salud. Si alguna vez ha hecho caso omiso del dolor para terminar un trabajo o ha buscado unas llaves que tenía delante de su nariz, ya sabe lo que significa ser selectivo.
- En segundo lugar, distorsionamos las experiencias dándole más importancia a unas y restándoselas a otras. La distorsión es el medio por el cual damos sentido y valor a lo que nos sucede. Sin ella sólo tendríamos un mundo gris y mortecino de datos y cifras. La distorsión es la base de la creatividad y del arte. También lo es de la suspicacia, de la paranoia y de la falta de entendimiento. Es el modo en que damos sentido a nuestros síntomas. Por ejemplo, puede que una persona culpe a otra de haberle contagiado el resfriado, a pesar de haber estado mil veces en contacto con personas resfriadas sin pillarlo.
- En tercer lugar, generalizamos a partir de nuestras experiencias, deduciendo leyes a partir de un reducido número de casos. Aprendemos generalizando. Por ejemplo, aprendemos a hacer cualquier cálculo aprendiendo las leyes de la aritmética a partir de un pequeño número de problemas. Las creencias son generalizaciones. Estas son fundamentales, ya que afrontamos lo desconocido en base a lo que conocemos. Sin embargo, puede ser un problema escoger un mal ejemplo para generalizar, o no estar abierto a nuevas experiencias. Por ejemplo, si una persona nos ha engañado, sería estúpido generalizar el hecho y considerar que todo el mundo es deshonesto.

Todos borramos, distorsionamos y generalizamos. Pero, como sucede con los sistemas de representación, cada individuo tiende hacia una de las tres cosas, de forma que algunas personas se dedican más a borrar, otras a distorsionar y unas terceras a generalizar. Los tres procesos en sí son útiles; es la forma en que los aplicamos lo que puede producir dificultades.

Las personas que borran mucho quizás no sean sensibles a su cuerpo. Al borrar el dolor y el malestar, quizá se fuerzan demasiado y desoyen las advertencias que el organismo les envía. Es posible que también borren información sobre cómo se sienten los demás y pueden aparecer como insensibles. Las personas que distorsionan suelen resultar hipersensibles a sus propias sensaciones, quizás hasta el punto de la hipocondría. También pueden ser muy sensibles a los demás y buscar un doble sentido en lo que los demás dicen o hacen. Las personas que generalizan demasiado suelen resultar bastante inflexibles y seguir normas de conducta establecidas esperando de los demás que hagan lo mismo. Quizás intenten aplicar la solución de ayer a un problema actual y les resulte difícil afrontar el cambio.

La generalización puede perjudicar la salud

Ciertas maneras de pensar aumentan el riesgo de enfermar. El doctor Martin Seligman y sus colegas de la Universidad de Pennsylvania han llevado a cabo estudios de lo que denominan «estilo atributivo»: la forma en que explicamos lo que nos sucede[11].

La primera manera es el estilo pesimista. No se trata de buscar la desgracia, sino una manera de explicarla cuando se produce. Tiene tres componentes:

- Las personas que utilizan este estilo consideran que todas las desgracias que les suceden son cosa suya. Se echan la culpa a ellas mismas, borran factores externos y generalizan asumiendo toda la responsabilidad. Para que esto tenga sentido, también simplifican el suceso y esta es una forma de distorsión.

- Tienden a pensar que la situación se mantendrá. Nada cambiará; el mundo es estable. A partir de un hecho concreto, generalizan con la idea de que la vida será siempre como es.
- En tercer lugar, generalizan otra vez y creen que la situación afectará a todo lo que hacen.

Este triple patrón de pensamientos pesimista, que en la literatura médica se conoce como IEG (interno, estable y global), conduce a lo que Seligman llama «desvalimiento aprendido» (darse por vencido porque parece que ningún esfuerzo merece la pena). Este patrón es fatal, pues lleva a la depresión y a una sensación de desvalimiento general y aumenta el riesgo de contraer enfermedades.

Estrategia de la depresión: catastrofismo

La estrategia que exponemos a continuación es conocida como «catastrofismo»:

- Adjudíquese la responsabilidad, Todo es culpa suya. El mundo exterior está bien. Más aún, dígase a sí mismo que todo se debe a la clase de persona que es usted (identidad), no a lo que ha hecho (conducta).
- Piense que las cosas serán siempre así, que nada cambiará. Nada de lo que usted haga marcará la diferencia.
- Dé por sentado que afectará a todo lo que usted haga.

Y cuando algo vaya bien, invierta los términos anteriores:

- Dígase a usted mismo que es pura suerte y que no tiene nada que ver con usted, o deje que otros se lleven todo el mérito.
- Dígase que no durará.
- Dé por sentado que tendrá poco o ningún efecto sobre el resto de su vida.

El otro estilo atributivo es el optimismo. Este es externo, inestable y específico (EIE). En él se adjudica la debida importancia a las causas externas y uno no se culpa a sí mismo. Los hechos se ven en su contexto, no se generaliza.

Ni el optimismo ni el pesimismo pueden ser ciertos; ambos resultan imposibles de demostrar. Son maneras diferentes de contemplar el mundo. En vista de las opciones, escoja la más saludable: el optimismo.

Estrategia del optimismo

Use la capacidad de borrar, la distorsión y, en especial, la generalización para hacerse más sano. Considere las experiencias desagradables como:

- Una combinación de circunstancias exteriores aliadas con su reacción. No es un fracaso, sino el resultado de su conducta, no de usted como persona.
- Un incidente aislado. Piense en qué podría haber hecho de otra manera para evitar el sufrimiento; así, aprenderá de la experiencia.
- Un incidente concreto que tendrá poco efecto, o ninguno, en sus otras actividades.

Cuando algo salga bien, invierta los términos anteriores:

- Concédase algún mérito personal en lo sucedido.
- Recuerde las demás ocasiones en que las cosas salieron bien. Ésta se suma a ellas.
- Piense en los aspectos en que esa buena experiencia afectará a su vida y en lo que puede aprender de ella para tener semejante buena fortuna en el futuro.

Optimismo y salud; el estudio Harvard

Existen varios estudios que relacionan la salud con un estilo de pensamiento optimista. Uno de ellos se llevó a cabo a lo largo de treinta y cinco años en coordinación con el Estudio Harvard de

Desarrollo del Adulto[12] y utilizó como sujetos a un grupo de alumnos de las clases de Harvard, todos ellos sanos y prósperos, de los cursos de 1942 a 1944. El nivel habitual de optimismo o de pesimismo de los sujetos se determinó al principio del estudio mediante un cuestionario. Cada cinco años, los sujetos se sometieron a una revisión médica completa. Con el paso de los años, la salud del grupo propendió a empeorar. No obstante, aunque todos empezaron con una salud extraordinaria, la diferencia entre los más sanos y los menos saludables se hizo más amplia con el transcurso del tiempo. De los 99 hombres estudiados, 13 murieron antes de cumplir los sesenta. Los resultados fueron sencillos e inequívocos. En general, los hombres que habían recurrido a explicaciones optimistas para las malas experiencias cuando tenían veinticinco años se mantenían más sanos avanzada la vida (cumplidos los cuarenta) que quienes habían ofrecido explicaciones pesimistas. Los beneficios eran especialmente apreciables en el grupo de edad entre 40 y 45 años. La salud del grupo pesimista mostró un pronunciado deterioro que no podía adjudicarse a ninguna otra variable.

Los resultados eran estadísticamente significativos: las posibilidades de que se debieran al azar eran de una entre mil. El vínculo entre el uso de cigarrillos y el desarrollo del cáncer de pulmón es menos firme, en términos estadísticos.

Relación y sintonía

Las relaciones son una de las fuentes básicas de estrés en la vida de la mayoría de personas. Probablemente, contar con amistades de buena calidad es la mejor manera de sustentar la salud y el bienestar. Todas las clases de malentendidos y conflictos que encontramos en el exterior pueden producirse también en nuestro interior. El modo en que conviven las diferentes partes de cada uno de nosotros es un espejo de cómo nos relacionamos con los demás.

La sintonía, esa cualidad mezcla de confianza y de comprensión, es la base de una buena relación. La sintonía se construye «acompañándose» en todos los niveles lógicos. Aprecie sus sensaciones, preste atención a su cuerpo y a su ambiente interno. Dé a su cuerpo el descanso, el ejercicio y el alimento que necesita. Valore lo que hace y lo que es capaz de hacer, sin intentar cambiar nada, de momento. Sopese sus creencias y valores y sea fiel a lo que escoja creer y a lo que es importante para usted. Reconozca su propia identidad, la persona que es, no como una imagen fija, sino como un ser cambiante, en evolución. Esto abrirá el camino a la transidentidad.

Para crear sintonía con otros, comparta con ellos todos los niveles lógicos. Afirme su identidad y acéptelos como son, no como usted cree que deberían ser. Es muy fácil crearse representaciones o imágenes de los demás y luego responder a estas máscaras, en lugar de a la persona real. Después, comparta sus creencias y valores. No es preciso que esté de acuerdo con ellos; simplemente, acéptelos. En tercer lugar, comparta sus capacidades; respete su manera de pensar y de actuar. Reconozca sus capacidades. También puede compartir su conducta y utilizar el lenguaje corporal y el tono de voz para potenciar la sintonía. Esta es un área que la PNL ha estudiado en profundidad y está descrita con detalle en otras publicaciones de PNL[13].

Un espejo sobre la relación

A los autores nos gustaría plantearle un proceso para explorar cualquier tipo de relación, en especial las estresantes. Una relación es un camino de dos direcciones, y a veces estamos tan preocupados por cambiar a la otra persona que no nos damos cuenta de que lo que estamos haciendo es parte del problema. La capacidad de cambiar sus respuestas está en sus manos. Pero necesitará ver las cosas de otra manera.

En primer lugar, piense en la persona con la que tiene problemas.

Imagine que está otra vez con ella. Asóciese a ese recuerdo. ¿Cómo calificaría su conducta? ¿Hostil, pasiva, ausente? ¿Qué sentimientos tiene usted hacia la otra persona? Por ejemplo, puede sentirse enfadado, frustrado o impotente. Estas son sus sensaciones personales hacia la otra persona en esa situación. Y esta es su respuesta de primera posición a la otra persona en esa relación.

¿En qué nivel lógico cree usted que se produce el conflicto? ¿Se trata de la conducta, de un desafío a sus creencias o de una amenaza a su identidad?

A continuación, cambie de estado y piense en algo distinto.

En segundo lugar, adopte la segunda posición. Imagine que usted es la otra persona.

En la posición de esa otra persona, ¿qué le parece la experiencia?

¿Qué intenta usted conseguir? ¿Qué siente acerca de la relación?

Cambie de estado y vuelva a la realidad.

Ahora, colóquese fuera de la relación y conviértase en un observador desinteresado. Esta es la tercera posición. Una buena manera de lograrlo es imaginar un escenario frente a usted. Imagínese a los dos en ese escenario. Vea a la otra persona haciendo lo habitual en él y obsérvese a usted mismo respondiendo.

En lugar de preguntarse cómo puede cambiar la conducta de la otra persona, cambie la perspectiva y pregúntese cómo refuerza o provoca usted la respuesta de esa persona.

¿De qué otra manera podría responder a esa persona? ¿Qué lo impulsa a seguir actuando como lo hace en esta relación?

¿Qué podría usted modificar de tal manera que imposibilitara al otro responder de la forma habitual? ¿Qué estado emocional sería un recurso para usted en esa situación?

Quizá la otra persona también está buscando una manera nueva pero no sabe cómo salirse del cauce habitual. Es muy raro que una relación sea incómoda sólo para una de las partes.

¿Qué opinión le merecen sus propias acciones en esa situación?

¿Qué consejo se daría en tal situación?

¿Le exaspera su incapacidad para influir en otros?

¿Es útil esa exasperación?

Todas estas preguntas contribuyen a obtener una perspectiva nueva, sobre todo si nuestra relación con nosotros mismos refleja tan a menudo nuestra relación con los demás.

Por último, tenga presente lo que usted quiere de esa relación.

¿Desea que continúe como hasta ahora?

¿Qué ventajas encuentra en ello?

¿Qué clase de relación positiva desea usted?

¿Qué puede hacer para conseguirlo?

REFLEXIONES

Un optimista puede ver una luz donde no la hay, pero ¿por qué el pesimista ha de correr siempre a apagarla?

> Michel de Saint-Pierre

Dios, danos la gracia de aceptar con serenidad las cosas que no pueden cambiarse, valor para cambiar las que deben cambiarse y sabiduría para distinguir unas de otras.

> Reinhold Niebuhr

La música que puede llegar más hondo y curar todo mal es una charla cordial.

> Emerson

El hombre que es pesimista antes de los cuarenta y ocho sabe demasiado; el que es optimista pasada esa edad, sabe demasiado poco.

> Mark Twain

El optimista proclama que vivimos en el mejor de los mundos posibles y el pesimista teme que sea verdad.

James Cabell

Un pesimista es alguien que, ante dos opciones desagradables,
escoge ambas.

Anón.

El cambio y el dolor son parte de la vida, pero el sufrimiento es
optativo.

Anón.

9

Preocupación y esperanza

En ausencia de certidumbre, no hay nada de malo en la esperanza.

CARL SIMONTON

La preocupación es un elemento de estrés y merece un capítulo aparte. Si bastante malo es que se produzca un desastre, la preocupación por las consecuencias lo agrava aún más. Peor todavía, a menudo nos preocupamos por lo que puede suceder y todavía no ha sucedido. Nos sentimos mal por adelantado, sin razón alguna. La situación puede ser imaginaria, pero el estrés que crea es bastante real. La preocupación puede quitarnos el sueño y provocarnos dolores en la zona lumbar y problemas gastrointestinales como las flatulencias y la colitis. E incluso cuando los problemas son reales, preocuparse no contribuye en nada a resolverlos.

Somos capaces de preocuparnos por cualquier cosa. Las que las cosas pueden salir mal de mil maneras distintas. Cuantas más haga usted, más tendrá de qué preocuparse. Nos preocupamos por nosotros y por nuestros seres queridos, en especial por nuestros hijos. Por si no fuera suficiente, están las preocupaciones relacionadas con el trabajo y las generales: la superpoblación, el calentamiento de la tierra y el agujero de la capa de ozono. La preocupación es la ansiedad ante la posibilidad de un futuro desfavorable. Lo contrario a ello es la esperanza, la expectativa de un futuro bueno o mejor.

Como todos los estados de ánimo, la preocupación tiene una estructura que la PNL puede estudiar. Una vez se conoce la estructura, se puede cambiar.

La estructura de la preocupación

La preocupación tiene algunos rasgos típicos:
- Se piensa mucho, pero no se actúa. La preocupación inhibe la acción.
- La preocupación nos marca como absolutos responsables o nos contempla como completamente indefensos. Causa y efecto son como los extremos de un balancín. Una clase de preocupaciones nos coloca totalmente solos en el extremo causal y podemos llegar a sentirnos responsables absolutos de lo que ha de suceder y pensar que todo gira en torno a nuestras acciones y que, cuando nos equivocamos, todos nos echarán las culpas. La otra clase de preocupaciones es tan incómoda como la primera. En esta, nos montamos en el extremo «efecto» del balancín, a merced de unos acontecimientos que ocupan el otro extremo y nos lanzan por los aires, metafóricamente hablando. Se puede pensar que estamos totalmente a merced de los acontecimientos. Pero eso son simplificaciones. El mundo real es mucho más complicado. Podemos influir en los acontecimientos, pero no tenemos un control completo sobre ellos, ni ellos sobre nosotros.
- La preocupación no se dirige hacia un resultado; sólo se aparta de los acontecimientos no deseados. Para ello, es preciso crearse consecuencias indeseables de las que alejarse. Así, imaginamos que todo lo que puede ir mal, irá mal (normalmente, lo imaginamos con morboso detalle). El pensamiento productivo es lo contrario de la preocupación pues, al movilizarse hacia un objetivo, el individuo empieza a trazar un plan de acción y esto priva de su poder a la preocupación.
- No hay comprobación desde el mundo exterior. La preocupación se mueve en círculos; es como estar atrapado en un dibujo de Escher en el que se pierde perspectiva y se va a parar al fondo de la espiral cuando se esperaba alcanzar la cúspide. La preocupación se compone de círculos entrelazados. Los círculos no se completan nunca; se com-

ponen de acontecimientos imaginarios, de modo que no pueden resolverse porque siempre aparece otra nueva posibilidad que vuelve a formarlos. La única manera de solucionarlos es hacer algo en el mundo real: conseguir más información, hacer una llamada telefónica, hablar con otras personas para tener más opiniones...

La preocupación es una estrategia, una secuencia de pensamientos y conductas, y a menudo se desarrolla automáticamente.

La secuencia suele empezar con una voz interior que dice algo parecido a esto: «Supón que sucediera tal cosa...» A continuación, nos representamos las imágenes mentales de las desagradables posibilidades de ese suceso. Son imágenes elaboradas y por lo general cercanas a nuestra experiencia, que provocan emociones y están asociadas, como si estuvieran sucediendo en el momento presente, en lugar de en el futuro de nuestra línea de tiempo. Al verlas nos sentimos mal, como lo estaríamos si los hechos se produjeran de verdad.

La PNL tiene una fórmula para expresar distintos tipos de pensamiento:

El diálogo interno se escribe como D^i_a (diálogo auditivo interior)
Las imágenes elaboradas se formulan C^i_v (construcción interna visual).
Los sentimientos se escriben Q^i (quinestesia interna).

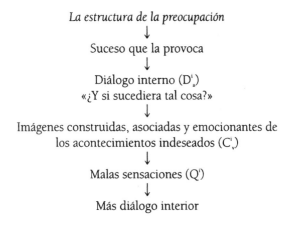

La estructura de la preocupación
↓
Suceso que la provoca
↓
Diálogo interno (D^i_a)
«¿Y si sucediera tal cosa?»
↓
Imágenes construidas, asociadas y emocionantes de
los acontecimientos indeseados (C^i_v)
↓
Malas sensaciones (Q^i)
↓
Más diálogo interior

Romper el círculo de la preocupación

La preocupación no lleva a ninguna parte; ¿cómo detenerla, entonces?

En primer lugar, conozca su propia estrategia de la preocupación. Probablemente le resultará muy familiar; será una variación, con mejoras, de la estrategia básica.

Para salir del círculo, primero tiene que darse cuenta de que está dentro de él. Eso significa que tiene que saltar y disociarse. Véalo como lo que es: una secuencia de pensamientos que no conduce a ninguna parte.

Cuando esté fuera, véalo en toda su aburrida familiaridad y cambie de estado. Sea consciente de su cuerpo en el momento presente. ¿Cómo se siente? Note cómo la percepción modifica su estado.

Ahora, pregúntese qué debe cumplirse para que todo eso sea realista. ¿Existe alguna prueba de que sucederá lo que piensa? Observará que, la mayoría de las veces, debe coincidir toda una serie de circunstancias muy improbables. En el escenario que tanto le preocupa, tiene usted todas las probabilidades de ser fulminado por un rayo minutos después de haber ganado la lotería.

¿Qué intención positiva existe tras la preocupación? ¿Qué provecho puede sacar de preocuparse? ¿Prepararse y hacer planes para sucesos negativos? Es importante hacerlo, de acuerdo, pero preocuparse no es la mejor manera. La preocupación también suele desviar su atención de un asunto que usted viene evitando y que es necesario resolver.

Utilice estas perspectivas para cambiar la pregunta origen de la preocupación. En lugar de decirse, «¿Y si sucede tal cosa?», pregunte lo siguiente: «¿Qué haré si sucede eso?». El cambio de pregunta tiene tres efectos:

- Sitúa el suceso en el futuro.
- Lo disocia a usted de él.
- Cambia su atención de los sucesos a las acciones.

Ahora, puede planificar qué hacer y no sentirse inmerso en

el panorama de preocupación que tiene ante sí, con todas las malas sensaciones que lo acompañan. Pregúntese si es probable que sus presagios se cumplan. ¿Necesita trazar un plan ahora mismo o es tan improbable que puede olvidarlos? Quizás pueda confiar en su propia capacidad para adoptar la mejor acción en el momento preciso.

Si necesita un plan ahora, ¿qué quiere que suceda? Establezca un objetivo. Elabore imágenes mentales de lo que podría hacer y manténgase disociado, fuera de la película. Repase varias posibilidades. Seleccione la que le produzca mejores sensaciones. Asóciese a esa película y repásela mentalmente. Si le parece adecuada, ya tiene un plan. Tal vez prefiera tener dos o tres opciones; en ese caso, repase mentalmente unas cuantas películas que lo satisfagan. A continuación, cambie de estado, pase su fisiología a un estado de más recursos y empiece a hacer otra cosa.

¿Conoce usted sus momentos favoritos para preocuparse? Quizás haya desarrollado esta costumbre a ciertas horas del día, los domingos por la tarde, tal vez. La cama, antes de disponerse a dormir, es uno de los lugares favoritos para que lo asalte a uno la preocupación (quizás para captar su atención en el momento en que tiene la guardia baja). Si se trata de un tema a solucionar, opte por pensar en ello al día siguiente. Y cumpla su palabra o el problema volverá con fuerza redoblada la noche siguiente.

Estrategia para eliminar la preocupación

1 Diálogo interior (D^i_a): «¿Qué haré si sucede tal cosa?»
↓
2 Construya imágenes elaboradas, disociadas y provocadoras de emociones (C^i_v) de diversas posibilidades
↓
3 Escoja una que lo haga sentirse bien (Q^i)
↓
4 Ensaye mentalmente el plan, llevando a cabo la acción y obteniendo el resultado que usted desea, mediante la visualización de una imagen elaborada, asociada y provocadora de emociones (C^i_v)

5 Aprecie que esto le hace sentirse bien (Q_1). Si desea más opciones, vuelva al paso 2.

↓

6 Cambie de estado.

Supongamos que usted lleva a cabo esta secuencia y parece que no puede hacer nada. Entonces, es que no puede hacer nada. Acepte la situación como está, de momento. Quizá cambie. No hay nada predecible. Quizá necesite más información. Si es así, piense en el modo de conseguirla. La cuestión más extrema sería: «¿Qué sucederá si muero?». Si es una posibilidad real, una opción es preparase para tener la mejor muerte posible. Hablaremos de la muerte en el capítulo 12.

Quitarse importancia a uno mismo

La preocupación suele empezar con el diálogo interior. Buena parte del diálogo interior es de poca utilidad y otra parte resulta estresante. A veces, ni se nos ocurriría hablar a nadie de la manera que nos tratamos a nosotros mismos. Todas las creencias y presupuestos limitadores que tenemos aparecen en el diálogo interior.

Cuando hablamos con nosotros mismos utilizamos palabras, como hacemos con los demás. Sin embargo, a veces olvidamos que el lenguaje es una manera de representar la experiencia, no la experiencia en sí. Uno de los primeros modelos de PNL, desarrollado por Richard Bandler y John Grinder en 1975 y conocido como el Metamodelo, consiste en una serie de preguntas clave para poner de manifiesto los posibles efectos engañosos del lenguaje[1]. Estas preguntas son excelentes para clarificar la comunicación entre las personas. Aquí utilizaremos algunas de ellas para explorar lo que usted se dice a sí mismo.

Sabemos que nuestros pensamientos tienen efectos reales sobre nuestro sistema nervioso. Ahora, planteamos que el sistema inmunitario está pendiente de nuestro diálogo interior. Tal vez incluso obedezca las sugerencias de éste sin que lo sepamos.

Por lo tanto, poner en orden el diálogo interno podría tener un efecto muy beneficioso sobre el estado de la persona y sobre el vigor de su sistema inmunitario.

El primer paso es cobrar conciencia del diálogo interior. La mayoría de las personas tiene una voz interior; en algunos es fuerte e insistente, mientras en otros es apenas audible. ¿Se ha fijado usted alguna vez de qué dirección procede esa voz, qué clase de tono emplea o si es un placer escucharla? ¿De quién es la voz? ¿Suya? Si pertenece a otra persona, le ha dado usted permiso para aparecer en su mente? Un tono de voz recriminatorio y quejoso procedente del exterior resulta estresante; lo mismo sucede con la del interior.

¿Su voz interior hace comparaciones? Estas se aprecian en el uso de palabras como «mejor», «superior», «peor», «más», «menos», etc. Descubra si tiene en la mente alguna comparación desmotivadora o irrealista. Cuando se oiga a usted mismo haciendo una comparación sobre cómo hizo algo (conducta) o sobre la clase de persona que es (identidad), asegúrese de que conoce el fundamento de la comparación. Por ejemplo, «hice mal tal cosa». A esto, lo mejor es preguntarse: ¿Comparado con qué? ¿Con lo que usted es capaz de hacer? ¿Con su ideal? ¿Con un experto? Las conversaciones poco prácticas son deprimentes, pero antes tendrá que saber que son poco prácticas. Para motivarse, compare su situación actual con un futuro alentador, no se compare con otras personas. Para valorar sus progresos, compare el nivel en el que se encuentra con el punto del que ha partido.

Ya hemos visto cómo las generalizaciones pueden crear estrés. Para saber si está cayendo en ellas, fíjese si la voz interior utiliza palabras como «todo», «nunca», «siempre» o «absoluto». Estas palabras son conocidas como «universales» e indican que no hay excepciones. Ejemplos de este uso son, «no podría hacer eso jamás», «siempre pillo un resfriado por Navidad» o «todos se van a reír de mí». Expuesto así, lo equivocado de este razonamiento es evidente. Nada puede ser tan absoluto; sin duda, habrá excepciones. Y si de verdad no es capaz de encontrar una excepción, ¿está usted satisfecho con este estado de cosas? Si no es así, tome la decisión de crear una excepción a la primera oportunidad.

Puede que su voz interior también esté estableciendo normas y elaborando juicios. A menudo hacemos juicios que no están basados en pruebas claras. Los médicos tienen un aire de autoridad y saben mucho de enfermedades y malestares en abstracto, pero el experto en su experiencia subjetiva es usted mismo. Cuando se descubra diciéndose qué debe hacer y qué no, empiece preguntando por qué o quién lo dice.

En numerosas ocasiones nos establecemos normas a nosotros mismos con palabras como «debería» o «no debería», «tengo que», «puedo», etc. En lingüística, estas palabras reciben la denominación de «operadores modales». Preste especial atención a ellos en su diálogo interior. Crecemos bombardeados con operadores modales por padres y maestros. Son uno de los principales modos de establecer límites. Sin embargo, puede que estos límites estén desfasados o resulten irrazonablemente limitadores. Cuando se oiga a sí mismo diciendo que «debería» o «tendría que» hacer algo, deténgase y pregúntese que sucedería si no lo hiciera. Quizás exista una buena razón o quizá no. Explore las consecuencias. No tiene por qué obedecer a ciegas. Otra alternativa es cambiar cada «debo» que descubra en su diálogo interior por un «puedo». Así, «debo ponerme bien» se convierte en «puedo poderme bien». Este «puedo» es facultativo. Usted puede; ¿quiere?

Enfoque de manera parecida los «no debería». Pregúntese que sucedería si hiciera eso que «no debería» y explore las consecuencias. Cada vez que se oiga a sí mismo diciendo «no puedo» en su diálogo interior, pregúntese de inmediato qué se lo impide. Tal vez exista una buena razón, pero también puede tratarse de una creencia limitante. Cuando le dé la vuelta a la cuestión mediante esa pregunta, se hallará en vías de descubrir bloqueos que puede superar. Estos operadores modales suelen ocultar creencias y presunciones acerca de la salud y la enfermedad. Cuando los haya puesto en duda, pregúntese qué creencias laten bajo ellos.

Ya hemos hablado en extenso de los nombres abstractos o

nominalizaciones (*véanse pp. 155-158*). Cualquier estado de alteración de la salud se describe mediante nominalizaciones. Estas se encuentran congeladas en el tiempo y uno no puede cambiarlas, pero ¿qué estado definen? Invierta el proceso. Descubra qué sucede realmente en su cuerpo. Por grave que sea una enfermedad, el primer paso para conseguir cierto control sobre ella es la nominalización.

Por último, capte en su diálogo interior cualquier tendencia a culparse usted mismo. Echarse la culpa significa que se ha tenido toda la responsabilidad y se ha causado el efecto. Aunque sabemos que la ley de causa y efecto no se aplica tan sencillamente en los asuntos humanos, el idioma no hace esta distinción. Empleamos la misma forma de expresión en «me puso furioso» que en «me puso un kilo de manzanas». Cuando alguien dice una frase como «ese hombre me pone enfermo», pierde energías y da a otros poder sobre su salud. Cuando se descubra a usted mismo en el acto de atribuir su estado emocional a personas o circunstancias externas, pregúntese: «¿Cómo, exactamente, lo está consiguiendo...?». La pregunta que subyace tras ella es, «¿Cómo estoy contribuyendo a este estado o a mi enfermedad, exactamente?». Mientras mantenga la culpa completamente fuera de usted, no hará sino padecer el efecto y tendrá poco poder sobre su estado.

He aquí algunos ejemplos de cómo interrogar a su diálogo interior:

«Debo hacer más ejercicio.»
¿Qué sucedería si no lo hiciera?

«No puedo dejar de fumar.»
¿Qué me lo impide?

«No encuentro tiempo para hacer ejercicio.»
¿Qué me lo impide?

«Debería estar más sano.»
¿Sano, comparado con qué o con quién?

«No debería pedir ayuda.»
¿Qué sucedería si lo hiciera?

«Me hace sentir estresado.»
¿Cómo lo hace, exactamente?

«Tengo diabetes.»
¿Qué trastorno sufre mi cuerpo, exactamente, que recibe el nombre de diabetes?

La caja de Pandora

¿Conoce usted el mito griego de la caja de Pandora? Pandora, la primera mujer, recibió una caja con instrucciones de no abrirla, aunque no se le dijo por qué. La mujer llevaba una vida idílica, como en el mito paralelo del Jardín del Edén. Pero la fruta prohibida resultó, una vez más, irresistible; Pandora abrió la caja y de ella surgieron todos los males del mundo en forma de insectos. Los bichos salieron de su encierro, picaron a Pandora y escaparon jubilosos, esparciéndose por el mundo como un tropel de genios malévolos. Sólo quedó en la caja una criatura, la esperanza, y ésta tuvo que suplicar que la dejaran salir, pues a Pandora le daba miedo abrir la tapa por segunda vez. Cuando lo hizo, la esperanza la consoló.

Esta leyenda está cargada de significado. Por una parte, nos dice que siempre hay esperanza. Esta es lo contrario de la preocupación y la depresión, pues lleva la promesa de un futuro mejor. La «falsa esperanza» es una contradicción. Toda esperanza es real si está encaminada a traer al presente el futuro que deseamos.

La esperanza carece de sentido a menos que inspire una acción. No es una excusa para esperar pasivamente a que las cosas mejoren, sino una fuente de inspiración para moldear un futuro que merezca la pena.

Saber lo que se quiere

A menudo, tomamos la esperanza como si fuera un objeto o un producto («debes tener esperanza»). Pero la esperanza también denota una acción, algo que hacemos. Cuando tenemos esperanza en algo, imaginamos un futuro mejor. ¿Qué futuro queremos? ¿Hasta qué punto mejor? Un futuro mejor es algo que creamos nosotros mismos, primero en nuestra mente y luego en la realidad. El primer paso es el primer pilar de la PNL: saber lo que se quiere. Lo cual significa crear lo que uno desea.

La pregunta que debemos hacernos es, «¿Qué es lo que quiero?». Esto genera objetivos que nos mueven hacia el estado deseado. En lugar de ello, lo que solemos preguntarnos es «¿Qué problema hay?». Esto concentra la atención en lo que está mal en el estado presente y no lo hace progresar. De hecho, es probable que nos lleve al pasado con preguntas secundarias como, «¿Por qué tengo este problema?», «¿Cómo me limita?» o «¿De quién es la culpa?».

Ninguna de estas preguntas resulta de especial utilidad. No contribuyen en absoluto a crear un futuro mejor ni a consolidar las esperanzas. Si queremos cambiar el presente, no basta con explorar la arqueología del problema. Tampoco sirve de nada echar la culpa a nadie. La culpa es un cóctel desagradable de responsabilidad y sentimiento culpable que apura uno mismo o da de beber a otros. Y una vez más, se basa en la idea simplista de causa y efecto.

Usted crea su propio futuro con lo que hace en el presente. Pensar en lo que quiere —en su objetivo— es la clave para hacer el futuro como usted desea que sea.

Cuando establezca objetivos para su salud u otras áreas de su vida, recuerde estas normas útiles:

* *Exprese su objetivo de salud en términos positivos.*
  Se trata de avanzar hacia el futuro deseado, y no de alejarse de un presente que no se desea. No es lo mismo una cosa que otra. Avanzar hacia un futuro deseado lo apartará automáticamente de las limitaciones del presente. Pero apartarse del presente, sin más, podría llevarlo a cualquier parte. Eso podría ser aún peor. Lo único que sabe es que será diferente. Existen dos objetivos de salud muy comunes: dejar de fumar y perder peso. Una de las

razones de que sean tan difíciles de alcanzar es que ambos objetivos se expresan en términos negativos. Todo lo que contenga palabras como «abandonar», «reducir» o «cortar» es negativo. Pensar en perder peso concentra la atención inmediatamente en lo que uno tiene ahora (peso). Pensar en los dulces y galletas que no debe comer le hace fijar la atención en esas delicias. Y si sólo se concentra en lo que tiene, no es extraño que le resulte difícil alcanzar su objetivo. En lugar de ello, convierta el perder peso en parte de un objetivo más amplio: el de estar más sano. Transforme un objetivo negativo en una pregunta positiva: «¿Qué me aportaría este objetivo si consiguiera alcanzarlo?», o, «¿Qué quiero en lugar de eso?». Por ejemplo, «dejar de fumar» puede convertirse en «tener mejores pulmones», «estar más sano», «mejorar la forma física» o «tener más dinero».

- *Adopte un objetivo de salud lo más concreto posible y tenga claro cuáles son sus posibilidades.*
  Ponga un límite de tiempo a sus objetivos: ¿Para cuándo los quiere?
  ¿Dónde los quiere y con quién?
  ¿Qué está dispuesto a hacer para conseguirlos?
  Un objetivo que consista en que los demás se lo hagan todo, o en que el mundo le proporcione lo que desea en bandeja, milagrosamente y sin el menor esfuerzo por su parte, es una esperanza pasiva que aporta poco.
  ¿Qué tiene directamente bajo su control y en qué necesitará la colaboración de otros?
  ¿Cómo hará para convencerlos de que lo ayuden?

- *¿Con qué recursos cuenta para alcanzar estos objetivos de salud?*
  Los recursos aparecen de distintas formas. Las ayudas con que usted cuenta pueden ser personas, posesiones, dinero o patrones de conducta. También son recursos las cualidades personales como la inteligencia y la tenacidad. Los

patrones de conducta son recursos: si conoce a alguien que ha conseguido algo que usted desea, averigüe cómo lo ha hecho. Si ese conocido suyo ha podido, ¿por qué no usted?

- *¿Cómo sabrá que tiene este objetivo de salud?*
  ¿Qué verá, exactamente?
  ¿Qué oirá?
  ¿Qué sentirá?
  ¿Qué olerá y paladeará?
  ¿Cuál es el último indicio antes de que alcance el objetivo?
  Asegúrese de que el indicio que escoge le llega a través de los sentidos.
  Por ejemplo, evidencias de que está usted más sano serían que tiene una cintura de 81 cm, que al despertar se siente lúcido y despejado y que respira con facilidad en lugar de sufrir accesos de tos, que ha perdido cinco kilos de peso, que su aspecto y su sentido del gusto han mejorado, que se ríe seis veces al día, como mínimo, y que un amigo al menos le dice que tiene mejor aspecto que antes. Confíe en sus sentidos. Al pensar en lo que verá, oirá y sentirá cuando haya conseguido su objetivo, está usted creando imágenes y sonidos que hacen real el futuro. Eso los hace motivadores porque, para el cerebro, son reales.

- *Cuando haya decidido su objetivo, quizá necesite dividirlo en varios objetivos menores para alcanzarlo.*
  Por ejemplo, el objetivo de llegar a estar más sano puede dividirse en mantener hábitos alimenticios más saludables, establecer un plan de ejercicio físico, reservar tiempo para relajarse cada día, pasar más tiempo con los seres queridos y profundizar en los conocimientos de la rama de medicina complementaria que lo atraiga.

- *Piense en las consecuencias últimas de conseguir su objetivo.*
  Los objetivos de salud pueden afectar muchos aspectos de

su vida. Incluso pueden cambiar su identidad. Las posibles consecuencias son cambiar de casa, comprar ropas nuevas, establecer nuevas relaciones, gastar dinero, cambiar de costumbres alimentarias y levantarse más temprano por la mañana. Lo que resulta correcto desde su punto de vista puede granjearle conflictos con otros. Adopte la segunda posición con las demás personas que tienen importancia en su vida.

¿Cómo les afectará lo que usted haga?

¿Qué pensarán cuando usted alcance su objetivo?

¿En qué cambiará el trato hacia usted?

¿Qué más sucederá?

¿Qué tendrá usted que sacrificar, quizás? Piense en el tiempo, el dinero y el esfuerzo, tanto mental como físico, que deberá invertir. ¿Lo merece ese objetivo?

¿Cuáles son los aspectos beneficiosos de la situación actual? Tiene que haber alguno o usted no estaría en ella. Asegúrese de que mantiene estos beneficios o de que encuentra otra manera de recuperarlos en el futuro que le convenga más.

- *Por último, lo más importante: ¿Se siente usted congruente con este objetivo?*

  ¿Expresa su yo esencial? Busque posibles incongruencias y modifique el objetivo, si es necesario (hágalo más asequible o compruebe las consecuencias con más detenimiento). Cuando esté seguro de que es congruente con su sentido del yo, establezca un plan de acción. Tiene a su disposición unas herramientas que le ayudarán en el proceso (*véase* la sección «Recursos», en la página 219).

Cuestionario sobre objetivos de salud

¿Su objetivo está expresado en positivo, en dirección a algo que usted quiere, en lugar de limitarse a alejarse de lo que no desea?

¿Es concreto y sencillo?
¿Tiene un límite de tiempo?
¿Tiene claro dónde, cuándo y con quién quiere este objetivo?

¿Qué recursos tiene usted para conseguirlo?
Por ejemplo, posesiones, cualidades personales, personas o patrones de conducta.

¿Cómo sabrá que lo ha conseguido?
¿Qué verá, oirá y sentirá?

¿Cuáles serán las consecuencias completas de alcanzar su objetivo?
¿Qué tendrá que abandonar?
¿Cómo afectará a los demás?
¿Qué esfuerzo monetario, mental y físico tendrá que hacer?
¿Merece la pena?
¿Cómo puede incorporar al objetivo las partes positivas de su situación presente?

¿Todo eso es congruente con usted?

¡Pase a la acción!

Futuros encauzados

Ahora ya puede empezar a crear un futuro encauzado, situando ese objetivo en su línea del tiempo. Este proceso fue creado gracias a las ideas de John Grinder, Richard Bandler y Tad James. Se puede usar este proceso para situar objetivos concretos en el propio futuro o de una manera más general
En primer lugar, tome algunos objetivos de los siguientes campos:

• físico

- profesional
- social
- emocional
- espiritual

Es su vida. ¡Si no tiene objetivos en estos campos, empiece a crearse alguno!

Si todavía no tiene objetivos específicos, imagine cómo quiere ser. ¿Qué atributos desea?

Imagine su línea del tiempo, extendida desde el pasado hacia el futuro. Puede hacerlo mentalmente, pero también puede utilizar una extensión de suelo de modo que pueda recorrer físicamente la línea de tiempo desde el pasado hasta el futuro. En este proceso, vale todo aquello que lo haga más real e inmediato para usted.

Marque el momento actual como un punto en su línea del tiempo. (1)

Retroceda por la línea del tiempo hacia el pasado, remontándose tanto en éste como el plazo que se ha marcado para alcanzar su objetivo en el futuro. Si está creándose un futuro encauzado a cinco años vista, retroceda cinco años en su pasado. (2)

Observe desde allí el punto que ha marcado como el momento actual. Usted ha creado ese «ahora» con todas las acciones que ha emprendido en el pasado.

Avance hasta el «ahora» y perciba lo mucho que ha cambiado en este tiempo. Puede que recuerde ciertas experiencias clave. (3)

Apártese de su línea del tiempo (4) y hágase una imagen disociada de usted mismo consiguiendo su objetivo en el futuro. Véase tal como desea ser. Añada los sonidos y voces que han de acompañar a la imagen. Ahora, asóciese a ella.

¿Qué efecto le produce?

Ajuste las submodalidades de la imagen; hágala más grande, más brillante y más colorista hasta que obtenga la

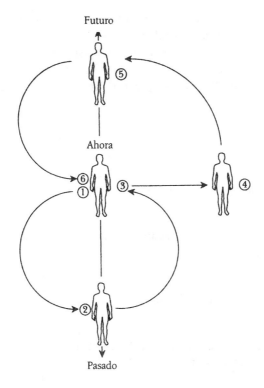

Creación de un futuro encauzado

mejor sensación. Experimente con las submodalidades auditivas hasta que se sienta satisfecho.

Cuando lo esté del todo, salga de la imagen y disóciese.

Lleve la imagen a lo largo de su línea del tiempo hasta el punto del futuro en el que desea alcanzar ese objetivo. Coloque esa imagen disociada en su línea del tiempo. (5)

Ahora, vuelva la vista atrás hacia el «ahora» desde su posición en el futuro.

¿Qué pasos tiene que dar para hacer realidad ese futuro?

¿Cuáles son los obstáculos previsibles que podrían impedirlo y cómo puede salvarlos?

Observe los pasos y estadios del proceso.

Vuelva al momento presente. (6)

Habrá observado que existen diversos objetivos concretos que alcanzar para llegar adonde usted quiere ir.

Siempre hay objetivos a los que aspirar. Cuando se quede sin ellos, cree otros. Si los que tiene han perdido atractivo, crée- los distintos. Tenga siempre un sueño más allá del que está viviendo.

REFLEXIONES

La principal razón para curar es el amor.

Paracelso

El caos es la excusa más atractiva que se ha inventado para la indo- lencia.

Bruce Sterling

La esperanza es un buen desayuno, pero una mala cena.

Francis Bacon

En la vida hay dos tragedias. Una es no satisfacer el deseo del cora- zón; la otra, satisfacerlo.

George Bernard Shaw

10

Dolor y placer

Nacimiento y muerte no tienen remedio; disfrutemos, pues, del intervalo.

George Santayana

Este capítulo trata el tema de prestar atención a su experiencia. Este es el mensaje más importante del presente texto. Prestarse atención a sí mismo es la base de la autoestima. Expande el sentido del yo y también es fundamental para la salud.

Nuestro cuerpo nos mantiene informados en todo instante de nuestro estado. Tendemos a situar nuestras experiencias en una de estas tres categorías: placenteras, que buscamos; dolorosas, que evitamos, y todas las demás, las que toleramos o pasamos por alto. El dolor es una experiencia incómoda. En ella estamos muy solos, muy aislados, cautivos en nuestro cuerpo. La comprensión y el apoyo humano lo hacen más tolerable, sentimos que no estamos solos. Prestar atención a la experiencia del dolor la cambiará, y ese es un paso hacia el alivio y la solución. El placer es una experiencia apetecible. Los sentidos son la puerta al placer físico. El placer es una experiencia de salud que los transporta fuera de nosotros mismos. Mientras que con dolor podemos estar cerrados al exterior, con el placer nos abrimos, compartimos, conectamos con nosotros mismos, con los demás y con el mundo.

Pasamos gran parte de nuestra vida entre lo uno y lo otro, deslizándonos por la superficie de la experiencia; pero como a menudo prestamos poca atención a lo que estamos experimentando en el aquí y ahora, nos negamos el placer de ser. Entonces nos sentimos impulsados a buscar nuevas distracciones que desvíen aún más nuestra atención hacia el exterior. Nos perdemos lo que es, a favor de lo que podría ser o de lo que ha sido ya. Lo único que tenemos es el presente; es el único lugar en el que podemos experimentar auténtico placer, pero le dedicamos poca atención.

El dolor

Hay muchas formas de dolor, tanto físico como emocional. Aquí nos centraremos en el físico, aunque todo cuanto decimos se puede aplicar también al dolor emocional.

El dolor es real, pero difícil de definir. Es subjetivo: sólo la persona que lo padece puede describirlo, aunque disponemos de un vocabulario bastante pobre para ello, si tenemos en cuenta lo importante que es. No existe ningún instrumento médico mágico con el que el doctor pueda medir objetivamente cuánto dolor sufre una persona, pero no existe nada que pueda calificarse de dolor imaginario. El dolor siempre es real para quien lo sufre. El dolor real es lo que cada cual decida que es. El estudio del dolor infantil, en particular, se ha descuidado mucho. Los niños tienen un tamaño más pequeño que los adultos, pero su sensación de dolor no es menor, Incluso puede que sea mayor, debido al miedo y a la confusión que sufren. El alivio del dolor no es un lujo y es muy importante creer lo que cuentan las personas sobre su dolor.

Ciertas partes del cuerpo son sensibles; sabemos con exactitud dónde está el dolor. Algunas causas y signos de dolor, como las contusiones y los huesos rotos, resultan visibles aunque el dolor en sí no lo sea. Una lesión en una zona con pocos receptores de dolor dolerá en otra parte (el dolor será «transferido»). Los órganos internos tienen pocos receptores de dolor; así, en los primeros estadios de un ataque al corazón, por ejemplo, el dolor se nota a lo largo del brazo izquierdo.

Es probable que todo el mundo tenga el mismo umbral de

dolor, pero no la misma tolerancia al mismo. Estados como el temor, el desvalimiento y la confusión empeoran el dolor físico. El dolor de muelas es muy molesto, pero la causa y el remedio son conocidos. Sabemos que el dolor tendrá un final y eso lo hace más soportable. El parto es doloroso, pero también produce una gran alegría y tiene un propósito que lo hace soportable. El dolor es peor cuando no tiene una explicación clara; la incertidumbre es difícil de soportar. No sabemos qué hacer ni cómo detener dicho dolor, de modo que nos sentimos impotentes. Un dolor molesto e inexplicado en el pecho puede ser más problemático que un dolor de muelas, por la preocupación que lo acompaña.

El dolor agudo es repentino, intenso y breve. O pasa enseguida, o nos ponemos en acción para eliminarlo. Más difícil es tratar el dolor crónico. Este causa un gran sufrimiento y puede destruir la calidad de vida, provocando depresiones y sensación de impotencia.

El dolor como respuesta

El dolor merece atención y respeto. Es una señal, una respuesta del cuerpo que advierte que algo anda mal y precisa atención. En este texto nos referimos a los dolores y síntomas normales de enfermedad, los agudos, que la mayoría de las personas experimentan en el curso de la vida. El dolor grave, crónico, puede necesitar tratamiento médico y farmacológico, aunque se puede hacer mucho para complementar el tratamiento con fármacos. El estudio del dolor crónico es un campo de la medicina en rápido desarrollo. Se están presentando métodos para que los pacientes controlen su propia medicación; por fin, un reconocimiento de que las dosis estándar no funcionan con todo el mundo.

Aunque la palabra «dolor» viene del latín y tiene la misma raíz que el término que significa «castigo», es una parte inevitable y esencial de estar vivo. Sin dolor tendríamos que prestar atención consciente a todo lo que hiciéramos para saber si nos habíamos hecho daño o no, y eso haría la vida imposible. Si no se sintiera dolor al tocar una llama, podríamos provocarnos graves quemaduras sin darnos cuenta. El dolor nos dice cuándo dejar lo que estamos haciendo. A menudo, el reflejo no deja ni tiempo para pensar. El dolor nos fuerza a la acción. El dolor de una apendicitis nos obliga a buscar ayuda, a riesgo de morir. Realmente, no es deseable que desaparezca la señal dolorosa. El dolor es saludable. Es su cuerpo que le dice «¡estoy vivo!». Sólo se convierte en un problema, en lugar de en un amigo, cuando es constante y no se puede actuar para aliviarlo.

Fármacos

Cuando pensamos en el alivio del dolor, pensamos normalmente en fármacos. Incluso las endorfinas, las sustancias que producimos de forma natural para aliviarlo, son llamadas «los analgésicos naturales». ¡Esta metáfora encierra muchas suposiciones extrañas! Las endorfinas actúan ocupando el lugar de los receptores de forma que los neurotransmisores encargados de hacer llegar el mensaje doloroso no sean recibidos. La cocaína actúa de la misma manera.

Los anuncios suelen alabar los efectos analgésicos de los fármacos y la medicina en general apoya su uso. Utilice un fármaco al primer síntoma de malestar, sugiere.

Los fármacos, ciertamente, ocupan un lugar importante en el tratamiento del dolor y hay decenas de ellos en el mercado que resultan seguros y eficaces. Entonces, ¿por qué no usarlos? De hecho, cuantos menos analgésicos tome usted, mejor, por múltiples razones. En primer lugar, porque es una forma de descuidar los recursos internos. En vez de dar por hecho que no tiene ningún control y que necesita buscar fuera de usted, explore qué control tiene.

En segundo lugar, cuantos más analgésicos tome, más se habituará a ellos y menos efectivos serán. Cuantos menos analgésicos tome, más eficaces serán cuando los necesite de verdad.

En tercer lugar, el dolor es un mensajero, un síntoma, no una causa. Necesitamos escuchar y entender qué intenta decirnos el dolor antes de que matemos al mensajero. Cuando se utiliza un fármaco para el alivio del dolor, uno puede librarse de él, pero la causa seguirá intacta. Desaparecido el dolor, se puede continuar haciendo lo que, de hecho, origina el dolor; lo único que sucede es que no nos enteramos. ¿Y usted? ¿Se anestesiaría la mano para poder dejarla más tiempo sobre una llama?

Por poner otro ejemplo, las alergias y la tensión muscular son causa común de dolores de cabeza. Una aspirina aliviará el dolor, pero no hace nada por la alergia o por la situación estresante que lo origina. Esto puede llevar a jaquecas más graves, hasta que la aspirina ya no produzca efecto.

Un ejemplo más es el uso continuado de esteroides para reducir la inflamación, el dolor muscular y las lesiones de tendones, sobre todo en el deporte. Los esteroides son fármacos potentes, aliados con el cortisol, la hormona del estrés que produce el cuerpo de forma natural. Son depresores del sistema inmunitario y pueden tener otros efectos secundarios. El dolor indica que el músculo está lesionado y necesita recuperarse. El fármaco detiene esa señal, pero el músculo sigue lesionado. Seguir utilizándolo es arriesgarse a una lesión más grave. El precio de jugar puede ser muy alto: dolor de espalda por lesión de las vértebras o artritis.

El mismo argumento sirve para el dolor emocional. Los médicos tienden a recetar tranquilizantes con la mejor de las intenciones. Sin embargo, los tranquilizantes no eliminan la causa ni resuelven la cuestión, sino que embotan los sentidos. Privan de la capacidad de sentir. Por ejemplo, el duelo es un proceso natural para curar el dolor de la pérdida y necesita su tiempo para completarse. Los tranquilizantes pueden bloquear el proceso de condolencia. En la PNL existen muchas técnicas para solucionar fobias, para afrontar sentimientos de culpa, pérdidas y traumas del pasado que quedan fuera del ámbito de este libro, pero que están plenamente descritos en la literatura de la PNL[1]. Estas técnicas funcionan, pero no reprimiendo los síntomas, sino ofreciendo medios para afrontar las causas que han dado lugar a tales síntomas.

Los fármacos tienen su utilidad. Tomar analgésicos o tranquilizantes puede ser conveniente. Pueden salvar la vida y mejorar la calidad de su existencia a muchas personas. Si se decide a usarlos, infórmese bien de qué son, qué hacen y qué efectos secundarios tienen. Todos los fármacos tienen efectos secundarios. Trabaje en colaboración con su médico. Si ellos no lo saben, busque la información en las referencias médicas estándar que encontrará en las bibliotecas públicas. Asegúrese de encontrar respuesta a la importante pregunta de cómo saber cuándo ya no es necesaria la medicación.

Acompañamiento somático

Puede que el dolor sea la última señal antes de la enfermedad o la primera señal de ésta. ¿Cómo reaccionar ante él?

En la práctica, tendemos a hacerlo de una de dos maneras: aplacamos el dolor con un fármaco analgésico o hacemos caso omiso de él. Intentar no hacer caso del dolor no da resultado. Cuanto más tratamos de olvidarlo, más presente se hace y más nos sentimos dominados por él. La alternativa es dedicarse a otra actividad. A veces parece milagroso cómo desaparecen los dolores tan pronto nos ponemos a hacer algo que nos gusta. Cuando estamos profundamente concentrados en algo, no notamos el dolor. Por ejemplo, los deportistas terminan la competición y sólo entonces se dan cuenta del alcance de sus lesiones. Sin embargo, antes de dedicarse a otra actividad, respete el dolor como una señal que merece atención.

Ante todo, cómo NO prestarle atención.

Empieza un dolor; por ejemplo, una jaqueca. Representa un uno sobre diez en su escala personal del dolor. Usted se alarma, se inquieta. Se preocupa por el dolor y se pregunta si irá a peor. La preocupación y la insinuación de que pueda empeorar hace que se intensifique. Asciende un punto en la escala, hasta el dos. El temor y la ansiedad liberan adrenalina, que aumenta la fuerza de las transmisiones nerviosas. El dolor se dispara, quizás hasta el cuatro sobre diez. Esto puede dar lugar a un círculo vicioso en el que el dolor aumenta en espiral. Y así, la siguiente vez que se inicia un dolor de cabeza, usted se dice, «espero que no sea tan malo como el último». Esto desencadena otra vez la espiral.

En lugar de dejarse atrapar en esa espiral, limítese a prestar atención a su dolor como una sensación en el momento presente. Apártese de las experiencias pasadas y las expectativas para el futuro. El acto de prestar atención cambiará su experiencia del dolor de maneras sutiles. Ian ha desarrollado este proceso y lo llama «acompañamiento somático». La intención es asimilar la experiencia de dolor y de malestar y, con ello, permitir que evolucione.

En lugar de intentar alejarse de la sensación, dedíquele su atención. Al hacerlo, observe qué sucede con la sensación original. Casi con seguridad, esta empezará a cambiar.

Al prestar atención al dolor, usted cambia la relación con esa sensación y empieza a influir en ella directamente. Póngase en el peor de los casos y suponga que el dolor se intensifica; ahora, usted ya sabe que puede ejercer algún efecto sobre él. Su objetivo será ejercerlo de la manera que usted quiera.

Cobrará conciencia de que, si bien el dolor es parte de su experiencia, no es la experiencia completa. Como persona que lo sufre, es usted más que esa experiencia. También puede dirigirse abiertamente al síntoma y requerir de él qué mensaje tiene para usted. Con una frecuencia que resulta sorprendente, quienes lo hacen obtienen una respuesta cuya importancia reconocen.

Tras esto, hay muchas otras cosas que puede hacer. Una que ha resultado muy útil es crear su propia escala personal del dolor. Por ejemplo:

0   es ausencia de dolor
1   sensación incómoda
2   levemente dolorosa
3   medianamente dolorosa
4   muy dolorosa
5   el peor dolor que ha sufrido nunca

Gradúe la intensidad de la sensación. La escala puede tener tantos grados como usted quiera. Lo importante es que tengan sentido para usted. Incluso pensar en lo que podrían ser hará que usted sea más selectivo y discriminatorio acerca de su propia experiencia.

Gradúe su nivel de dolor en la escala.

Muéstrese curioso acerca de ella.

Advierta las submodalidades del dolor.

¿Dónde se localiza?

¿Qué intensidad tiene?

¿Es una sensación cálida?

¿Qué tamaño tiene?

¿Qué superficie cubre?

Si el dolor se convirtiera en un sonido, ¿cuál sería éste?

Si fuera a convertirse en un color, ¿cuál sería?

Esto es acompañarse a uno mismo. Acompañamiento somático. Este acompañarse cambiará su experiencia. Y puede que también alivie el dolor. Ahora, puede usted dirigirse hacia otra experiencia.

Tome el sonido del dolor y préstele atención internamente. Ahora, cambie ese sonido de forma gradual. Aprecie cómo este cambio modifica su experiencia del dolor. Experimente con diferentes sonidos. Usted puede llegar a cambiar completamente el sonido hasta acomodarlo a su gusto reduciendo el volumen y el ritmo, haciéndolo más musical o más suave, o cambiando la dirección.

También es posible trabajar la imagen: cambiar la luz, la intensidad y el color. Aprecie cómo estos cambios modifican el dolor. Colores diferentes producirán diferentes sensaciones. Descubra el mejor para usted. Cuando trabaje con submodalidades visuales y auditivas, no haga grandes cambios de forma inmediata; al contrario, explore gradualmente el efecto de las submodalidades que cambia. Con frecuencia, limitarse a asistir sin realizar conversiones de sonidos o de colores es suficiente para que se produzca un proceso de cambio.

Metáforas del dolor

Nuestras metáforas del dolor influyen en nuestra experiencia dolorosa.

Explore su concepción del dolor físico y emocional con estas cuestiones:

«Cuando me duele algo no puedo...»
«Lo que me asusta del dolor es...»
«Es correcto gemir o gritar de dolor cuando...»
«No está bien gemir o gritar de dolor cuando...»
«Reconozco que me duele cuando...»
«El dolor más terrible que he sufrido nunca fue...»
«Normalmente, afronto el dolor de la siguiente manera...»
«Nunca he afrontado el dolor haciendo...»

Puede utilizar las cuestiones que apuntamos a continuación para explorar un dolor que esté padeciendo o su experiencia del dolor en general:
EL DOLOR ES COMO...
PORQUE...

No es preciso que se limite a una respuesta. Probablemente, encontrará muchas metáforas.

¿Qué le dice esto acerca de su manera de experimentar el dolor?

¿Qué requisitos más tiene que cumplir el dolor para que su metáfora se ajuste a la realidad?

El dolor es una forma de comunicación de su cuerpo. El cuerpo no tiene palabras, sólo sensaciones. Para comprender el mensaje y actuar en consecuencia quizá necesite traducirlo a palabras, pero el dolor ya habrá cumplido su propósito. Utilice las cuestiones anteriores y las que siguen para explorar el mensaje. No intente forzar las respuestas para darles sentido. Tómelas como vengan, por estrambóticas que le parezcan a primera vista.

Tome un dolor o síntoma concreto que esté sufriendo y termine la frase:
CUANDO TENGO ESTE DOLOR SIENTO...
PORQUE...
No se limite a una sola respuesta. Deje salir todos sus sentimientos negativos acerca del dolor.

El dolor puede tener también una intención positiva. Está haciendo algo por usted, permitiéndole conseguir algo.

Formúlese esta cuestión y anote las respuestas que le sugiera:
CUANDO TENGO ESTE DOLOR, ME SIENTO ALIVIA-DO PORQUE...
Observe sus respuestas. ¿Cómo puede ser cierto todo eso? Casi siempre asoma una intención positiva. El dolor le ayuda a conseguir un objetivo al que aspira.
¿Existe otro medio mejor de lograr el mismo objetivo sin tener que sufrir dolor?

Desoír el mensaje

A menudo hacemos caso omiso del dolor, tal vez porque no queremos tomar fármacos o porque no queremos quejarnos, y nos limitamos a esperar que desaparezca. Pero al hacer oídos sordos al dolor también desoímos el mensaje que este intenta darnos. Si desoímos el mismo mensaje repetidas veces, corremos el riesgo de caer en la enfermedad como si fuéramos sonámbulos. Con el tiempo, para llamar nuestra atención, el mensajero hará algo más que limitarse a tirarnos de la manga.

Antes, Joseph se dedicaba en exclusiva a la enseñanza y para él era importante trabajar durante el curso escolar porque era la única época en que podía ganar dinero. Los periodos escolares duran un trimestre, con unos días de vacaciones a medio periodo. Joseph hacía caso omiso de las enfermedades durante el periodo lectivo y seguía trabajando si podía, aunque normalmente sufría fuertes resfriados o tenía que permanecer en cama con la gripe durante los días de vacaciones. Era como si todo el estrés acumulado se vertiera en vacaciones, cuando, de pronto, no era problema ponerse enfermo.

En general, no prestamos atención a nuestro cuerpo hasta que deja de funcionar como es debido. También nos acostumbramos a ciertos estados del ser. Cuando se presta más atención al cuerpo, se es más receptivo a la información que facilita antes de que recurra abiertamente a los mensajes dolorosos. Así también aumentará la sensibilidad al placer físico.

Para empezar, acompáñese.

¿De que partes de su cuerpo es usted más consciente, por lo general?

Señálelas con manchas de color en el diagrama que sigue.

Ahora, ¿de qué partes de su cuerpo está menos satisfecho? (Sea porque le causan dolor o porque se siente incómodo con ellas, o porque considera que no son atractivas.)

Sus imágenes corporales

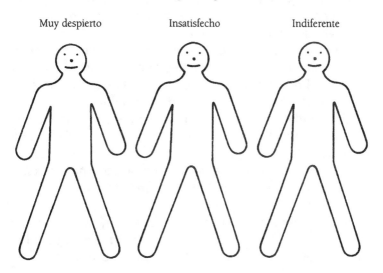

Muy despierto   Insatisfecho   Indiferente

Márquelas con otro color en el diagrama.
Por último, ¿qué partes de su cuerpo le gustan?
Márquelas con otro color.
¿Qué le dicen estas figuras respecto a la manera que usted tiene de experimentar su propio cuerpo?

Exploración de la salud personal

Hasta aquí nos hemos centrado en el dolor. Ahora nos desplazamos por la conciencia hasta el placer y tal vez desee usted cambiar de estado (poniéndose en pie, por ejemplo, y moviendo el cuerpo) antes de continuar leyendo.

Busque un lugar tranquilo donde pueda relajarse diez minutos y tiéndase. Deje que su atención se centre en su cuerpo. Imagine que toma aire por diferentes partes de su cuerpo.

Empiece por los dedos de un pie y ascienda despacio por éste y por la pierna. Cuando llegue a la pelvis, repita el proceso descendiendo por la otra pierna. A continuación, vuelva a la pelvis y suba por el torso, empezando por el abdomen y la zona inferior de la espalda y ascendiendo por ésta hasta los hombros y el tórax.

Después, pase a los dedos de la mano izquierda y suba por el brazo hasta el hombro. Repita el proceso en el brazo derecho. Por último, repase el cuello, la nuca y todas las partes de la cara para terminar en la coronilla.

En realidad, no importa dónde empiece o dónde termine, mientras cubra todo el cuerpo y perciba cada una de sus partes, tanto internas como externas. Note el corazón, los pulmones, el sistema digestivo. No se contente con quedarse en la superficie del cuerpo. Inspire y espire desde cada zona.

Haga que toda incomodidad o fatiga fluya de su cuerpo con esa respiración e imagine que introduce energía o luz en su cuerpo cada vez que toma aire. Busque zonas de salud en su cuerpo. Trace su propio diagrama y marque en él esas zonas de salud. Puede que las encuentre en puntos impensados, además de en lugares previsibles: en los dedos de los pies, en la palma de la mano, en los pulmones, en los párpados o en las corvas de las rodillas. En algunas zonas quizá tenga poca sensibilidad, o ninguna. Puede que otras resulten dolorosas. No deje que estas centren su atención hasta que les llegue el turno; entonces, proceda en ellas como en cualquier otra.

Completar este sencillo ejercicio lleva unos diez minutos. En el mercado existen muchas grabaciones para relajarse que pueden ayudarle en este proceso, pero para usted la mejor será, probablemente, la que usted mismo se haga, pues sabe mejor que nadie qué decirse y en qué tono para relajarse.

El examen corporal es una manera de estar en el momento presente y de incrementar la conciencia del propio cuerpo. La calidad de la atención que usted dedique y la voluntad de sentir todo lo que haya que sentir son más importantes que el hecho de expulsar la tensión del cuerpo mediante la respiración.

Meditación

La exploración corporal es como la meditación. Esta se toma en ocasiones por una disciplina esotérica procedente de religiones orientales, pero el término «meditación» tiene la misma raíz que «medicina». Ambas palabras significan medida y equilibrio. En consideración de los autores, unos ejercicios regulares de meditación de alguna clase son fundamentales para la salud.

Existen muchas formas de meditación, pero todas ellas se proponen equilibrar mente, cuerpo y espíritu mediante el despertar de la conciencia en el momento presente. La Meditación Trascendental (MT) es ampliamente conocida en Occidente desde hace más de veinticinco años y ha sido objeto de intensa atención científica. Todos los sistemas de relajación y de meditación producen beneficios, pero los de la MT han sido los mejor estudiados y certificados.[2] Durante la MT, el ritmo respiratorio desciende a unos 11 ciclos por minuto, en lugar de los 16 o 20 habituales. El ritmo cardiaco desciende al menos tres latidos por minuto y la presión arterial también disminuye. La resistencia eléctrica de la piel, que es la medida normal de la ansiedad y que se utiliza tanto en las técnicas de *biofeedback* como en los test del detector de mentiras, es unas trescientas veces superior al normal, lo cual demuestra que la ansiedad y el estrés están en un mínimo. El flujo sanguíneo al cerebro aumenta en un veinticinco por ciento. Incluso varía la actividad eléctrica cerebral. Las ondas cerebrales son más sincronizadas y homogéneas y las ondas alfa asociadas a un sentimiento de relajación y de bienestar aumentan de frecuencia. Esto no puede hacerse a voluntad, conscientemente. Se produce de forma natural como resultado de la meditación. Entre sus efectos parece producirse un equilibrio entre las dos ramas del sistema nervioso autónomo, lo que abre un camino para que el pensamiento y la acción salgan de su inmovilidad.

El placer

Lo anterior nos lleva al placer. El placer es una señal de congruencia, lo opuesto del poder. En efecto, no tenemos ningún poder sobre el placer y no podemos fingirlo; por lo menos, no podemos simularlo en nuestro interior. El placer, posiblemente, es la manera en que la naturaleza refuerza lo que es saludable. Todo el mundo tiene una brújula interna que es atraída hacia la salud y cuyo norte magnético es el placer. Los autores creemos que producir, amar y buscar el placer son actividades saludables. Por eso resulta extraño que exista tanta información sobre los riesgos del placer y tan poca sobre sus beneficios para la salud.

El placer es también algo que usted hace para sí mismo, es autoafirmador y refuerza su sentido del yo, sobre todo si está acostumbrado a prestar atención a las necesidades de otros a costa de las suyas.

Hemos nacido para el placer. Como niños de pecho, buscamos el placer para sobrevivir. Podemos aprender a encontrar placer en casi cualquier cosa, incluso en aquellas que al principio son dolorosas. También aprendemos que la civilización significa renunciar a algunos placeres, aplazar otros y descubrir otros más. No obstante, también hay placer en retrasar la gratificación. Podemos compartir el placer, muchos de los mayores placeres se comparten con otros, pero la ética del trabajo y las normas sociales que soportamos enfrentan trabajo y placer como si fueran términos contradictorios. Algunos trabajos son aburridos y desagradables, pero no todos. El trabajo ocupa una parte tan fundamental de nuestra vida que, sin duda, es importante para nuestra salud que obtengamos de él el máximo placer posible. Imagine lo que significaría trabajar en lo que le gusta y sea congruente con ello.

El vocabulario del placer es limitado. Tenemos más distinciones para el dolor, tal vez porque de éste nos quejamos, tenemos que describirlo al médico y, a menudo, es la base del diagnóstico. En cambio, no tenemos que describirle el placer a nadie…, ¡y mucho menos quejarnos de él!

Placer sensual

Existen muchas formas de placer, pero todas nos llegan, directa o indirectamente, a través de los sentidos. Necesitamos ver las palabras para complacernos en la lectura y escuchar los sonidos para apreciar la música. Nuestros sentidos son extraordinariamente sensibles. La luz de una vela a quince kilómetros de distancia estimula el ojo. Nuestro campo de audición abarca diez octavas (entre 16 y 20.000 ciclos por segundo). Podemos oler algunas sustancias químicas presentes en cantidades inferiores a una billonésima de onza. Percibimos el sabor amargo en proporciones de una parte por dos millones. El tacto puede ser lánguido o electrizante. Puede comunicar mucho acerca del amor, del cariño y de la relación entre personas. El sexo es uno de los grandes placeres de la vida. Después de una relación sexual satisfactoria nos sentimos mejor. La relación reúne y satisface nuestras muchas necesidades de contacto, de cariño y de intimidad emocional.

¿Cómo se puede incrementar el placer? Una de las maneras es desarrollar los sentidos. Busque visiones y sonidos que le den placer. Lo que vemos y oímos nos influye aunque no prestemos mucha atención. La música influye en el ritmo respiratorio, en la presión arterial, en las contracciones del estómago y en los niveles de hormonas del estrés en la sangre[3]. Contemplar la naturaleza produce placer y relajación. En el sabor y el olor hay un universo de placer. Cuando desarrollamos nuestros sentidos somos más sensibles, capaces de ver más, de oír mejor, de apreciar mejor el gusto, el tacto y el olfato; distinguimos matices más sutiles en nuestros sentidos. Si aprendemos a refinar nuestras percepciones exteriores, también podremos establecer distinciones más sutiles en los sistemas de representación de nuestro mundo mental. La agudeza sensorial potencia las facultades intelectuales. En nuestra infancia, aprendemos a pensar a través de los sentidos de esta manera, precisamente. Podemos hacer de ésta una vía de aprendizaje permanente, durante toda la vida.

Y no se trata sólo de que el placer proceda de los sentidos, pues ocurre que una estimulación sensorial inadecuada puede resultar incluso fatal. El primer sentido en desarrollarse es el tacto y si éste no resultara grato, no habría apareamiento ni supervivencia. A principios de este siglo, se dejaba a los niños pequeños al cuidado de una institución cuando quedaban separados de sus padres. A estos bebés no se los sostenía en brazos ni apenas los tocaban por temor a las enfermedades contagiosas. En 1915, un estudio reveló que casi todos los niños menores de dos años internados en tales instituciones fallecían, a pesar de que la nutrición y la higiene eran las adecuadas. El contacto físico es un nutriente vital. El sentido del tacto no sólo produce un gran placer sino que es fundamental para nuestro bienestar. Los niños recién nacidos que no son estimulados con imágenes y sonidos no crecen ni se desarrollan tanto como los que tienen un ambiente sensorial estimulante.

El placer sensual nos rodea por todas partes. Quizá nos

hemos vuelto demasiado serios, lo hemos relegado a ocasiones y lugares especiales y nos hemos vuelto ciegos y sordos a muchas posibilidades. Somos demasiado serios con nuestro juego. Hace unos años, Ian visitaba una galería de arte, con una enorme cristalera orientada al oeste a través de la cual lucía el crepúsculo más espectacular en un torbellino de colores cambiantes. En el interior de la galería había un cuadro de un crepúsculo parecido, tomado probablemente del natural. Los visitantes admiraban el cuadro (con razón, pues era una buena pintura), pero no advertían el atardecer auténtico que iluminaba la escena con su resplandor.

Placer y felicidad

El placer se suma a nuestra felicidad. La felicidad procede en parte del hecho de acortar la distancia entre el punto en que se encuentra usted (su estado presente) y el punto donde quiere estar (su estado deseado). Parte de la felicidad consiste en establecer objetivos y avanzar hacia ellos. Buscamos la diferencia y la diversidad, pero también necesitamos el consuelo de lo familiar, las costumbres. La felicidad parece un equilibrio entre el reposo reconfortante y el impulso insaciable de buscar nuevos retos. El arte de ser feliz consiste en parte en lo que uno mantiene estable en su vida y, en parte, en lo que uno intenta cambiar. Un exceso de estabilidad asfixia y un exceso de cambio abruma. Así, podemos establecer que los cuatro pilares de la PNL son la base del placer y de la felicidad en la vida: sintonía y relación, establecimiento de objetivos y su consecución, el desarrollo de los sentidos y de la agudeza sensorial, y flexibilidad de elección para no verse nunca sin alternativas.

Existen tres maneras principales de no conseguir la felicidad. Una es permanecer disociado continuamente, saber mucho de la felicidad en abstracto, pero no haberla experimentado apenas. Para conseguir placer de la experiencia y ser feliz, necesitamos asociarnos, estar en el tiempo. La segunda manera de no alcanzar la felicidad es considerarla algo a alcanzar, algo externo, escurridizo, a lo que se debe dar caza. La palabra «felicidad» es otra nominalización. No puede poseerse; tiene que crearse momento a momento. La tercera manera de no conseguir la felicidad es pensar que ella tiene que ser un gran acontecimiento, una ocasión especial; pendientes de estos momentos, podemos perdernos los pequeños placeres diarios que contribuyen a una vida saludable y feliz. La felicidad no está sólo en la cima, sino en toda la montaña.

¿Qué grado de felicidad tiene usted ahora?

Por favor, señale su Grado de Felicidad Personal en la siguiente escala:

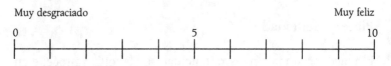

Muy desgraciado   Muy feliz

0   5   10

Valoración de felicidad personal

La felicidad es completamente subjetiva, de modo que no puede haber comparación con otros.

Ahora, piense en la experiencia más maravillosa que podría sucederle (ganar a la lotería, tal vez). ¿Qué grado de felicidad representaría eso?

A continuación, piense en lo peor que podría sucederle en la vida (quedarse parapléjico en un accidente, quizás). ¿Dónde situaría eso en la escala?

Quizá le interesen los resultados de ciertas encuestas que responden a tales cuestiones. El nivel de felicidad medio resultó ser de 6,5. Una encuesta entre parapléjicos ofreció un índice medio de 6,0, apenas medio punto de diferencia. En un primer momento, el premio en la lotería elevó el índice hasta sobrepasar el 9, pero, un año más tarde, el índice de felicidad personal según la valoración de quienes habían ganado la lotería había vuelto al 6,5[4]. Al cabo de un año, apenas eran más felices; también es interesante que declararan sentir mucho menos placer en sus actividades diarias, en sus relaciones y en su trabajo. ¿Por qué? Porque nos adaptamos. Graduamos nuestras expectativas según nuestras circunstancias. Cuanto más tiene una persona, más eleva sus mínimos y más necesita marcar una diferencia. La felicidad se basa en la comparación de lo que uno tiene, sea en el nivel que sea, y lo que uno quiere.

Índice de placer diario

¿Tiene usted suficiente aporte de placer cotidiano?

No nos proponemos dar recetas sobre el placer, sino ayudarle a hacer más de aquello que le da placer, a conseguir más. ¿Qué cosas, de las que hace con frecuencia, le producen auténtico placer? ¿Les saca el máximo?

Piense en las muchas experiencias placenteras que ha tenido en el pasado. Haga una lista de entre tres y cinco experiencias agradables en cada uno de los siguientes apartados:

1 aire libre
2 profesional
3 deporte
4 música
5 aficiones
6 viajes
7 relaciones, amigos y familia
8 lectura
9 niños
10 sexo
11 actividad religiosa y espiritual
12 ropa
13 solución de problemas
14 finanzas
15 cocina
16 amistades
17 televisión
18 vacaciones
19 juegos
20 actos generosos

Por ejemplo, el primer apartado es el de aire libre. Cinco ocasiones de encontrar placer al aire libre podrían ser un paseo después de comer, contemplar una puesta de sol, ver caer la nieve, escuchar el canto de un pájaro y oler la hierba recién cortada. Cinco ejemplos del segundo apartado podrían ser un ascenso, resolver un problema en el trabajo, conocer amigos, recibir felicitaciones por la tarea hecha y alabar el trabajo de otros. Los actos de bondad o generosidad incluyen las ocasiones en que se ha sido amable con los demás sin la menor justificación y en que los demás lo han sido con uno inesperadamente. Estamos acostumbrados a leer u oír hablar de «actos de violencia gratuita»: ¿por qué no los ha de haber de amabilidad o de bondad?

Si le resulta difícil completar un apartado, quizás esté pensando en términos demasiado ambiciosos. Estos placeres pueden ser tan simples y breves –el primer bocado del almuerzo, los momentos lánguidos antes de despertar del todo, oír a unos niños que juegan– como usted querría que fueran si estuviera allí para disfrutarlos.

Otro enfoque sería recordar momentos placenteros de los últimos meses y, a continuación, situarlos en una categoría.

¿Cuál de tales experiencias le produce mayor placer?

¿Cuál le proporciona una mayor autoestima?

¿Qué placeres que todavía no tiene en la lista le gustaría que aparecieran en ella?

Veinte apartados con cinco ejemplos en cada uno da un total de cien experiencias.

Ahora, recuerde los últimos meses. Quizás haya hecho algunas cosas en más de una ocasión. Valórelas de la siguiente manera:

Le produjeron poco placer	1
Le produjeron bastante placer	2
Le produjeron mucho placer	3

La puntuación máxima es de trescientos puntos. ¿Cuál es la suya? Divídala por treinta y tendrá su índice de placer diario.

Índice de placer diario (IPD):

¿Es suficiente? ¿Puede mejorarlo el mes que viene?

No se olvide de la risa. A menudo consideramos que es una mera reacción al placer, pero la risa es un placer en sí misma. Su definición científica es «reflejo psicofisiológico, una espiración sucesiva, rítmica y espasmódica con la glotis abierta y vibración de las cuerdas vocales, acompañada a menudo de muecas faciales y exhibición de dientes»[5]. Una descripción torpe, que merece por sí sola una sonrisa. Se ha demostrado que la risa estimula el sistema inmunitario[6] y eleva el umbral de dolor[7]. También se ha comprobado que el humor y la risa reducen los niveles de las hormonas del estrés epinefrina y cortisol[8]. Realmente, debemos tomarnos el humor más en serio.

Por último, para concluir este capítulo, hagamos una reflexión acerca de los placeres del sueño. Cuando tenemos mucho sueño, dormir se antepone a casi cualquier otro placer. No entendemos por qué, pero lo necesitamos…, y la naturaleza convierte en placer todo lo que hacemos por necesidad.

El cerebro no puede relajarse fuera del sueño e incluso en él, baraja su mazo de experiencias y nos ofrece, para mantenernos cuerdos, nuestra ración de metáforas nocturnas como un narrador loco. El cuerpo utiliza este tiempo para repararse. Existe un vínculo entre el sueño y el sistema inmunitario: en el estado de sueño profundo se libera una variedad de agentes químicos que son conocidos estimulantes del sistema inmunitario[9]. Tal vez sea ésa la explicación de por qué dormimos más cuando estamos enfermos. También se ha demostrado que el sueño protege la salud. Un estudio de cinco mil adultos a lo largo de nueve años constató que los individuos que dormían entre siete y ocho horas cada noche presentaban el porcentaje más bajo de muertes por enfermedades cardiacas, por cáncer o por accidente vascular cerebral. El riesgo de una muerte prematura era un treinta por ciento superior entre quienes dormían poco (seis horas o menos) o mucho (nueve horas o más). El estudio no distinguía entre el sueño natural y el forzado por las circunstancias, pero la estadística resulta muy sugerente[10].

El sueño forma parte del ritmo natural de nuestra vida, invade todo cuanto hacemos. Existen ritmos naturales extensos, como el paso de las estaciones del año, y otros como el de vigilia y sueño, acoplado al ciclo día-noche. Están también los ritmos más breves, dentro del día. Estos ritmos marcan el flujo y reflujo natural que experimentamos durante el día y la noche. Durante el sueño, cada noventa minutos, la mayoría de las personas experimenta una fase de sueño que se manifiesta en movimientos oculares rápidos[11].

Nuevas investigaciones han descubierto otro ritmo de descanso seguido de actividad, de entre una hora y media y dos horas, relacionado con el predominio del hemisferio cerebral derecho o izquierdo[12]. Parece que estos ritmos están modulados por el sistema nervioso autónomo y por el endocrino. Incluso las células tienen puntos altos y bajos de actividad metabólica durante el día. Una de las maneras en que las células cancerosas muestran que son anormales es que invierten este ritmo y muestran la máxima actividad cuando las células normales experimentan la mínima (un hecho que se utiliza para programar la administración de radio y quimioterapia en el tratamiento del cáncer).

Cuando perturbamos gravemente estos ritmos naturales, nos ponemos en peligro. El estrés los perturba, y muchos investigadores relacionan el hecho con la enfermedad y con los trastornos de estrés[13].

REFLEXIONES

En teoría, no debería de haber mucha diferencia entre teoría y práctica; en la práctica, sin embargo, a menudo la hay.

Anón.

Dios nos guarde
de la visión única y del sueño de Newton.

William Blake

Los sentimientos humanos son palabras expresadas en carne humana.

Aristóteles

Se hace uno adulto el día en que se ríe verdaderamente de sí mismo por primera vez.

Ethel Barrymore

Curarse es cuestión de tiempo, pero a veces también lo es de oportunidad.

Hipócrates

El gran secreto de los médicos, que sólo sus esposas conocen bien pero que se oculta celosamente del conocimiento del público, es que la mayoría de las cosas funciona mejor por sí solas y que, de hecho, muchas cosas han mejorado a la mañana siguiente.

Dr. Lewis Thomas, presidente del instituto Memorial Sloan Kettering para las Investigaciones sobre el Cáncer.

El cerebro es mi segundo órgano favorito.

Woody Allen

Dormir... Sueño, bálsamo de mentes heridas, segundo plato de la gran naturaleza; principal nutriente en el banquete de la vida.

William Shakespeare, *Macbeth*

11

Envejecer con salud

> Según parece, la única manera de vivir más tiempo consiste en envejecer.
>
> Daniel François Esprit Auber

¿Cuánto tiempo desea usted vivir? Vivir muchos años significa envejecer. El carro alado del tiempo sólo corre en una dirección a pesar de todos nuestros esfuerzos, pero envejecemos de diferentes maneras y a diferentes ritmos.

Aunque la medicina ha aumentado enormemente nuestra esperanza de vida media, al parecer el tiempo máximo que una persona puede vivir no ha cambiado a lo largo de la historia, desde que se tienen registros. En 1996, una anciana que vive en París alcanzó la edad más avanzada de la que se tiene constancia fehaciente: ciento veinte años.

¿Qué significa la vejez para una persona? Si la palabra evoca los espectros de la enfermedad, la fragilidad, la pérdida de facultades mentales y la progresiva reducción de la calidad de vida, llegar a viejo no parece una propuesta muy tentadora. A lo que aspiramos es a un envejecimiento saludable, lo cual es muy distinto de limitarse a no morir. Se trata de tener buena calidad y buena cantidad de vida. El ideal es morir lo más joven posible, lo más tarde posible.

En 1995, un informe de la oficina de Censos y Estadísticas de Población del Reino Unido exponía que, a los sesenta y cinco años de edad, las mujeres podían calcular que aún vivirían dieciocho años más y los hombres, trece. Sin embargo, es muy probable que sólo disfruten de buena salud la mitad de esos años. La medicina puede darnos unos años más, pero no serán de buena salud, necesariamente. Una existencia larga y saludable es algo que una persona debe crearse ella misma.

La cultura occidental es espectacularmente incongruente en el tema del envejecimiento. Existe miedo a envejecer y hay prejuicios contra los viejos. El ideal es la juventud y «joven» equivale a «atractivo». Si uno no puede ser joven, al menos se debe aparentar. Las mujeres ancianas son juzgadas con más severidad. Se hace más hincapié en el atractivo físico de una mujer que en el de un hombre. En esta cultura, «viejo» equivale a «carente de atractivo, de salud y de capacidad» y, más incluso que la edad en sí, es esta triple carencia lo que tememos».

La PNL puede proporcionar dos contribuciones positivas. La primera es modelar un envejecimiento saludable: ¿Cuáles son las cualidades de las personas que envejecen saludablemente y tienen una vida larga, activa y feliz? La segunda es analizar las creencias negativas que impiden envejecer con salud.

Las tres edades

En el mito de Edipo, la Esfinge hacía la misma pregunta a todos los viajeros que pasaban: «¿Cuál es el animal que tiene cuatro patas por la mañana, dos a mediodía y tres por la tarde?». Quienes no acertaban con la respuesta perdían la vida. Edipo dio con la solución al enigma: «El hombre, que anda a gatas en la mañana de su vida, camina erguido durante la vida adulta y se apoya en un bastón en la vejez». Así, a estas tres fases se las denominó las tres edades del hombre.

Hoy también consideramos que el ser humano tiene tres edades, no importa los años que haya cumplido:

- la edad cronológica
- la edad biológica
- la edad psicológica

La edad cronológica es el número de años que la persona lleva viva, medido por el calendario.

La edad biológica es el desgaste del cuerpo. Este es el que causa el envejecimiento biológico y todos los cambios físicos que se asocian a la edad. Finalmente, el desgaste acumulado resulta fatal.

La edad psicológica es lo viejo que uno se siente, su modo de pensar y la calidad de la vida emocional e intelectual que disfruta.

Las tres son interdependientes, pero no son lo mismo. Juzgamos la edad sólo según la cronológica, pero tal juicio resulta engañoso. ¿Qué hay de la persona de treinta años cuyos hábitos de vida le han dejado con el corazón y los pulmones de una persona de cincuenta? ¿Qué hay de la cincuentona que tiene más energía que sus colegas veinteañeras? Las tres edades no van acompasadas. Sólo la edad cronológica avanza firme e inexorable con el transcurso de las estaciones. Las otras dos pueden avanzar a su ritmo, adelantarse o retrasarse. Si para algunas personas es posible vivir hasta los ciento diez años de edad cronológica, se puede afirmar que para muchas personas las edades biológica y psicológica van veinte años o más por delante de la cronológica.

La interdependencia de las edades psicológica y biológica quedó maravillosamente demostrada en 1979 por Ellen Langer y sus colegas de Harvard, en un estudio sobre un grupo de varones, todos ellos mayores de setenta y cinco años, reunidos durante una semana en una residencia campestre. Pero estas vacaciones fueron un poco diferentes. La residencia fue decorada y amueblada al estilo de veinte años antes. Revistas y periódicos, incluso, eran de 1959. También la música que sonaba. Se pidió a todos los participantes que se comportaran como si estuvieran en 1959 y hablaran en presente de los acontecimientos de ese año. Todos los hombres estaban jubilados, pero se les pidió que hablaran de sus trabajos como si aún estuvieran en activo. Todos llevaban fotografías de carnet tomadas veinte años antes. Durante el estudio, el equipo de investigadores hizo mediciones de la edad biológica de los sujetos con baremos como la fuerza muscular, la memoria a corto plazo y la agudeza visual, auditiva y de sabor.

Los resultados físicos de este viaje mental en el tiempo fueron sorprendentes. Al término del estudio, unos observadores imparciales compararon fotografías tomadas antes y después y adjudicaron al grupo tres años menos, en promedio, de la edad que les habían calculado al inicio. La longitud de los dedos tiende a acortarse con la edad, pero los de los participantes en la experiencia se habían alargado. Las articulaciones estaban más flexibles. Muchos de aquellos hombres se volvieron más activos y autosuficientes, teniendo en cuenta que antes se ayudaban de miembros más jóvenes de la familia para valerse. La potencia muscular mejoró, igual que la audición y la visión. Más de la mitad del grupo mostró un aumento de inteligencia durante el estudio, según los tests estándar. El grupo de control no mostró ninguna de estas mejorías en el mismo grado.

La mente de esos hombres había sido llevada veinte años atrás y el cuerpo la había seguido. Langer consideró que el éxito del experimento se debía a que los hombres se comportaban como si fueran más jóvenes, eran tratados como si lo fueran y se les pedía que siguieran instrucciones diarias más complejas de lo que estaban acostumbrados.

¿Qué sugieren estos resultados?

En primer lugar, que las edades psicológica y biológica se influyen la una a la otra y no son irreversibles como la edad cronológica.

Segundo, que vivimos en gran medida como se espera de nosotros. Los ancianos son tratados a menudo como si fueran menos inteligentes y capaces. Y terminan por adaptarse (por rebajarse) a tales expectativas.

Por último, demuestra el poder de las anclas, que afectan profundamente nuestro estado físico y mental.

Edad biológica

El envejecimiento es un proceso gradual y complejo. No sabemos cómo o por qué tiene lugar. Una teoría hace hincapié en los factores genéticos y hereditarios. La otra insiste en el desgaste sufrido por el cuerpo en el curso de la vida. La verdad puede estar entre una y otra. El tiempo reduce la eficacia de todos los sistemas corporales, pero no la extingue.

El cuerpo no envejece a un ritmo constante. El estrés acelera el proceso. Asimismo, las diversas partes del cuerpo envejecen a distinto ritmo. Muchas personas tienen un punto débil que les causa problemas y donde notan primero los efectos del estrés.

Desde el momento de la concepción existe en el organismo un equilibrio entre el tejido que está siendo destruido y el que se repone. El ritmo de envejecimiento depende de esa relación. En el plazo de un año, se renueva más del noventa y ocho por ciento de los átomos del cuerpo. De algún modo, la sabiduría del cuerpo lleva a cabo este hermoso y complejo proceso y reproduce fielmente el cuerpo que nos creamos. Sin embargo, con el paso del tiempo, el ritmo de deterioro del tejido se acelera, o quizás el cuerpo pierde agilidad en proceder a la reparación del daño. Los tejidos mal reparados funcionan con menos eficacia y tienen más posibilidades de seguir degenerando. El daño se acumula como una bola de nieve pendiente abajo.

El deterioro lo causan toxinas, agentes ambientales, contaminantes, radiación de fondo −tanto solar como industrial−, enfermedades y procesos normales del metabolismo que originan productos de desecho que dañan las células. Entre estos productos de desecho, los más importantes son los radicales libres y los aldehídos. Los primeros son moléculas muy reactivas que se producen en el cuerpo de forma natural y tienen la capacidad de perjudicar mucho a las células. Actualmente existe gran cantidad de documentación que apunta que agentes que eliminan los radicales libres, como las vitaminas C y E, juegan un papel fundamental en la neutralización de estas moléculas y contribuyen con ello a retrasar el envejecimiento[1].

Edad psicológica

La mente influye en cada célula del cuerpo, de modo que el

envejecimiento humano es fluido. Puede acelerarse, ralentizarse, detenerse e incluso retroceder, según demostraron los experimentos de Harvard. Nuestras creencias y expectativas influyen en nuestra forma de envejecer. ¿Cuáles son sus creencias respecto al envejecimiento?

Empecemos por una metáfora:

Envejecer es como…
Porque…

¿Qué le dice esto de su visión del envejecimiento?

En la cultura occidental existen diversos mitos sobre el envejecimiento que todavía se mantienen a pesar de los numerosos ejemplos que los desmienten.

El primero es que la vejez empieza a los sesenta y cinco. Se supone que a esa edad termina la vida activa. A partir de entonces, se produce un suave declive hacia la inactividad. Los trabajadores se retiran a los sesenta y cinco, se argumenta, porque ya son demasiado viejos para el trabajo. En realidad, la edad de sesenta y cinco años para la jubilación es una marca arbitraria que se fijó, en un principio, por razones políticas. Alemania estableció el primer sistema de seguridad social estatal del mundo en 1889. Bismark, el canciller de la época, fijó los setenta años como edad oficial para la jubilación y luego fue reducida a sesenta y cinco por la burocracia. En esa época, la expectativa de vida en Alemania era de 45 años; por lo tanto, la edad de jubilación era un cincuenta y seis por ciento superior a la expectativa de vida. Si hoy se marcara la edad de jubilación según el mismo criterio, nos retiraríamos a los ciento diecisiete años.

La edad de jubilación es un vestigio del viejo plan de vida lineal en el que una persona aprendía, desarrollaba su profesión, se jubilaba y moría. Los cambios en el modo de trabajar y el hecho de que todos vivamos más convierte el plan en obsoleto. ¿Por qué concentrar todo el tiempo de ocio hacia el final de la vida y todo el de aprendizaje al principio? Parece más sensato un plan de vida cíclico y más flexible, en el que se aprenda, se trabaje y se descanse a lo largo de toda la vida.

Tampoco se ha demostrado que la gente mayor sea menos productiva. Se han realizado muchos estudios con miles de trabajadores, desde obreros semiespecializados hasta gerentes, y todos han demostrado que, salvo un ligero declive en la productividad en trabajos que requerían un gran esfuerzo físico, los trabajadores de más edad desarrollaban su labor tan bien o mejor que los más jóvenes[2]. Que el trabajo más creativo fuera realizado en el pasado por personas de menos de cincuenta se explicaría por el hecho de que, antes, la mayoría de las personas no alcanzaba esa edad.

El segundo mito acerca del envejecimiento es que la decadencia es inevitable y que los ancianos tienen, necesariamente, peor salud y menor agilidad mental que las personas más jóvenes. No es así. La mala salud es cuestión del estilo de vida. Los años de vida sedentaria y de mala nutrición pasan factura. La mayoría de los problemas de la vejez se puede prevenir o retrasar. Es cierto que perdemos un millón de células cerebrales cada año, pero tenemos diez mil millones de neuronas con mil billones de conexiones, de modo que eso no debe ser causa de alarma.

Piense en las siguientes cuestiones:

¿Qué mensajes recibió de su madre acerca del envejecimiento y el atractivo, entre los hombres y entre las mujeres?

¿Qué mensajes recibió de su padre, acerca del mismo tema?

Este mensaje procede de las palabras y, sobre todo, del comportamiento.

¿Cómo completaría usted las siguientes frases?

En general, los hombres de cincuenta y tantos son…
En general, las mujeres de cincuenta y tantos son…
En general, los hombres de sesenta y tantos son…
En general, las mujeres de sesenta y tantos son…
En general, los hombres mayores de sesenta son…
En general, las mujeres mayores de sesenta son…

¿Qué mensajes recibe de la televisión y de los medios de comunicación en general acerca de la vejez?

¿Qué es lo que más teme de envejecer?
¿Qué acciones puede emprender para asegurarse de que no sucederá nunca?
¿Qué es lo que más desea de la vejez?
¿Qué puede hacer para asegurarse de que se cumplirá?
¿Qué sensación le produciría mirar atrás y saber que sus deseos se han cumplido?

Envejecer con salud

Se han hecho muchos estudios sobre el tema de envejecer con salud y entre ellos se cuenta un proyecto de modelado de PNL a cargo de Robert Dilts[3]. No sorprende que exista un consenso general en que todos los factores que perjudican la salud aceleran también el proceso de envejecimiento. Por otro lado, todo lo que retrasa el envejecimiento contribuye a mantener la salud.

Estos son los principales factores que aceleran el envejecimiento biológico:

- el estrés
- las preocupaciones
- el sentimiento de impotencia
- la depresión
- la hostilidad hacia uno mismo y hacia los demás
- la incapacidad para expresar emociones
- la falta de amistades íntimas
- fumar

La insatisfacción en el trabajo y los problemas económicos suelen causar el máximo estrés y las mayores preocupaciones.

En contraste, los principales factores asociados con una longevidad saludable son:

- el optimismo
- la esperanza
- el sentido de control
- la felicidad

Todas estas cualidades las ha de valorar usted mismo. Sólo usted puede decidir.

No es sorprendente que se haya constatado que las cualidades citadas guardan relación con la seguridad económica y la satisfacción laboral.

relaciones felices y prolongadas con amistades y cónyuge
capacidad para hacer amigos íntimos y conservarlos
beber alcohol moderadamente
hacer ejercicio moderado con regularidad
dormir de seis a ocho horas cada noche

Envejecer con salud está relacionado con cierta conducta, ciertas maneras de pensar y ciertas creencias.

Por ejemplo, se ha comprobado que la meditación puede ralentizar e incluso invertir el envejecimiento biológico. Se ha comprobado que personas que han practicado la Meditación Trascendental durante más de cinco años presentaban un estado físico que correspondía a individuos doce años más jóvenes, según mediciones de presión arterial, agudeza visual y discriminación auditiva. El estudio comprobaba la influencia de la dieta y el ejercicio físico[4].

El ejercicio moderado y frecuente también es una conducta saludable. El ejercicio físico puede hacer retroceder diez de los síntomas más habituales de la edad fisiológica, entre ellos la hipertensión, el exceso de grasa corporal, el desequilibrio de azúcares en sangre y la reducción de masa muscular. El estilo de vida sedentario se ha relacionado con un mayor riesgo de accidente vascular cerebral, afección coronaria y cáncer de colon[5]. Las personas que no hacen ejercicio físico tienen un índice de enfermedades cardiacas y de ataques de corazón que casi dobla al de las personas más activas.

La inactividad es peligrosa. Nos han repetido el mensaje, sobre todo las autoridades, hasta la saciedad. Muchas personas hacen oídos sordos porque parece que el ejercicio sea algo especial, al margen de la vida diaria, a lo que hay que dedicar tiempo. Pero es totalmente al contrario. El movimiento y la forma física pueden ser un placer saludable y se requiere muy poca actividad física para conseguir muchos beneficios para la salud. Según un estudio a largo plazo realizado en Harvard, los beneficios para la salud empezaban con un gasto de apenas quinientas calorías a la semana (lo que se consigue con un paseo de quince minutos al día, apenas)[6].

Alrededor de media hora de ejercicio moderado entre tres y cinco veces por semana es suficiente. El ejercicio puede ser el que usted prefiera: cuidar el jardín, caminar, hacer labores de la casa o nadar. Cualquier ejercicio físico es mejor que permanecer inactivo.

La otra razón por la que muchas personas no hacen ejercicio es que confunden salud con forma física. Esta última es la capacidad para absorber y utilizar oxígeno en la ejecución de un mayor esfuerzo físico. También es la fuerza muscular, su resistencia y su flexibilidad. Se puede estar en forma y no estar sano y también, a la inversa, estar sano y no estar en forma. Tenga cuidado, no vaya a perjudicar su salud por alcanzar determinada forma física. El ejercicio moderado y regular es saludable; el ejercicio vigoroso proporciona mejor forma física y mejor calidad de vida, pero no contribuye a prolongar la existencia.

No hay duda de que el peso es importante para la salud, aunque todavía queda mucho por determinar respecto a cómo la afecta. exactamente. La cultura occidental está obsesionada con el peso y lo ha convertido en un asunto de gran importancia para la salud y para la identidad. Estar excesivamente sobrado o falto de peso es peligroso, pero el peso normal y saludable varía de una persona a otra.

La nutrición y la dieta son temas en controversia; se han presentado demasiados informes contradictorios y las recomendaciones se suceden y caen en el olvido. Sin embargo, parece importante mantener un peso razonablemente estable. Un estudio de graduados de Harvard entre 1962 y 1968 mostró que quienes habían ganado o perdido un peso substancial (cinco kilos o más) tenían más factores de riesgo, lo cual apunta a que cada persona tiene un peso natural que el cuerpo intenta mantener.

La obesidad no es lo mismo que el peso. La obesidad es una acumulación excesiva de grasa, superior a lo que se considera normal para la edad, el sexo y el tipo corporal, y se aplica cuando el porcentaje de grasa supera el veinte por ciento, en hombres, y el treinta por ciento, en mujeres. Estos niveles son arbitrarios. Rebájelos lo suficiente y todo el mundo entrará en la definición. Se puede estar falto de peso y, sin embargo, obeso.

Nuestra preocupación con el peso y su importancia para la imagen de uno mismo alimenta una enorme industria dietética. Todo ello lleva implícito un mensaje: cuanto más pese, menos sano está. Esto no es cierto, aunque no hay duda de que, más allá de cierto punto –que es distinto para cada cual–, el exceso de peso es un riesgo para la salud, ya que somete el corazón y las articulaciones músculo-esqueléticas a un esfuerzo suplementario.

Una dieta equilibrada tiene que ser psicológicamente satisfactoria y proporcionar cada día una aportación equilibrada de nutrientes, adecuada a la fisiología de cada persona. Pero la nutrición ha sido arrinconada en favor de una definición cultural de cuál es el peso deseable.

A menudo, el temor a la grasa tiene que ver con el aspecto físico, más que con la salud. La preocupación cultural con la grasa significa que hacen dieta muchas personas que no lo necesitan. Hacer régimen parece muy sencillo: comer menos, perder peso, volver a la alimentación normal y mantener el nuevo peso. Sin embargo, no funciona así. A la larga, la mayoría de dietas es ineficaz y quienes las siguen ganan peso. Entonces, vuelven a hacer régimen. La costumbre puede convertirse en un círculo vicioso. Hacer dieta para perder peso es el ejemplo perfecto de lo que significa no tratar el cuerpo como un sistema natural, complejo y autoorganizado.

Cuando se deja un régimen, se gana peso más fácilmente por tres razones:

- La pérdida inicial de peso no es debida a la grasa, sino a una mezcla de glucógeno (una forma de glucosa almacenada en los músculos y en el hígado que es la fuente de energía más inmediata a la que puede recurrir el organismo) y agua. La falta de glucógeno provoca bajos niveles de azúcar en sangre que pueden producir depresión, cansancio e irritabilidad. Los niveles bajos de glucógeno provocan una reducción del gasto de energías y un ritmo metabólico más lento, ya que el cuerpo aprovecha peor la comida. Y como luego permanece en este ritmo cierto tiempo, la persona vuelve a ganar peso con facilidad. El ejercicio físico mientras se hace régimen puede dar marcha atrás a este descenso del ritmo metabólico.

- La dieta aumenta la eficacia del cuerpo para almacenar grasas, lo cual facilita la recuperación del peso poco después.
- Tras el glucógeno, el cuerpo pierde el tejido que necesita menos. Si la persona es sedentaria, será el tejido muscular, que normalmente consume calorías superfluas. Cuando la persona vuelve a los antiguos hábitos de alimentación, el cuerpo no puede quemar tantas calorías y, por tanto, es probable que gane peso y grasas incluso más allá de los niveles anteriores. El ejercicio es la única vía para minimizar la pérdida de tejido muscular mientras se sigue una dieta. Los estudios de pérdida de peso han mostrado que, al cabo de cuatro años, el cuerpo todavía intenta volver a su peso inicial[7].

La mayor parte de lo que hemos expuesto acerca del envejecimiento saludable es conocido y ha sido publicado en periódicos y revistas. Los hechos son fáciles de establecer. Si bastara con conocer los datos, todos estaríamos más sanos. Para ponerlos en práctica precisamos la capacidad —el conocimiento— y las creencias para superar obstáculos personales.

La PNL puede resultar de ayuda en ello, puesto que se puede utilizar de manera práctica para reducir el estrés y la preocupación, para reenmarcar la experiencia y para generalizar de una manera que sea favorable a nuestra salud. Podemos hacer y mantener buenas relaciones mediante nuestras habilidades para entrar en sintonía. La PNL nos abre los ojos a las creencias y

metáforas limitadoras que tenemos respecto a la salud y al envejecimiento. Podemos utilizarla para construir un futuro personal
estimulante, mediante el establecimiento de objetivos y el trazado de líneas de tiempo. ¿Su línea de tiempo es muy larga? ¿Qué
longitud desearía que tuviera? Visualizar un futuro saludable y
una larga línea de tiempo es el primer paso para crearlo.

Como ya se ha mencionado, los hábitos no saludables pueden ser difíciles de abandonar porque poseen algo de valor. Conserve ese valor, pero consígalo de otro modo, de una manera que
sea congruente con sus valores y con su salud en general. La
incongruencia es el resultado de que diferentes partes de nosotros persigan objetivos diversos por caminos distintos. Por ejemplo, una parte de nosotros desea hacer ejercicio, pero otra parte
no. Una parte desea reducir las horas de trabajo pero otra quiere
trabajar más horas para ganar más. La incongruencia es una
especie de guerra civil personal y el resultado puede ser tablas.
La congruencia viene de saber lo que uno quiere y es importante
para él y emprender acciones para lograrlo de una manera que
esté de acuerdo con esos mismos valores importantes.

En nuestro paso por la vida metabolizamos experiencia. Llevamos nuestra vida y nuestras expectativas marcadas en el rostro
y en todo nuestro cuerpo. Encarnamos nuestro modelo del
mundo. Estamos moldeados por nuestras experiencias y nosotros las moldeamos a ellas. Cambie su experiencia y cambiará su
edad biológica.

REFLEXIONES

El hombre se engaña; reza para tener una vida larga y teme la vejez.
Proverbio chino

Lo que hace la vejez tan difícil de soportar no es la decadencia de
las facultades físicas y mentales, sino la carga de los recuerdos.
W. Somerset Maugham

La probabilidad de morir se dobla cada ocho años desde la pubertad.
Ley de Gompertz

A partir de los setenta, si uno se despierta sin ningún dolor es que está muerto.

Malcolm Cowley, «Sobre los hombres: ser viejo», revista *New York Times*, 26 de mayo de 1985

Podemos inventar el elixir de la inmortalidad, pero será necesaria la eternidad para demostrarlo.

Anón.

Vivir no se mide por la longitud de los días, sino por el uso del tiempo; una persona puede haber vivido mucho tiempo, pero haber vivido poco.

Montaigne

12

La muerte

Oh, Señor, da a cada cual su propia muerte.
Rainer Maria Rilke

Al nacer inhalamos el primer aliento y con la muerte exhalamos el último. El ciclo se completa. Por muchos años que vivamos, la muerte es el final del viaje en esta vida, la puerta de regreso al misterio del que surgimos. Aunque pueda parecer extraño dedicar un capítulo a la muerte en un libro sobre la salud, no podemos dejar de referirnos a ella, puesto que es parte de la vida. El actor no puede hacer una buena representación si el telón no cae nunca; un atleta no puede establecer una marca sin una cinta de llegada y un músico no puede dar un concierto sin un final. Pese a las esperanzas en la criogenización y las especulaciones sobre la nanotecnología, siempre existe un final.

La muerte da sentido a la vida. Existe un tiempo limitado para hacer cosas y esto crea la urgencia de hacerlas. Una manera de descubrir nuestra tarea más importante en la vida es preguntarnos, «Si fuese a morir mañana, ¿qué es lo que más lamentaría no haber hecho?». Y ahora, ¿se contenta usted con morir sin haberlo llevado a cabo?

Al envejecer, tenemos la oportunidad de llegar a ser más nosotros mismos y la muerte puede ser otra expresión del mismo ser, no un acontecimiento azaroso y carente de sentido. Somos únicos en la vida y lo seremos en la muerte.

¿Voluntad de vivir?

La muerte es uno de los pocos temas tabú; apenas se puede hablar de ella en profundidad. Todos la negamos. Incluso es ilegal morir de viejo; la Organización Mundial de la Salud no lo permite. Todas las personas, en cualquier lugar del mundo, deben morir de una causa específica. Indicar «vejez» en un certificado médico es inadmisible. Es como si la vida, realmente, continuase eternamente a menos que un accidente o una enfermedad la cortase.

Sólo un tercio de la población adulta de Inglaterra ha hecho testamento. Y no es que la gente no tenga nada que dejar en herencia, sino que un testamento es un recordatorio incómodo de nuestra propia mortalidad, como si pensar en la muerte fuera, de algún modo, una invitación a que nos aceche. Sin embargo, hacer testamento es una muestra de sensatez, pues permite arreglar nuestros asuntos de manera más rápida y menos incómoda para familia y amistades.

Mientras la neguemos, la muerte conservará su capacidad para atemorizarnos, siempre estaremos desprevenidos ante su llegada. Otra de las consecuencias de negar la muerte es que así no aprendemos nunca a decir un adiós pleno y adecuado a nuestros seres queridos cuando les llega la hora. Nos resulta difícil afrontar la pérdida nosotros mismos y consolar a los que han perdido amigos íntimos y familia. Cuando existe un asunto inacabado es difícil seguir adelante y condolerse completamente, ser capaz de separarse físicamente de alguien y, al mismo tiempo, mantenerlo vivo en el corazón.

Pero la muerte también es fascinante. La disfrutamos indirectamente en las películas y en los libros. En Japón existen unos chefs con licencia especial que preparan el pez globo. Los comensales pagan grandes sumas por esta delicia, que debe ser preparada con el mayor cuidado porque ciertas partes del pescado contienen tetrodoxina, una de las sustancias químicas más venenosas que existen. Una cantidad de veneno como la cabeza de un alfiler sería mortal, de ser ingerida. El peligro del *fugu*, como se conoce el plato, es bien conocido. En esta ruleta rusa gastronómica –uno engulle la posibilidad de morir–, los mejores chefs intentan dejar un ligerísimo punto de veneno, suficiente para que le escueza a uno en la lengua y le recuerde que está jugando con la muerte. De hecho, varios comensales mueren cada año. Como la ruleta rusa, uno de los placeres debe de ser, al final de la cena, el exquisito alivio de haber sobrevivido, de haber burlado a la muerte, de que uno quizá, después de todo, es inmortal.

¿La vida lo está matando?

¿Cuánto tiempo se permitirá vivir usted mismo? ¿Una vida larga y saludable es uno de los valores importantes para usted? ¿Qué está dispuesto a hacer para conseguirlo?

Usted puede ejercer una gran influencia en su salud y en su longevidad. ¿Busca ambientes que las fomenten? ¿Se permite un saludable equilibrio de descanso, relajación, ejercicio físico y risa? ¿Hace y mantiene amistades íntimas, estableciendo un sentido de control, esperanza y optimismo? La creencia y la esperanza en una vida larga son necesarias, pero no suficientes. Deben ser respaldadas por la acción. El entorno en que usted vive, su conducta, sus modelos de pensamiento, sus creencias y sus valores, ¿se suman al objetivo de tener una vida larga y saludable? ¿Está satisfecho con el equilibrio entre cambio y estabilidad de su vida? ¿Mantiene un buen equilibrio entre prestarse atención a usted mismo y a sus necesidades y atender a los demás y a las suyas? ¿Hace algo que impida que su cuerpo le sirva mejor?

Este sería un buen momento para hacer inventario.

Tome dos hojas de papel.

En la primera, anote todo aquello con lo que podría estar acortando su vida. Sea sincero y concreto.

Utilice los niveles lógicos para organizarlo. Empiece por el ambiente, continúe por la conducta, los hábitos y los patrones de pensamiento y termine por las creencias.

Estos son los asuntos de salud más importantes para usted.

En la segunda hoja de papel, anote todo aquello que prolonga su vida, agrupado por niveles lógicos. Sea, también aquí, sincero y específico.

Estos son sus recursos más importantes.

Acortadores de vida		Potenciadores de vida
_____	Identidad	_____
_____		_____
_____		_____
_____	Creencias y valores	_____
_____		_____
_____		_____
_____	Capacidades	_____
_____		_____
_____		_____
_____	Conducta	_____
_____		_____
_____		_____
_____	Factores	_____
_____	ambientales	_____
_____		_____

La muerte como consejera

¿Qué significa la muerte para usted? Existen muchas metáforas de la muerte. Cuando pensamos en ella, a menudo la vemos como oscuridad, como el enemigo, el final, algo que debe mantenerse a raya. La metáfora más común es el sueño. ¿Cómo podría la muerte convertirse en un recurso?

Carlos Castaneda ha escrito extensamente acerca de don Juan, un místico indio yaqui[1]. En la filosofía de don Juan, la muerte es una consejera. Lo ata a uno al suelo y le recuerda que forma parte de la naturaleza y no está por encima de ella. Cada vez que tenga que tomar una decisión, vuélvase y pregunte a la muerte (la muerte espera detrás de su hombro izquierdo): «¿Qué querrías que hiciera si este fuese mi último acto sobre la tierra?».

Se trata de una pregunta fundamental, que nos hace pensar en lo que hacemos. El último acto en la tierra tiene un significado muy especial. Todos querríamos que fuese una expresión muy rotunda de quiénes somos. Se añade también la ironía de que no existe ninguna garantía de que lo que usted decida no sea, de hecho, su último acto en la tierra. Con la muerte por consejera, se nos recuerda que la siguiente acción ha de ser una expresión de nuestra identidad lo más congruente y rotunda posible. Y luego, la siguiente. Y la siguiente, el golpecito de la muerte en el hombro nos recuerda a todos que saquemos el máximo partido al presente.

La muerte es una consejera severa y quizás prefiera usted que el mensaje tenga otra procedencia. No decimos que deba usted pensar en la muerte continuamente; la obsesión por la muerte es tan mala o peor incluso que su rechazo frontal. Pero la muerte tiene mucho que enseñarnos.

El último acto en la tierra

La muerte es el último acto de una persona en la tierra. ¿Qué clase de muerte desea? ¿Podría ser el último acto del drama de su existencia una expresión completa de la persona que es usted? En las tradiciones espirituales orientales, la muerte es un tiempo de transición, como el nacimiento. En la sociedad occidental apenas empezamos a considerar el nacimiento desde el punto de vista del niño y de la madre y no como estado clínico, y a hacer que la experiencia sea lo más confortable y satisfactoria posible para ambos. ¿Podría suceder lo mismo con la muerte? En los dos extremos de la existencia hay temas más importantes que la tecnología médica. Los autores creemos que la muerte es más difícil de soportar para los que agonizan, para sus seres queridos y sus cuidadores si no se acepta tal como es.

El ejercicio que exponemos a continuación se realiza mejor en un lugar tranquilo, acostado o sentado y con la mente relajada.

Durante unos minutos y con el propósito de enriquecer su vida en este momento, le invitamos a hacer un viaje por su línea de tiempo hacia el futuro hasta llegar a un punto, por lejano que esté, en el que ya no pueda o no quiera hacer nada más en esta vida.

No importa lo que usted crea que hay en ese futuro, le invitamos a darse la vuelta en ese punto y mirar atrás, hacia el ahora.

Mientras lo hace, pregúntese:

¿Qué quería haber conseguido, llegado a este punto?
¿Qué siento al haberlos llevado a cabo?
¿Qué sentiría si no lo hubiera llevado a cabo?
¿De qué modo mis actos en el presente me dirigen o me apartan de las cosas que deseo conseguir?
¿Qué consejo daría a mi yo del presente mientras lo observo desde el final de mi vida?

¿Qué importancia tienen las preocupaciones del momento presente, desde este punto de vista?
¿Qué es lo más importante que su yo presente necesita hacer ahora?
¿Qué emociones siente cuando vuelve la vista atrás a su yo presente?

Vuelva al momento presente y reflexione un poco sobre lo que ha descubierto.

Ahora, piense en cómo quiere que sea ese tiempo, ese momento en que usted ya no quiera o pueda hacer nada más en esta vida.

La muerte que usted desee empieza por lo que hace ahora. Tal vez lleve usted una carga mental cuyo peso lo abruma: cólera sin resolver, sentimientos de culpa, recriminaciones, resentimientos... Quizá desee hacer el próximo tramo de su línea de tiempo más ligero.

La experiencia de enfrentarse a la muerte se ha dividido en una serie de etapas: primero, el rechazo; después, la cólera; luego, la negociación, la depresión, la aceptación y, por último, la curación[2]. La curación puede ser la vuelta a la vida o la propia muerte, entendida como paso a un nuevo estado, como final de una manera de existir. Los autores creemos que estas también son las etapas de la vida. Siempre estamos muriendo a una manera de ser para entrar en otra: infancia, niñez, adolescencia, edad adulta, enamorarse, ser padre. Todo ello son cambios, pequeñas muertes seguidas de un renacer. Usted, por su experiencia de la vida, ya conoce bastante de la muerte.

A lo que llevan todas estas reflexiones es a vivir cada día como si fuera el último y como si fuera a durar eternamente. Los resultados pueden ser mágicos.

En palabras de un proverbio tibetano: «Es mejor haber vivido un solo día como un tigre que mil años como un cordero».

REFLEXIONES

Se muere como se ha vivido. Si en vida se ha sido paranoico, probablemente se será en el momento de la muerte.
Doctor James Cimino, director médico del Calvary Hospital, Instituto de Nueva York para los Enfermos Terminales

Entonces habló Almitra, y dijo: Ahora preguntaremos sobre la muerte.
Y él dijo: El secreto de la muerte se puede saber,
¿pero cómo lo conocerás si no lo buscas en el corazón de la vida?
Jalil Gibran, *El Profeta*

La vida no deja de ser divertida cuando alguien muere, igual que no deja de ser seria cuando alguien se ríe.
George Bernard Shaw

Segura es la muerte para el nacido
Y seguro es el nacimiento para quien muere;
Por tanto, no hay que dolerse
De lo inevitable.

Bhagavad Gita, 2:27

Si es ahora, no ha de venir;
si no ha de venir, será ahora;
si no es ahora, pero ha de venir:
la disposición lo es todo.

William Shakespeare, *Hamlet*

13

La congruencia cura

Donde hay amor a la humanidad, también lo hay al arte de la medicina.

Hipócrates, *Preceptos*

Por último, un breve capítulo para atar algunos cabos. La revolución del consumo nos tienta con la idea de que somos consumidores de salud, pero no es así. Somos sus creadores: por lo que hacemos, por cómo pensamos y por cómo vivimos. Nuestros cuerpos ingieren y metabolizan no sólo el aire o los alimentos, sino también el tiempo y la experiencia. El uso que hagamos de ellos crea nuestra salud momento a momento. La medicina moderna adopta una visión de la salud objetiva y disociada. La PNL dice que también es necesario entenderla desde el interior. Salud y enfermedad son experiencias subjetivas. La experiencia y el mundo interior de cada persona son distintos.

Recuperaciones asombrosas

La capacidad de sanar es una señal de estar vivo. ¿Qué hay de los casos de curación al borde de la muerte, de esas recuperaciones asombrosas, casi milagrosas, de las que hay informes en todas las épocas y en todos los lugares? ¿Qué pueden decirnos estos episodios acerca de la curación? La PNL se interesa por modelar la excelencia. Contempla lo excepcional, lo que se halla en los límites de la experiencia humana, para entender los poderes que todos tenemos pero que quizás no usamos. ¿Cómo puede alguien recuperarse al borde de la muerte?

Pronto aparece un hecho notable: tales casos rara vez son investigados. A menudo, las estadísticas que se publican dejan fuera los «flecos», los extremos de la curva estadística; son los casos tan diferentes del resto que resultan excepcionales. Sin embargo, son éstas, precisamente, las personas que tienen algunas respuestas intrigantes.

En ocasiones, estas recuperaciones asombrosas se explican recurriendo a un probable error en el diagnóstico inicial ya que, si el paciente se ha recuperado, no debía de estar tan enfermo como se creía. Se trata de un ejemplo de lógica inversa que da por sentado lo que se dispone a demostrar.

También es inusual que los médicos arriesguen la reputación informando de casos de recuperaciones extraordinarias debidas a métodos psicológicos o a tratamientos médicos heterodoxos. Temen que otros pacientes puedan retrasar o descuidar la atención médica para probar tales métodos, de modo que tienen que actuar como si toda recuperación fuera debida al tratamiento médico. Esta es una respuesta razonable y congruente de los médicos que creen en sus métodos de tratamiento. Sin embargo, nosotros opinamos que la clave no está en los métodos de tratamiento, sino en la espectacular respuesta curativa del propio paciente, la cual puede ser estimulada por cualquier sistema terapéutico.

De hecho, se producen recuperaciones extraordinarias en todos los sistemas de medicina, así como fuera de ellos[1]. También se han dado en santuarios religiosos como Lourdes, mediante dietas especiales y ayunos, a través de sanadores, de plegarias, de imágenes mentales e incluso sin hacer nada. Algunas personas empleaban una combinación de métodos. Los tratamientos eran tan variados como las personas que los seguían.

No hay ningún tipo de personalidad particular asociado a estas recuperaciones extraordinarias, ninguna «personalidad propensa a la recuperación». La capacidad para la recuperación se encuentra en todas las personalidades y parece que está relacionada con el descubrimiento individual del camino correcto para cada cual, y no en «ser el tipo de persona adecuado».

Ha habido algunos casos bien documentados de recuperaciones notables, aunque los estudios son escasos y muy distanciados. Los más reveladores son los que permiten a las personas afectadas hablar de su experiencia a su manera, en lugar de encajarla en categorías preexistentes. En estos casos, la clave parece ser la *congruencia*: los pacientes encontraban una vía que era adecuada para ellos. Fuera cual fuese el método utilizado, eran sinceros consigo mismos. A menudo, su enfermedad los forzaba a ser profundamente fieles a sí mismos, a riesgo de morir. Y con ello no queremos decir que la muerte no pueda ser también una manera de ser fiel a uno mismo, pero para esas personas, en ese momento de su vida, no lo era. Su enfermedad era el reto definitivo. En tales personas se mezclaba también un tipo particular de aceptación con un espíritu combativo. Aceptaban su enfermedad, pero no aceptaban que ésta significara necesariamente que fueran a morir. Incluso en ultimo extremo, la congruencia cura. Cuanto mayor sea el desafío a la salud, mayor ha de ser la congruencia necesaria para afrontarlo. Las personas que consiguen recuperaciones extraordinarias de enfermedades que amenazan su vida se sitúan también en un contexto más amplio; tienen un sentimiento de conexión con otros, una dimensión espiritual.

Salud espiritual

La congruencia es un aspecto de la aspiración humana de unidad, sea cual sea el concepto que cada cual tenga de ello. Cuerpo, mente y espíritu son inseparables y ello se refleja en nuestro desarrollo biológico, pues corazón y cerebro proceden de la misma célula embrionaria. Así, la curación del cuerpo se relaciona de algún modo con nuestra vida mental y espiritual. Si consideramos lo espiritual como nuestra conexión con los demás y con el mundo más allá de nuestra identidad, la medicina moderna confirma las enseñanzas antiguas: la mejor manera de cuidar de la propia salud es conectarse con otros.

Las tradiciones espirituales incorporan un interés esclarecedor hacia uno mismo y tienen efectos neurofisiológicos beneficiosos. Un estudio realizado por el inmunólogo Jeffrey Levin en doscientos cincuenta casos en los que la religión o la espiritualidad estaban vinculadas con objetivos de salud observó que el interés religioso tenía un efecto protector, no importaba la edad, el sexo, la nacionalidad o la clase social[2]. El efecto también era independiente de cualquier adscripción religiosa en concreto.

David McClelland, psicólogo de Harvard, llevó a cabo una serie de experimentos cuyos resultados han tenido gran difusión. En dichos experimentos se mostraba a un grupo de estudiantes un breve documental sobre la madre Teresa atendiendo a los enfermos y moribundos en las calles de Calcuta[3]. Los alumnos mostraron un incremento de la respuesta del sistema inmunitario, indicado por sus niveles de antígeno inmunoglobulina salivar. Este incremento se producía fuera cual fuese la opinión que les merecía la madre Teresa. Algunos decían que la consideraban un fraude y que su labor era inútil, pero sus sistemas inmunitarios siguieron respondiendo positivamente. El amor y el cariño nos afectan a un nivel muy profundo, sea cual sea nuestra reacción consciente. (Cuando se pasó a los alumnos una película sobre Atila, el huno, ¡los niveles de anticuerpos descendieron!) McClelland también descubrió que la capacidad para amar y ocuparse de otros parece que da como resultado los menores índices de hormona del estrés y un nivel superior de ayudantes del linfocito T supresor. Quizá no sepamos cómo actúa el amor, pero hay sólidas pruebas de que lo hace.

Cuestiones saludables

Cuando usted enferma, puede hacer muchas cosas para curarse.
El primer paso es acompañarse y determinar su estado actual.
He aquí algunas preguntas que debe hacerse:

¿Qué siento?
¿Qué impresión tengo del estado en que estoy?

¿Cómo era yo antes de ponerme enfermo?
¿Qué significa esta enfermedad en concreto?
¿Qué me gustaría que significara?
¿Cuáles son mis recursos para sentirme bien?
¿Qué hay de malo en sentirse así?
¿Qué ventajas tendría estar enfermo en este momento?
¿Qué puedo aprender de esta enfermedad?

Conclusiones

La PNL estudia la estructura de la experiencia subjetiva. Con las herramientas de la PNL, una persona puede comprender y modelar sus propios estados de salud. Los estados, emociones y pensamientos afectan directamente su salud física. El mundo que la persona crea en su mente es «real» para el cuerpo. Usted puede cambiar su experiencia modificando la manera en que emplea sus sentidos hacia el interior y puede diseñar el mundo interior que desea a través de sus sistemas de representación y de las submodalidades. Esto le proporciona una tremenda capacidad de elección y de control sobre la salud. Así, resulta imposible ser una víctima. Quizás no sea capaz de cambiar los acontecimientos, pero puede cambiar su manera de reaccionar ante ellos y así, minimizar el estrés.

Todas las herramientas de la PNL trabajan para que la persona alcance un mayor sentido del yo y un mayor grado de congruencia. Acompañe su propia experiencia. Utilice los sentidos para conseguir placer y para incrementar su agudeza de pensamiento. Tómese tiempo para usted mediante la relajación o la meditación, consciente de que es beneficioso para la salud. Tome conciencia de su estado como punto de partida desde el cual diseñar otro que le guste más. Utilice la sintonía para hacer y mantener relaciones profundas y enriquecedoras. Utilice las líneas del tiempo y los objetivos para establecer un futuro inspirador.

Observe los niveles lógicos y su manera de contribuir a la salud. ¿Qué favorece la salud y qué desea cambiar? A veces es más fácil cambiar de conducta si se cambian creencias y valores. Continúe acompañándose. Mientras lo haga, estará más en sintonía con su cuerpo, con las diferentes partes de su ser y también será capaz de conectar con los demás.

La salud perfecta, como la congruencia perfecta, es imposible. Lo importante es el viaje, no el destino. La salud no es un estado rígido y perfecto, sino que tiene luces y sombras.

La enfermedad no es una demostración de que usted ha fallado, más bien es un modo de alcanzar una mejor salud, un mejor estado de equilibrio. Puede ser un estado de transición. Cabe la posibilidad de que la enfermedad sea necesaria, si su anterior estado era demasiado rígido. Puede haber dos tipos de curaciones. Una devuelve al sujeto al estado en que se hallaba antes. Aunque muchas veces esta solución parece deseable, recuerde que siguen presentes casi todos los elementos que han contribuido a que la enfermedad se mantenga todavía. En dolencias más graves quizás sea necesaria una curación generativa, es decir, una curación que nos lleve más allá de la persona que uno era, la persona propensa a esa enfermedad, para empezar. Salvo que se produzca una curación de esta clase, la persona enfermará de nuevo de la misma manera. La enfermedad puede ser un camino a una mejor salud.

Las diez señales de referencia de la salud

1 Una mayor conciencia de sí mismo, un aumento de la autoestima.
2 Tendencia a dedicar cierto tiempo cada día a meditar y a relajarse.
3 Una capacidad demostrada para mantener relaciones de amistad con otros.
4 Una tendencia a adaptarse a las condiciones cambiantes.
5 Un deseo permanente de actividades físicas.
6 Ataques de risa agudos y crónicos.
7 Un deseo apremiante de placeres y diversión.

8 Arranques repetidos de esperanza y de optimismo.
9 Un estado crónico de atención y cuidado del cuerpo.
10 Un rechazo sostenido de la preocupación.

Las experiencias culminantes y la sensación de ir más allá de una identidad limitada también son signos diagnósticos.

¡Advertencia! Seis o más de estos síntomas y puede correr usted el riesgo de gozar de una salud excelente.

Sócrates, el filósofo griego, era famoso por su máxima, «Conócete a ti mismo». Se cuenta que uno de sus alumnos le preguntó si él también seguía su propio consejo. ¿Se conocía a sí mismo? Y la respuesta de Sócrates fue, «No, pero algo entiendo de esta ignorancia».

Glosario de términos de PNL

A través del tiempo (*Through time*): Tener una línea del tiempo en la que pasado, presente y futuro se encuentran todos ante uno.

Acompañamiento somático (*Somatic pacing*): Prestar atención a la experiencia del propio cuerpo.

Acompasado (*In time*): Que tiene un desarrollo en el tiempo, en el cual el pasado queda detrás y el futuro delante, mientras que el «ahora» atraviesa el cuerpo de uno.

Agudeza sensorial (*Sensory Acuity*): Proceso mediante el cual los sentidos perciben distinciones más finas y más útiles entre la información del mundo que nos aportan. Es uno de los cuatro pilares de la PNL.

Ancla (*Anchor*): Cualquier estímulo que se asocia a una respuesta específica. Las anclas cambian nuestro estado. Pueden formarse espontáneamente o establecerse deliberadamente.

Anclaje (*Anchoring*): El proceso de crear una conexión entre una cosa y otra.

Auditivo (*Auditory*): Relativo al sentido del oído.

Automodelado (*Self-modelling*): Modelar una persona sus estados de excelencia como recursos.

Calibrar (*Calibrating*): Reconocer con precisión el estado de otra persona o de un grupo mediante la interpretación de señales no verbales.

Capacidad (*Capability*): Estrategia adecuada para desarrollar una tarea. Una habilidad o hábito. También, una manera habitual de pensar. Uno de los estados neurológicos.

Cinestético (*Kinesthetic*): El sentido del tacto, las percepciones táctiles y las sensaciones internas, como los estados de ánimo evocados, las emociones y el sentido del equilibrio.

Compartir / Acompañar (*Pacing*): Establecer y mantener la sintonía con otra persona durante un periodo de tiempo, conociéndola en su mapa de realidad. Acompañarse uno mismo es prestar atención a lo que uno experimenta, sin intentar modificarlo inmediatamente.

Comportamiento, conducta (*Behaviour*): Cualquier actividad que realizamos, incluidos los procesos mentales. Es uno de los niveles neurológicos.

Congruencia, coherencia (*Congruence*) Alineación de creencias, valores, habilidades y acción. Estar en sintonía con uno mismo.

Consciente (*Conscious*): Cualquier cosa que se percibe en el momento presente.

Creencias (*Beliefs*): Las generalizaciones que hacemos sobre nosotros mismos, los demás y el mundo, así como nuestros principios para desenvolvernos en él; es uno de los niveles neurológicos.

Descripción Múltiple (*Multiple Description*): Capacidad para tener diferentes puntos de vista de un mismo hecho. Existen tres posiciones perceptivas: la primera es la realidad de uno mismo; la segunda es la realidad de otra persona, y la tercera posición es un punto de vista distanciado. Tener las tres se denomina poseer una triple descripción.

Descripción triple (*Triple description*): Ver un hecho desde la primera, la segunda y la tercera posiciones.

Diálogo interno (*Internal dialogue*): Hablar con uno mismo.

Dirigir (*Leading*): Cambiar la propia conducta con la suficiente sintonía para ser seguido por la otra persona o por el grupo.

Distorsión (*Distortion*): Cambios en la experiencia, que la hacen diferente en algún aspecto.

Entorno (*Environment*): El lugar, el momento y las personas con las que uno está; uno de los niveles neurológicos.

Estado (*State*): La suma de nuestros pensamientos, sentimientos, emociones y energías físicas y mentales.

Estado asociado (*Associated state*): En una experiencia, ver a través de los propios ojos, ser plenamente consciente.

Estado de referencia (*Baseline state*): El estado normal y habitual de la mente.

Estado disociado (*Dissociated State*): Disociarse de una experiencia; verla o escucharla desde fuera.

Estado emocional (*Emotional State*): Véase estado.

Estrategia (*Strategy*): Una secuencia repetible de pensamiento y de conducta que produce, normalmente, un objetivo concreto.

Flexibilidad (*Flexibility*): Disponer de muchas opciones de pensamiento y de conducta para alcanzar un resultado. Es uno de los cuatro pilares de la PNL.

Generalización (*Generalization*): Proceso por el cual una experiencia concreta pasa a representar todo un conjunto de experiencias.

Gustativo (*Gustatory*): Relativo al sentido del gusto.

Identidad (*Identity*): Imagen o concepto de uno mismo. Quien cree ser cada cual. Es uno de los niveles neurológicos.

Igualar, emparejar (*Matching*): Adoptar algunos aspectos de la conducta, habilidades, creencias o valores de otra persona con el propósito de potenciar la sintonía.

Incongruencia (*Incongruence*): Estado de falta de sintonía con uno mismo, de existencia de un conflicto interno que tiene su expresión en la conducta. Puede ser secuencial (una acción seguida de otra que la contradice) o simultánea (una afirmación positiva expresada en un tono de voz dubitativo).

Inconsciente (*Unconscious*): Todo lo que no está en el consciente en el momento presente.

Intención Positiva (*Positive intention*): Propósito positivo que subyace a cualquier acción o creencia.

Lenguaje corporal (*Body language*): La manera en que nos comunicamos con nuestro cuerpo, sin palabras ni sonidos; por ejemplo, la postura, los gestos, las expresiones faciales, la apariencia y las técnicas de acceso.

Línea del tiempo (*Timeline*): La línea que conecta el pasado de una persona con su futuro; nuestra manera de almacenar imágenes, sonidos y sensaciones de nuestro pasado, presente y futuro.

Mapa de realidad (*Map of reality*): Representación del mundo única y personal de cada uno, construida a partir de las percepciones y experiencias individuales.

Metáfora (*Metaphor*): Comunicación indirecta por medio de un relato o una figura de dicción que implica una comparación. En PNL, el término «metáfora» incluye símiles, parábolas y alegorías.

Metamodelo (*Meta Model*): Conjunto de pautas de lenguaje y de preguntas que vincula el lenguaje a la experiencia.

Modelar (*Modelling*): Proceso de descripción de las secuencias de pensamientos y comportamiento que permiten a alguien realizar una tarea. Es la base de la PNL.

Niveles lógicos (*Logical levels*): Véase niveles neurológicos.

Niveles neurológicos (*Neurological levels*): Conocidos también como niveles lógicos de la experiencia: entorno, conducta, capacidad, creencias, identidad y metaidentidad.

Objetivo (*Outcome*): Un resultado o fin específico, basado en los sentidos y deseado. La persona sabe lo que verá, oirá y sentirá cuando lo alcance. Uno de los cuatro pilares de la PNL.

Olfativo (*Olfactory*): Relativo al sentido del olfato.

Operadores modales (*Modal operators*): Término lingüístico para palabras que implican mandato, como «deber», «tener que», «poder», «haber de», etc.

Presuposición (*Presuppositions*): Algo que debe darse por supuesto para que un comportamiento o una declaración tengan sentido.

Primera posición (*First position*): Experimentar el mundo desde el propio punto de vista y estar en contacto con la propia realidad. Es una de las tres principales posiciones perceptivas; las otras son la segunda y la tercera posiciones.

Programación Neurolingüística (*Neuro-I inguistic Programming*): Estudio de la excelencia y modelo de cómo los individuos estructuran su experiencia.

Recursos (*Resources*): Cualquier cosa que ayude a obtener un objetivo; por ejemplo, la fisiología, los estados, pensamientos, creencias, estrategias, experiencias, personas, sucesos, posesiones, lugares, historias, etc.

Reencuadrar (*Reframing*): Ver una experiencia desde otro punto de vista para darle un sentido distinto.

Romper el estado (*Break state*): Usar movimientos o distracciones para cambiar un estado emocional.

Segunda posición (*Second position*): Percibir el mundo desde el punto de vista de otra persona.

Señales visuales (*Eye accessing cues*): Movimientos de los ojos en ciertas direcciones, que indican pensamientos visuales, auditivos o cinestésicos.

Sintonía (*Rapport*): Relación de confianza mutua y de comprensión entre dos personas. Uno de los cuatro pilares de la PNL.

Sistema representativo (*Representational System*): Diferentes canales mediante los cuales codificamos información en nuestras mentes, utilizando los sentidos: visual, auditivo, cinestésico (movimiento y emociones), olfativo y gustativo.

Sistema representativo preferente (*Preferred representational system*): Sistema representativo que la persona utiliza sobre todo para el pensamiento consciente y para organizar su experiencia.

Submodalidades (*Submodalities*): Distinciones dentro de cada sistema representativo, cualidades de nuestras representaciones internas, unidades de construcción fundamentales de nuestros pensamientos.

Supresión (*Deletion*): Falta o pérdida de una parte de una experiencia.

Sustantivación (*Nominalization*): Término lingüístico para el proceso de convertir un verbo en un sustantivo abstracto; también, el término para el nombre así formado. Por ejemplo, «relacionar» se convierte en «la relación»: un proceso se ha convertido en un objeto.

Técnicas de acceso (*Accessing cues*): Las maneras en que sintonizamos nuestros cuerpos mediante la respiración, la postura, el gesto y los movimientos de los ojos para pensar de determinada manera.

Tercera posición (*Third position*): Adoptar el punto de vista de un observador imparcial o desapegado, la visión sistémica.

Transidentidad (*Beyond Identity*): Nivel de experiencia en el que uno es más sí mismo y más uno mismo y en el que se está más unido a otros; el nivel espiritual. Uno de los estados neurológicos.

Valores (*Values*): Aquello, como la salud, que es importante para uno.

Glosario de términos médicos

ACTH (adrenocorticotropina): *Hormona* segregada por la *glándula pituitaria*.

Adrenalina (epinefrina): *Hormona* producida por la médula de las *glándulas suprarrenales*. Su liberación es estimulada por el *sistema nervioso simpático* para preparar el cuerpo para la acción.

Adrenocorticotropina: Véase *ACTH*.

Afección: Sensación subjetiva de mala *salud*; puede estar causada por una *enfermedad*.

Agudo: Aparición repentina de síntomas o dolor de corta duración.

Alérgeno: Sustancia capaz de producir una *alergia* en una persona susceptible; por ejemplo, el chocolate, el polvo doméstico, el veneno de avispa, el polen...

Alergia: Estado hipersensible del *sistema inmunitario* causado por una reacción a *alérgenos* presentes en el ambiente.

Analgésico: Fármaco para el alivio del dolor.

Anatomía: Estudio de la estructura del cuerpo.

Antibióticos: Una clase de potentes fármacos antibacterianos.

Anticoagulante: Agente químico que impide la coagulación de la sangre; por ejemplo, la heparina.

Anticuerpo: Proteína producida por el *sistema inmunitario* para desactivar y hacer inocuos *antígenos* específicos.

Antígeno: Cualquier sustancia u organismo que estimula la producción de *anticuerpos* por parte del *sistema inmunológico*.

Artritis reumatoide: *Enfermedad crónica autoinmune* en la que el *sistema inmunitario* ataca el tejido conectivo de las articulaciones, causando la *inflamación* de éstas.

Asma: Estado alérgico en el que el cuerpo reacciona con una constricción de las vías respiratorias, lo cual conduce a problemas respiratorios. Los ataques graves de asma pueden ser mortales.

Bacteria: Microorganismo unicelular, omnipresente en el medio ambiente. Puede causar *enfermedades* en huéspedes sensibles.

Cáncer: Tumor maligno que consta de células anormales del organismo que crecen de manera desordenada.

Carcinógeno: Sustancia con capacidad para causar *cáncer*.

Células *asesinas naturales*: Células del *sistema inmunitario* que destruyen las células cancerosas y las infectadas por *virus*.

Células B: Células del *sistema inmunitario* que se multiplican y producen *anticuerpos* diseñados para neutralizar *antígenos* específicos.

Células T: Células del *sistema inmunitario* que se producen en la médula ósea y se almacenan en una glándula del organismo, el *timo*. Las células T «asesinas» destruyen las células *cancerosas* y las infectadas por virus. Las células T «ayudantes» indican al sistema inmunológico qué acción se requiere. Por último, las células T «supresoras» detienen la acción una vez terminada.

Colesterol: Sustancia grasa que se forma en el cuerpo. Su exceso en la sangre está asociado a un aumento en el riesgo de *enfermedad* cardiaca.

Cortisona: Potente *hormona* segregada por las *glándulas suprarrenales* en la respuesta al *estrés*. Altera el tono muscular, aumenta la secreción de ácidos estomacales y tiene efectos antiinflamatorios e inmunosupresivos.

Crónico: Duradero o recurrente.

Diabetes: Trastorno del *metabolismo* de los hidratos de carbono que tiene como consecuencia un exceso de azúcar en sangre. Puede surgir como una *enfermedad autoinmune*.

Diagnóstico: Identificación de una *enfermedad* o *trastorno* por los síntomas.

Encefalina: Analgésico natural producido por el cuerpo.

Endorfina: Otra sustancia natural, producida por el organismo, para el alivio del dolor.

Enfermedad autoinmune: Estado causado por la reacción del *sistema inmunitario* contra un antígeno que es parte del propio cuerpo. Por ejemplo, la *artritis reumatoide*.

Enfermedad yatrogénica: Estado causado por un tratamiento médico.

Enfermedad: Proceso patológico demostrable que puede afectar a todo el organismo o a cualquiera de sus partes.

Epinefrina: Véase *Adrenalina*.

Estilo atributivo: Manera de exponer los hechos mediante la supresión, la distorsión y la generalización para ofrecer explicaciones optimistas o pesimistas de tales hechos.

Estrés: La respuesta de «lucha o huye» que activa el *sistema nervioso simpático* y provoca la liberación de numerosas *hormonas* y *neurotrasmisores*. El *estrés crónico* perjudica el organismo y puede producir *hipertensión arterial*, problemas digestivos, trastornos del sueño, jaquecas y envejecimiento acelerado.

Estresante: Dícese de la experiencia que produce *estrés*.

Factor liberador de la corticotropina (FRC): *Hormona* segregada por el *hipotálamo* que regula la liberación de *ACTH* por parte de la *glándula pituitaria.*

Fagocito: Células del *sistema inmunitario* que destruyen los *antígenos* engulléndolos.

Fisiología: Estudio de cómo funciona el cuerpo; descripción de los aspectos orgánicos de la persona.

FRC: Véase Factor liberador de la corticotropina.

Glándula pituitaria: Situada en la base del cerebro, se encuentra anexa al *hipotálamo.* Es la glándula clave del sistema endocrino y segrega *hormonas* que afectan a otras *glándulas endocrinas.*

Glándulas endocrinas: Sistema de glándulas del organismo que secreta *hormonas*, dirigido por la *glándula pituitaria.*

Glándulas suprarrenales: *Glándulas endocrinas* localizadas encima de los riñones. La zona externa (el córtex) produce *hormonas* esteroides bajo el control de la *ACTH.* La parte interna (la médula) produce las *hormonas adrenalina* (epinefrina) y *noradrenalina* (norepinefrina)

Hipertensión: Presión arterial elevada.

Hipotálamo: Pequeña región del cerebro anterior. Está estrechamente relacionado con el *sistema nervioso autónomo* y el sistema endocrino. También regula muchas actividades corporales inconscientes como la temperatura o la sensación de hambre.

Histamina: Sustancia segregada por los *mastocitos.* Dilata los capilares, contrae los músculos de la zona pulmonar y juega un papel importante en las reacciones alérgicas.

Hormona: Mensajero químico producido por una *glándula endocrina* que tiene efectos de largo alcance sobre el cuerpo; por ejemplo, la testosterona y la insulina.

Incapacidad adquirida: Teoría de que las personas pueden ser reducidas a un estado de desvalimiento y llevadas a creer que nada de cuanto puedan hacer servirá de nada. Planteada por primera vez por Martin Seligman.

Inflamación: Hinchazón de los tejidos; es una de las reacciones del cuerpo a una lesión, regulada por el *sistema inmunitario*.

Inmunidad humoral: Inmunidad adquirida por exposición a un *antígeno*, contra el cual se han producido *anticuerpos*.

Inmunidad por intervención celular: Uno de los dos métodos que tiene el *sistema inmunitario* para defender el cuerpo empleando células para eliminar tumores, parásitos y *virus* que son reconocidos como ajenos al organismo.

Inmunoglobulinas: Cadenas complejas de proteínas situadas en la superficie de las células del *sistema inmunitario*.

Inmunología: Estudio del *sistema inmunitario*.

Leucocitos: Glóbulos blancos de la sangre, producidos por el *sistema inmunitario*.

Linfocitos: Células del *sistema inmunitario* producidas y transportadas sobre todo por el *sistema linfático*.

Macrófagos: Células del *sistema inmunitario* que engullen los detritos celulares.

Mastocitos: Células del *sistema inmunitario* que segregan heparina, *serotonina* e *histamina*, sustancias que regulan la *inflamación*.

Medicina alopática: Término utilizado para describir la medicina moderna que recoge todos los métodos de tratamiento de la *enfermedad*.

Medicina homeopática: Sistema de medicina que trata a la persona en su totalidad. Trata los síntomas con preparados muy débiles de sustancias que pueden producir los mismos o parecidos síntomas.

Metabolismo: Los procesos de funcionamiento del organismo que se encargan de producir energía.

Morfina: Potente fármaco para el alivio del dolor.

Neurología: Estudio del sistema nervioso.

Neuropéptido: *Neurotransmisor* formado por aminoácidos.

Neurotransmisores: Moléculas químicas producidas en las terminaciones nerviosas, que provocan cambios en el organismo. Son el medio principal por el que los nervios se comunican entre ellos.

Neutrófilos: Células del *sistema inmunitario* que engullen *bacterias*.

Nocebo: Tipo de *placebo* que produce efectos indeseados como náuseas, reacciones alégicas y adicciones.

Noradrenalina (norepinefrina): *Hormona* que actúa como un *neurotransmisor* formado por las terminaciones nerviosas del *sistema nervioso simpático*.

Norepinefrina: Véase *noradrenalina*.

Osteoporosis: Reducción progresiva de la densidad ósea que hace más quebradizo el esqueleto.

Patógenos: Agentes que producen *enfermedades*, como los *virus* y las *bacterias*.

Patología: Estudio de la *enfermedad*.

Placebo activo: Fármaco con efectos fisiológicos definidos que no afecta directamente a la *enfermedad* para la que se ha prescrito.

Placebo: Sustancia o tratamiento inerte que no tiene efectos directos sobre la *enfermedad*, pero que puede curar la dolencia porque pone en acción los poderes curativos naturales del paciente.

PNI: Véase Psiconeuroinmunología.

Presión arterial: Fuerza que ejerce la sangre contra las paredes de las arterias.

Prueba de doble ciego: Procedimiento utilizado para comprobar la eficacia de un fármaco frente a un preparado inerte (*placebo*) que sirve de testigo. Ni el paciente ni el médico que dispensa el fármaco conoce quién recibe el placebo y quién la droga.

Radicales libres: Moléculas reactivas, producidas por el organismo de forma natural, que tienen la capacidad de dañar las células.

Ritmos ultradianos: Ritmos naturales de descanso, actividad y predominio hemisférico que se producen a lo largo del día.

Salud: Estado natural de equilibrio y bienestar de la mente, el cuerpo y el espíritu.

Serotonina: Importante *neurotransmisor* que regula el sueño y el descanso.

Sistema inmunitario: Parte de nuestra fisiología que protege nuestra identidad fisiológica enfrentándose a los *antígenos*.

Sistema límbico: Parte del cerebro medio relacionada sobre todo con la expresión emocional.

Sistema linfático: Sistema circulatorio de las células del *sistema inmunitario*. El flujo linfático se recoge en los diferentes nodos línfáticos del cuerpo.

Sistema nervioso autónomo: Parte del sistema nervioso que regula ciertos procesos inconscientes como el ritmo cardiaco y la digestión. Tiene dos ramas: el simpático, que activa, y el parasimpático, que relaja.

Sistema nervioso central: El cerebro y la médula espinal.

Sistema nervioso parasimpático: Parte del *sistema nervioso autónomo* que influye en la relajación de muchos procesos inconscientes como el ritmo cardiaco y la digestión.

Sistema nervioso simpático: Rama del *sistema nervioso autóno-*

mo que impulsa muchos procesos inconscientes, como la digestión y el ritmo cardiaco.

Timo: Pequeña glándula situada bajo el esternón, donde se almacenan las *células T* del *sistema inmunitario*.

Triptófano: Aminoácido necesario para producir *serotonina*.

Virus: Minúsculo agente infeccioso que sólo puede crecer y reproducirse dentro de células vivas. Los virus invaden la célula y se apoderan de sus funciones para producir más réplicas de sí mismos.

Notas por capítulos

Capítulo 1

1. Inglefinger, F., «Heath: a matter of statistics or feeling?», *New England Journal of Medicine* 296 (1977), pp. 448-449
2. *North Eastern Journal of Medicine*, 24 de agosto de 1995
3. *Lancet*, 20 de noviembre de 1993
4. Calhoun, J., «Population density and social pathology», *Scientific American,* 206 (1962), pp. 139-148
5. Ulrich, R., «View through a window may influence recovery from surgery», *Science* 224, 27 de abril de 1984, pp 420-421
6. Wilson, L., «¡Intensive care delirium: the effect of outside deprivation in a windowless unit», *Archives of Internal Medicine,* 130 (1972), 225-226
7. Syme, L., *People Need people,* Institute for the Study of Human Knowledge, 1982

Capítulo 2

1. Berkman, L., y Syme, S., «Social networks, host resistance and mortality: a nine year follow-up study of Alameda County residents», *American Journal of Epidemiology,* 109 (1979), 186-204
2. House, J., Landis, K., y Umberson, D., «Social relationships and health», *Science,* 241 (1988), pp. 540-545
3. Thomas, P. D., Goodwin, J. M., y Goodwin, J. S., «Effect of social support on stress-related changes in cholesterol level, uric acid level and immune function in an elderly sample», *American Journal of Psychiatry,* 142 (6) (1985), pp. 735-737
4. Existe una revisión en profundidad de la relación entre hostilidad y enfermedad cardiovascular en Chesney, M., y Rosenman, R. (eds.), *Anger and hostility in Cardiovascular and Behavioural Disorders,* Hemisphere Publishing Corporation, 1985

5. Persky, V., Kempthorne-Rawson, L., y Shekelle, R., «Personality and risk of cancer: 20 year follow-up of the Western Electric Study», *Psychosomatic Medicine*, 49 (1987), 435-439
6. Carney, R., y cols., *Psychosomatic Medicine* (1989)
7. Dillon, K., Minchoff, B., y Baker, K., «Positive emotional states and enhancement of the immune system», *International Journal of Psychiatry in Medicine*, 15 (1985-1986), 13-17
8. Cousins, Norman, *Anatomy of an Illness as Perceived by the Patient*, Norton, 1979
9. Ekman, Paul, y cols., *Emotion in the Human Face*, Pergamon, 1972

Capítulo 3

1. Ader, R., «Behavioural conditioning and the immune system», en Temoshok, L., Van Dyke, C., y Zegans, L. (eds.), *Emotions in Health and Illness*, Gruner and Stratton, 1983
2. Ader, R. (ed.), *Psychoneuroimmunology*, Academic Press, 1981
3. Véase O'Connor, J., y Seymour, J., *Introducción a la PNL*, y O'Connor, J., y McDermott, I., *Principios de PNL*, ambos editados por Ediciones Urano
4. Véase James, T., *Timeline Therapy and the Basis of Personality*, Meta Publications, 1988. También O'Connor, J., y Seymour, J., *Introducción a la PNL*, Ediciones Urano

Capítulo 4

1. Kaplan, G., y Camacho, T., «Perceived health and mortality: a nine year follow-up of the human population laboratory cohort», *American Journal of Epidemiology*, 11 (1983), pp. 292-304
Véase también Mossey, J., y Shapiro, E., «Self-rated health: a predictor of mortality among the elderly», *American Journal of Public Health* 72, (1982), pp. 800-808
2. Kent, Anne, «Hope for a cure», *The sunday Times*, 19 de noviembre de 1995
3. Ornstein, R., y Sobel, D., *The Healing Brain*, Simon and Schuster, 1987
4. Williams, R., «Curing Type A: the trusting heart», *Psychology Today*, enero-febrero 1989, pp. 36-42
5. Mackenzie, J., «The production of the so-called "rose cold" by means of an artificial rose», *American Journal of Medical Science*, 9 (1886), pp. 45-57
Véase también Ader, R. (ed.), *Psychoneuroimmunology*, Academic Press, 1981
6. Pennebaker, J., Hughes, C., y O'Heeron, R., «The psychophysiology of confession: linking inhibitory and psychosomatic processes», *Journal of Perso-*

nality and Social Psychology, 52 (4) (1987), pp. 663-676

Véase también Pennebaker, J., «Confiding traumatic experiences and health», en Fisher, S., y Reason, J. (eds.), *Handbook of Life Stress: Cognition and health*, John Wiley and Sons, 1988

7. House, J., Robbins, C., y Metzner, H., «The association of social relationships and activities with mortality», *American Journal of Epidemiology*, 116 (1982), pp. 123-140

8. Katcher, A., y otros, «The psychological consequences of interaction with the living environment», en Katcher, A., y Beck, A. (eds.), *New Perspectives on our Lives with Animal Companions*, University of Pennsylvania Press, 1983

9. Goleman, D., «Probing the enigma of multiple personality», *The New York Times*, 28 de junio 1988

10. Dilts, R., *Changing Belief Systems with NPL*, Meta Publications, 1990

También Dilts, R., Hallbom, T., y Smith, S., *Beliefs: Pathways to health and well-being*, Metamorphous Press, 1990

Capítulo 5

1. Evans, F., «Expectancy, therapeutic instructions and the placebo response», en White, L.; Tursky, B., y Schwartz, G. (eds.), *Placebo: Theory, research and mechanics*, Guildford Press, 1985, pp. 215-228

2. Evans, F., «The placebo response in pain control», *Psychopharmacology Bulletin*, 17 (2) (1981), 72-79

3. Morris, J., y Beck, A., «The efficacy of antidepressant drugs», *Archives of General Psychiatry*, 30 (1974), pp. 667-674

4. Wolf, S., «The pharmacology of placebos», *Pharmacological Review*, 11 (1959), pp. 689-714

5. Park, L., y Covi, L., «Nonblind placebo trial», *Archives of General Psychiatry*, 12 (1965), pp. 336-345

6. Cobb, L., Thomas, G.; Dillard, D.; Merindino, K., y Bruce, R., «An evaluation of internal-mammary artery ligation by a double blind technic», *New England Journal of Medicine* 260 (1959), 1115-1118

7. Diamond, E., Kittle, C., y Crockett, J., «Comparison of internal mammary artery ligation and sham operation for angina pectoris», *American Journal of Cardiology*, 5 (1960), pp. 484-486

8. Thomsen, J., y otros, «Placebo effect in surgery for Menière's disease: three years follow-up», *Otolaringology- Head and Neck Surgery* 91 (1983), p. 183

9. Finney, J., «Discussion of papers on shock», *Annals of Surgery*, 100 (1934), 746

10. Cheek, D., y Rossi, E., *Mind Body Therapy*, Norton, 1988, pp. 113-130

11. Wolf, S., «Effects of suggestion and conditioning on the action of chemical

agents in human subjects: the pharmacology of placebos», *Journal of Clinical Investigation* 1950 (29) (1959), pp. 100-109

12. Klopfer, B., «Psychological variables in human cancer» *Journal of Projective Techniques* 21 (1957), pp. 331-340

13. Citado en Cousins, N., *The Healing Heart*, Norton, 1983

14. Thomas, K., «General practice consultations: is there any point in being positive?», *British Medical Journal,* 294 (1987), pp. 1200-1202

15. Blackwell, B., Bloomfield, S., y Buncher, C., «Demonstration to medical students of placebo response and non drug factors», *Lancet,* 1 (1972), pp. 1279-1282

16. Branthwaite, A., y Cooper, P., «Analgesic effect of branding in treatment of headaches», *British Medical Journal* 282 (1981), pp. 1576-1578

17. Roberts, H., «The magnitude of non specific effects», documento presentado en la Conferencia sobre la Investigación de Exploraciones: Supuestos en los Sistemas Médicos Alternativos, National Institutes of Health, Bethseda, 11-13 de julio de 1994

Capítulo 6

1. Pert, C.; Ruff, M.; Weber, R., y Herkenham, M., «Neuropeptides and their receptors: a psychosomatic network», *Journal of Immunology,* 135 (2) (1985)

2. Blalock, E.; Harbour-McMenamin, D., y Smith, E., «Peptide hormones shaped by the neuroendocrine and immunologic systems», *Journal of Immunology,* 135 (2) (1985), pp. 858-861

3. Smith, e., y Blalock, E., *Journal of the Proceedings: National Academy of Science,* 78 (1981) p. 7530

4. Hall, H., y otros, «Voluntary modulation of neutrophil adhesiveness using a cyberphisiologic strategy», *International Journal of Neuroscience,* 63 (1992), pp. 287-297

5. Schleifer, S.; Keller, S.; Camertino, J., y otros, «Suppression of lymphocyte stimulation following bereavement», *Journal of the American Medical Society,* 250 (3) (1983), pp. 374-377

6. Lund, J. y H., «Asthma management», investigación cualitativa presentada en el congreso de la European Respiratory Society, octubre de 1994

7. Dilts, R., Hallbom, T., y Smith, S., *Beliefs: Pathways to health and well-being,* Metamorphous Press, 1990

Capítulo 7

1. Lown, B., «Introduction», en Cousins, N., *The Healing Heart*, Norton, 1983, pp. 11-29

2. «Is grief an illness?», editorial en *Lancet*, 2 (1976) p. 134

3. Shukla, G., «Asneezia: a hitherto unrecognised psychiatric symptom», *British Journal of Psychiatry*, 147 (1985), pp. 564-565

4. Sweet, W., Obrador, S., y Martín-Rodríguez, J. (eds.), *Neurological Treatment in Psychiatry, Pain and Epilepsy*, University Park Press, 1977

5. Malinow, K., Lynch, J., Foreman, P., Friedmann, E., y Long, J., «Automated blood pressure recording: the phenomenon of blood pressure elevations during speech», *Angiology*, 33 (7) (1982), 474-479
   Véase también Lynch, J., «The broken heart: the psychobiology of human contact», en Ornstein, R., y Swencionis, C. (eds.), *The Healing Brain*, Guildford Press, 1990

6. En especial, los estudios publicados en *British Medical Journal* 1 (6053) (1977), pp. 67-70, y en *Acta Anaesthesiology Scand*, 36 (6) (1992) pp. 519-525

7. Reilly, D., *Lancet*, 10 de diciembre de 1994

Capítulo 8

1. Selye, H., «The general adaptations syndrome and the diseases of adaptation», *Journal of Clinical Endocrinology* 6 (2) pp. 117-230

2. Selye, H., *The Stress of Life*, McGraw-Hill, 1976

3. Kobasa, S., «Stressful life events, personality and health: an enquiry into hardiness», *Journal of Personality and Social Psychology*, 37 (1) (1979), pp. 1-11

4. Maddi, S., y Kobasa, S., *The Hardy Executive: Health under stress*, Dow Jones-Irwin, 1984

5. McClelland, D.; Floor, E.; Davidson, R., y Saron, C., «Stressed power motivation, sympathetic activation, immune function and illness», *Journal of Human Stress*, 6 (2) (1980), pp. 11-19

6. Marx, J., «Coronary artery spasms and heart disease», *Science*, 208 (1980), pp. 1127-1130

7. Levy, S., «Behaviour as a biological response modifier: the psychoneuroendocrine network and tumour immunology», *Behavioural Medicine Abstracts*, 6 (1) (1985), pp. 1-4

8. Mumford, E., Schlesinger, H., y Glass, G., «The effects of psychological intervention on recovery from surgery and heart attacks: an analysis of the literarure», *American Journal of Public Health*, 72 (2) (1982), pp. 141-151

9. Bandura, A., «Self-efficacy towards a unifying theory of behavioural change», *Psychological Review*, 84 (1977), pp. 191-215

10. Bandura, A., «Perceived self-efficacy in the exercise of control over AIDS infection», documento presentado en la conferencia sobre Mujeres y Sida de los National Institutes of Mental Health and Drug Abuse Research, celebrada en Bethseda, Maryland, en 1987

11. Seligman, M., «Helplessness and explanatory style: risk factors for depres-

sion and disease», documento presentado en la reunión anual de la Society of Behavioural Medicine, San Francisco, marzo de 1986
Véase también Peterson, C., y Seligman, M., «Casual explanations as a risk factor for depression: theory and evidence», *Psychological Review,* 91 (3) (1984), 347-374

12. Peterson, C.; Seligman, M., y Valliant, G., «Pessimistic explanatory style is a risk for physical illners: a thirty five year longitudinal study», *Journal of Personality and Social Psychology,* 55 (1988), 23-27.
Véase también Peterson, C., y Bossio, L., *Health and Optimism,* The Free Press, 1991, pp. 25-31.

13. Véase O'Connor, J., y McDermott, I., *Principios de PNL,* Ediciones Urano
Véase también O'Connor, J., y Seymour, J., *Introducción a la PNL,* Ediciones Urano

Capítulo 9

1. Bandler, R., y Grinder, J., *The Structure of Magic I,* Science and Behaviour Books, 1975

Capítulo 10

1. Véase O'Connor, J., y Seymour, J., *Introducción a la PNL,* Ediciones Urano

2. Para informes completos sobre estos estudios, véase Wallace, R., *The Neurophysiology of Enlightenment,* Maharishi International University Press, 1991

3. Rosenfeld, A., «Music, the beautiful disturber», *Psychology Today,* diciembre de 1985

4. Brickman, P., «Adaptation level determinants of satisfaction with equal and unequal outcome distributions in skill and change situations», *Journal of Personality and Social Psychology,* 32 (1975), pp. 191-198.

5. Brodie, R., «Anatomy of a laugh», *American Health,* noviembre/diciembre de 1983, pp. 42-47

6. Dillon, K., Minchoff, B., y Baker, K., «Positive emotional states and enhancement of the immune system», *International Journal of Psychiatry in Medicine,* 15 (1985), pp. 13-17

7. Cogan, R., Cogan, D., Waltz, W., y McCue, M., «Effects of laughter and relaxation on discomfort thresholds», *Journal of Behavioural Medicine,* 10 (2) (1987), pp. 139-144

8. Berk, L., y otros, «Laughter decreases cortisol, epinephrine and 3,4-dihydroxyphenil acetic acid (DOPAC) abstract», *Journal of the Society of Behavioral Medicine* (1988)

9. Krueger, J., y Karnovsky, M., «Sleep and the immune response», *Annals of the New York Academy of Science,* 496 (1987), pp. 510-516
10. Wingard, D., y Berkman, L., «Mortality risk associated with sleeping patterns among adults», *Sleep,* 6 (2) (1983), pp. 102-107
11. Goldstein, L.; Stoltzfus, L., y Gardocki, J., «Changes in interhemispheric amplitude relationships in EEG during sleep», *Phisiology and Behaviour,* 8 (1972), pp. 811-815
12. Klein, R., y Armitage, R., «Rhythms in human performance: one and a half alterations in cognitive style», *Science,* 204 (1979), pp. 1326-1328
13. Friedman, S., «A psychophysiological model for the chemotherapy of psychosomatic illness», *Journal of Nervous and Mental Diseases,* 166 (1978), pp. 110-116
Véase también Friedman, S., Kantor, I., Sobel, S., y Miller, R., «On the treatment of neurodermatitis with monomine oxidase inhibition 66», *Journal of Nervous and Mental Diseases,* 166 (1978), pp. 117-125

Capítulo 11

1. Véase Sharma, H., *Freedom from Disease,* Maharishi International University Press, 1994
2. Véase Robinson, P., «Research update: the older worker», *Generations,* verano de 1983
Véase también Schwab, D., y Heneman, H., «Effects of age and experience on productivity», *Industrial Gerontology* 4 (1977), p. 2
También *The Older American Workers: Age discrimination in employment,* Departamento de Trabajo de los Estados Unidos, 1965
También *Findings on Age, Capacity and Productivity,* Comité Senatorial de los Estados Unidos sobre Recursos Humanos, 1977
3. Dilts, R., y Hollander, J., *NPL and Life Extension: Modelling longevity,* Dynamic Learning Publications, 1990
4. Wallace, R., Jacobe, E., y Harrington, E., «The effects of the Transcendental Meditation and TM-sidhi program on the aging process», *International Journal of Neuroscience,* 16 (1) (1982) pp. 53-58
5. *Health Education Authority and Sports Council, Allied Dunbar National Fitness Survey: Main findings,* SportsCouncil and HEA, 1992
Véase también Blair, S. y otros, «Physical fitness and all-cause mortality: a prospective study of healthy men and women», *Journal of the American Medical Association,* 262 (1989), pp. 2395-2401
6. Paffenenbarger, R., Hyde, R.; Wing, W., y otros, «Physical activity, all-cause mortality and longevity of college alumni», *New England Journal of Medicine,* marzo, 314 (1986), pp. 605-613
7. *British Medical Journal,* 310, 18 de marzo de 1995, p. 750

Capítulo 12

1. Castaneda, C., *Viaje a Ixtlán*, Fondo de Cultura Económica, México
2. Kübler-ross, E., *On Death and Dying*, Tavistock Publications, 1969

Capítulo 13

1. Para una amplia panorámica sobre el tema, véase Hirshberg, C., y Barasch, M., *Remarkable Recovery*, Riverhead Books, 1995
2. Levin, J., «Religion and health: Is there an association, is it valid and is it casual?», *Social Science and Medicine*, 38, 11 (1994), p. 1478
3. McClelland, D., «Motivation and immune function in health and disease», documento presentado en la reunión de la Society of Behavioural Medicine, marzo de 1985

Bibliografía

He aquí una selección personal de obras que consideramos interesantes y útiles en el campo de la salud en general

Andreas, Connirae, y Steve Andreas, *Heart of the Mind,* Real People Press, 1990. Existe traducción al español: *Cambia tu mente para cambiar tu vida,* Gaia Ediciones, Madrid, 1994.

Benson, Herbert, *The Relaxation Response,* Avon, 1975. Existe traducción al español: *La relajación: la terapia imprescindible para mejorar su salud,* Grijalbo, Barcelona, 1992.

Borysenko, Joan, *Minding the Body, Mending the Mind,* Addison-Wesley Books, 1987. Existe traducción al español: *La salud física a través de la salud mental,* Ed. Deusto, Bilbao, 1989.

Brahe, Carl, *Healing on the Edge of Now,* Sunshine Press, 1992.

Chopra, Deepak, Quantum Healing, Bantam, 1989. Existe traducción al español: Curación cu·ntica, Plaza & Janés, Barcelona, 1995.

—, *Ageless Body, Timeless Mind,* Rider, 1993.

Cousins, Norman, *Head First,* Penguin, 1990. Existe traducción al español: *Principios de autocuración,* Urano, Barcelona, 1991.

Dilts, Robert, Tim Hallbom y Suzi Smith, *Beliefs: Pathways to health and well-being,* Metamorphous Press, 1990. Existe traducción al español: *Las creencias. Caminos a la salud y el bienestar,* Urano, Barcelona, 1996.

Dossey, Larry, *Medicine and Meaning,* Bantam, 1991. Existe traducción al español: *Tiempo, espacio y medicina,* Kairós, Barcelona, 1992.

Elgin, Suzette Hayden, *Staying Well with the Gentle Art of Verbal Self-Defence,* Prentice Hall, 1990.

Foss, Laurence, y Kenneth Rothenberg, *The Second Medical Revolution,* Shambhala, 1988.

Hirshberg, Caryle, y Marc Barasch, *Remarkable Recovery,* Riverhead Books, 1995.

Justice, Blair, *Who Gets Sick,* Tarcher, 1987.

Kabat-Zinn, Jon, *Full Catastrophe Living,* Delta, 1990.

King, Mark, Larry Novik y Charles Citrenbaum, *Irresistible Communication: Creative skills for the health professional,* W. B. Saunders, 1983.

Kübler-Ross, Elizabeth, *On Death and Dying,* Tavistock, 1969. Existe traducción al español: *Sobre la muerte y los moribundos,* Grijalbo Mondadori, Barcelona, 1993.

Kuhn, Thomas, *The Structure of Scientific Revolutions,* University of Chicago Press, 1982. Existe traducción al español: *La estructura de las revoluciones científicas,* F. C. E., Madrid, 1990.

Le Shan, Lawrence, *Cancer as a Turning Point,* Plume, 1990.

Locke, Steven, y Douglas Colligan, *The Healer Within,* Mentor Books, 1986. Existe traducción al español: *El médico interior: La nueva medicina de la mente y del cuerpo,* Ed. Apóstrofe, Barcelona, 1991.

O'Connor, Joseph, y John Seymour, *Introducing NLP,* Thorsons, 1990. Existe traducción al español: *Introducción a la PNL,* Urano, Barcelona, 1995.

O'Connor, Joseph, y Ian McDermott, *Principles of NLP,* Thorsons, 1996.

Nuland, Sherwin, *How We Die,* Chatto & Windus, 1993. Existe traducción al español: *Cómo morimos: Reflexiones sobre el último capítulo de la vida,* Alianza Editorial, Madrid, 1995.

Ornstein, Robert, y David Sobel, *The Healing Brain,* Simon & Schuster, 1987.

—, *Healthy Pleasures,* Addison-Wesley, 1989.

Pearson, Dirk, y Sandy Shaw, *Life Extension,* Warner, 1983.

Pelletier, Kenneth, *Mind as Healer, Mind as Slayer,* Delta, 1977.

Peterson, Christopher, y Lisa Bossio, *Health and Optimism,* The Free Press, 1991.

Rossi, Ernest, *The Psychobiology of Mind Body Healing,* W. W. Norton, 1986.

Rushworth, Claire, *Making a Difference in Cancer Care,* Souvenir Press, 1994.

Selye, Hans, *The Stress of Life,* McGraw-Hill, 1976.

Siegel, Bernie, *Love, Medicine, and Miracles,* Harper and Row, 1986. Existe traducción al español: *El amor, medicina milagrosa,* Espasa-Calpe, Madrid, 1993.

Simonton, O. Carl y Stephanie, *Getting Well Again,* Bantam, 1992. Existe traducción al español: *Recuperar la salud,* Los Libros del Comienzo, Madrid, 1994.

Skrabanek, Petr, y James McCormick, *Follies and Fallacies in Medicine*, Tarragon Press, 1994. Existe traducción al español: *Sofismas y desatinos de la medicina*, Ed. Doyma, Barcelona, 1992.

Wallace, Robert, *The Neurophysiology of Enlightenment*, Maharishi International University Press, 1991.

Weil, Andrew, *Health and Healing*, Houghton-Mifflin, 1983.

PNL y recursos de salud

Las organizaciones que se citan a continuación ofrecen formación certificada sobre PNL y salud:

Brasil
Synapsis
R. Paes de Aranjo
29/96 Sao Paulo
Tel. internacional 55 011 822 8181

Dinamarca
NLP Dansk
Sankelmarksdej 23-25
8600 Silkeborg
Tel. internacional 45 86 80 1911

Reino Unido
International Teaching Seminars
7, Rudall Crescend
London NW3 1RS
Tel. internacional 44 181 442 4133

Alemania
Milton H. Erikson Institute
Wartburgstrasse 17
D-10825 Berlin
Tel. internacional 49 30 781 7795

México
PNL México
Lerdo de Tejada 2485 C
44130 Guadalajara. Jal.
Tel. internacional 52 36 15 8447

Estados Unidos de Norteamérica
Institute for the Advanced Studies of Health
Anchor Point Associates
346 South
500 East
Salt Lake City
Utah 84102
Tel. internacional 1 801 534 1022

Dynamic Learning Centre
PO Box 1112
Ben Lomond
95005 California
Tel. internacional 1 408 336 3457

Formación y recursos

Existe un número creciente de individuos y organizaciones que desea utilizar la PNL en su formación y desarrollo. La formación con la PNL es una inversión significativa que puede proporcionar sustanciosos beneficios en la potenciación de las facultades y del bienestar de la persona. Es importante tener una formación excelente desde el principio. La PNL es empírica. Le sugerimos que acometa la formación de alta calidad, lo cual significa que al final del curso sea capaz de realizar PNL y no sólo hablar de ella.

Los Seminarios Internacionales de Enseñanza han sido pioneros en la formación en PNL con aplicaciones prácticas y también se dispone de material en formato de *software* informático y de cintas de casete.

Para más detalles sobre los siguientes cursos de formación, *software* y cintas, póngase en contacto con:

International Teaching Seminars (ITS)
7, Rudall Crescent
London NW3 1 RS
Tel: 44 181 442 4133
Fax: 44 181 442 4155
Internet: World Wide Web site http://www-nlp-community.com

Formación en Seminarios Internacionales de Enseñanza (SIE)

Veladas abiertas que se centran en aplicaciones prácticas de la PNL.

Formación en PNL y Salud
Curso de formación de dos o tres días, abierto a todos. También se ofrece como curso desde casa.

Diplomatura de formación en PNL y Salud
Programa de diplomatura avanzado de veinte días realizado a lo largo de nueve meses.

PNL: Planteamientos iniciales
Introducción de tres días a la PNL y a cómo emplearla inmediatamente. Basado en el libro *Principios de PNL*, de Joseph O'Connor e Ian McDermott, publicado por Ediciones Urano.

Formación como practicante de PNL
Programa amplio con atención especial a las aplicaciones prácticas de la PNL y que ofrece una diplomatura de practicante plenamente reconocido. No se precisa formación previa.

Formación como maestro practicante de PNL
Programa de diplomatura completo y plenamente reconocido, a cargo de un equipo internacional de formadores en PNL.

Programa de desarrollo profesional
Ofrece formación sobre cómo utilizar la PNL para convertirse en un líder eficaz, de cómo presentarse uno mismo y exponer sus ideas enérgicamente y de cómo relacionarse con otros.

Audiocasetes de PNL

Relajación de trance profundo
Un proceso de relajación sencillo y que no requiere esfuerzo (una cinta).

¿Qué es la PNL?
Exposición de principios rectores, conocimientos y habilidades; es un medio sistemático de conseguir resultados notables de forma fiable (una cinta).

Programa de Desarrollo Profesional
Programa completo sobre el modo de utilizar la PNL para ser un líder eficaz, para llevar el trabajo y las relaciones personales y para presentarse y exponer sus ideas con suprema fluidez (juego de seis cintas).

Herramientas para la Transformación
Cómo promover alternativas, cambiar de perspectiva y dar sentido a la conducta mediante el encuadre y el uso de submodalidades para facilitar el cambio. Grabado en el SIE de formación de practicantes de PNL (cuatro cintas).

Liberarse del Pasado
Demostraciones, comentarios y explicaciones en directo sobre el remedio de la PNL para las fobias y para la solución de los traumas profundos (dos cintas).

Modelado de proyectos
Identificación y modelado de ejemplos de excelencia en varios campos para descubrir lo que proporciona esta excelencia y formación en técnicas para trasmitir tales patrones a otros.

Consultorio SIE
La aplicación profesional de la PNL a las necesidades prácticas de las organizaciones a gran y a pequeña escala.

Software *informático de PNL*
Software *de Desarrollo Personal de PNL: Gestor de Objetivos*
El primero de una *suite* de programas para entorno Windows que no requieren formación previa en PNL. Faculta a la persona a seguir la pista de los objetivos individuales, de equipo y organizativos, los almacena por categorías, examina las relaciones entre ellos y los clarifica de modo que sean realistas, motivadores y accesibles. Es adecuado para objetivos personales o de negocios e ideal para clarificar los objetivos de salud.

Todo este *software* funciona en cualquier PC compatible con IBM con Windows 3.1.

Para más detalles, póngase en contacto con:
ITS Software
Tel. 44 181 442 4133

Desarrollo de software psicológico
Joseph O'Connor e Ian McDermott son expertos en diseñar *software* para formación en PNL y habilidades comunicativas que utiliza todas las posibilidades del medio.

Reconocimientos
Hemos hecho lo posible por citar las fuentes del material que aparece en este libro. Rogamos que nos notifique por correo si hemos omitido alguna fuente importante inadvertidamente o si considera que alguien no ha recibido el reconocimiento adecuado. Haremos cuanto esté en nuestra mano para corregir el desliz en futuras impresiones.

Respuesta
Si este libro le ha parecido valioso y nos quiere contar por qué, o si tiene respuestas o sugerencias, nos gustaría que nos las remitiese. También nos interesaría mucho contar con ejemplos de cómo el uso de la PNL ha influido en su salud. Por favor, escríbanos a International Teaching Seminars.

Sobre los autores

Joseph O'Connor Escritor, formador y consultor, Joseph O'Connor entró en contacto con la PNL a mediados de la década de los ochenta, pues en esta disciplina se reunían varios temas que lo fascinaban desde hacía años: cómo creamos nuestra experiencia y qué distingue lo normal de lo extraordinario, sobre todo en el campo de las artes escénicas. Joseph utiliza la PNL en muchos campos, como la formación y la labor de *consulting* en los negocios, el modelado de un buen rendimiento físico en atletas mediante entrenamiento mental y el empleo de la PNL en el tratamiento de lesiones deportivas. En su opinión, muchas de las ideas del entrenamiento mental para el arte o para el deporte tienen especial relevancia para la preparación y el *consulting* comerciales. Siempre se ha interesado por la salud, por cómo mente y cuerpo ayudan o perjudican a las personas en su búsqueda de la salud y de la felicidad y le ha resultado un verdadero placer tener la oportunidad de escribir sobre estos descubrimientos y experiencias.

Otros libros suyos son:
Not Pulling Strings, Lambent Books, 1987
Introducción a la PNL (con John Seymour),
PNL para formadores (con John Seymour),
La venta con PNL (con Robin Prior), todos ellos publicados por Ediciones Urano
MindPower (autor colaborador)
   -*Developing your leadership qualities*, Timelife, 1995

-*Take control of your life*, Timelife, 1996
Practical NPL for Managers (con Ian McDermott), Gower, 1996
Principios de PNL (con Ian McDermott), Ediciones Urano

Vídeos:
Listening Skills in Music, Lambent Books, 1989

Para ponerse en contacto con Joseph:
C/o Lambent Books
4 Coombe Gardens
New Malden
Surrey KT3 4AA
Gran Bretaña

Teléfono 44 (0) 181 715 2560
Fax: 44 (0) 181 715 2560
e-mail: lambent@well.com

Ian McDermott es formador en PNL diplomado y posee también la titulación internacional en PNL. Empezó a interesarse por la programación neurolingüística a principios de los años ochenta, puesto que le ofrecía a la vez un modelo unificador de trabajo para un cambio con éxito y herramientas prácticas para conseguir resultados.

Como formador, le fascinaban los medios que utilizaba la PNL para conseguirlo (es decir, observar lo que hacían las personas en realidad y desarrollar lo que funciona de modo que pueda enseñarse a otros).

Asimismo, a Ian le ha interesado siempre saber cómo utilizamos nuestros pensamientos de modo que nos ayuden a lograr nuestros deseos o a dificultarlos. Este interés lo ha movido a investigar diferentes técnicas para sacar provecho del poder de la mente, entre ellas la meditación. Los tangibles efectos beneficiosos de ésta lo han llevado a practicarla de forma regular desde 1977.

Ello significa también que se ha interesado especialmente por la relación entre cuerpo y mente y por el efecto que puede tener esta relación sobre la salud. Ha trabajado con muchas personas que han tratado temas de salud. Últimamente, en colaboración con Robert Dilts, Tim Hallbom y Suzi Smith, se ha dedicado a formar y a consolidar en el Reino Unido un núcleo de especialistas en PNL aplicada a la salud. Ian también dirige con frecuencia cursos de formación sobre PNL y salud abiertos a todos.

Además, Ian McDermott es director de Formación para Seminarios Internacionales de Enseñanza.

Otros libros suyos (con Joseph O'Connor) son:
MindPower (autor colaborador)
   -*Developing your leadership qualities*, Timelife, 1995
   -*Take control of your life*, Timelife, 1996
Practical NPL for Managers, Gower, 1996
Principios de PNL, Ediciones Urano

Para ponerse en contacto con Ian:
International Teaching Seminars
7 Rudall Crescent
London NW3 1RS
England

Teléfono 44 (0) 181 442 4133
Fax 44 (0) 181 442 4155
Internet: http://www.nlp-community.com